建设粮食产业强国
实践与探索

国家粮食局　编

中国财富出版社

图书在版编目（CIP）数据

建设粮食产业强国实践与探索 / 国家粮食局编 . —北京：中国财富出版社，2017.12

ISBN 978-7-5047-4918-5

Ⅰ.①建…　Ⅱ.①国…　Ⅲ.①粮食行业—产业发展—研究—中国　Ⅳ.① F326.11

中国版本图书馆 CIP 数据核字（2017）第 328247 号

策划编辑 宋　宇	**责任编辑** 宋宪玲			
责任印制 梁　凡	**责任校对** 杨小静		**责任发行** 张红燕

出版发行	中国财富出版社			
社　　址	北京市丰台区南四环西路 188 号 5 区 20 楼		**邮政编码**	100070
电　　话	010-52227588 转 2048 / 2028（发行部）		010-52227588 转 307（总编室）
	010-68589540（读者服务部）		010-52227588 转 305（质检部）
网　　址	http：// www.cfpress.com.cn			
经　　销	新华书店			
印　　刷	北京柏力行彩印有限公司			
书　　号	ISBN 978-7-5047-4918-5 / F・2850			
开　　本	787mm × 1092mm　1 / 16		**版　　次**	2018 年 1 月第 1 版
印　　张	20.75		**印　　次**	2018 年 1 月第 1 次印刷
字　　数	309 千字		**定　　价**	268.00 元

版权所有 · 侵权必究 · 印装差错 · 负责调换

编　委　会

编委会主任：张务锋

编委会副主任兼主编：徐　鸣

编委会委员：曾丽瑛　赵中权　卢景波　何　毅

执行主编：翟江临　陈玉中

副　主　编：颜　波　方　进　秦玉云　谭本刚

统筹编辑：晏　然　李　可　胡文国

编　　　辑：（以姓氏笔画为序）

　　　　　　李文迪　李慧强　杨道兵　沈粟民　罗建华　周竹君

　　　　　　夏丹萍　曾　伟　温朝晖

大力发展粮食产业经济　提高国家粮食安全保障水平

国家发展和改革委员会党组书记、主任　何立峰

　　近年来，全国粮食部门认真贯彻落实党中央、国务院关于农业供给侧结构性改革的决策部署，大力发展粮食产业经济，在促进一二三产融合发展、保证市场供应、帮助农民增收等方面取得较好成效。在当前粮食收储制度改革深入推进、粮食库存消化进程加快、粮食消费结构优化升级的新形势下，大力发展粮食产业经济具有特别重要的现实意义。

　　希望全国粮食部门深入贯彻习近平总书记系列重要讲话精神和党中央治国理政新理念新思想新战略，认真落实党中央、国务院关于大力发展粮食产业经济的决策部署，加快发展粮油精深加工转化，增加绿色优质粮油产品供给，培育壮大骨干龙头企业，积极打造知名粮油品牌，加快推动粮食产业创新发展、转型升级、提质增效，进一步提高国家粮食安全保障水平。各级发改部门要在政策、项目、资金等方面，一如既往地支持粮食产业经济发展。

　　（本文根据何立峰主任给全国加快推进粮食产业经济发展现场经验交流会的批示整理）

目录
contents

高层指示

顶层设计

部署贯彻

政府推动

企业巡礼

产业融合发展模式

主食产业化发展模式

创新驱动发展模式

循环经济发展模式

品牌引领发展模式

战略研究

媒体关注

高层
指示

第一部分

习近平总书记

关于粮食工作的重要讲话、指示摘编

　　我国经济已由高速增长阶段转向高质量发展阶段，正处在转变发展方式、优化经济结构、转换增长动力的攻关期，建设现代化经济体系是跨越关口的迫切要求和我国发展的战略目标。必须坚持质量第一、效益优先，以供给侧结构性改革为主线，推动经济发展质量变革、效率变革、动力变革，提高全要素生产率，着力加快建设实体经济、科技创新、现代金融、人力资源协同发展的产业体系，着力构建市场机制有效、微观主体有活力、宏观调控有度的经济体制，不断增强我国经济创新力和竞争力。习近平同志在党的十九大上的报告（2017 年 10 月 18 日）

　　深化供给侧结构性改革。建设现代化经济体系，必须把发展经济的着力点放在实体经济上，把提高供给体系质量作为主攻方向，显著增强我国经济质量优势。加快建设制造强国，加快发展先进制造业，推动互联网、大数据、人工智能和实体经济深度融合，在中高端消费、创新引领、绿色低碳、共享经济、现代供应链、人力资本服务等领域培育新增长点、形成新动能。支持传统产业优化升级，加快发展现代服务业，瞄准国际

标准提高水平。促进我国产业迈向全球价值链中高端，培育若干世界级先进制造业集群。加强水利、铁路、公路、水运、航空、管道、电网、信息、物流等基础设施网络建设。坚持去产能、去库存、去杠杆、降成本、补短板，优化存量资源配置，扩大优质增量供给，实现供需动态平衡。激发和保护企业家精神，鼓励更多社会主体投身创新创业。建设知识型、技能型、创新型劳动者大军，弘扬劳模精神和工匠精神，营造劳动光荣的社会风尚和精益求精的敬业风气。习近平同志在党的十九大上的报告（2017 年 10 月 18 日）

　　实施乡村振兴战略。农业农村农民问题是关系国计民生的根本性问题，必须始终把解决好"三农"问题作为全党工作重中之重。要坚持农业农村优先发展，按照产业兴旺、生态宜居、乡风文明、治理有效、生活富裕的总要求，建立健全城乡融合发展体制机制和政策体系，加快推进农业农村现代化。巩固和完善农村基本经营制度，深化农村土地制度改革，完善承包地"三权"分置制度。保持土地承包关系稳定并长久不变，第二轮土地承包到期后再延长三十年。深化农村集体产权制度改革，保障农民财产权益，壮大集体经济。确保国家粮食安全，把中国人的饭碗牢牢端在自己手中。构建现代农业产业体系、生产体系、经营体系，完善农业支持保护制度，发展多种形式适度规模经营，培育新型农业经营主体，健全农业社会化服务体系，实现小农户和现代农业发展有机衔接。促进农村一二三产业融合发展，支持和鼓励农民就业创业，拓宽增收渠道。加强农村基层基础工作，健全自治、法治、德治相结合的乡村治理体系。培养造就一支懂农业、爱农村、爱农民的"三农"工作队伍。习近平同志在党的十九大上的报告（2017 年 10 月 18 日）

　　实施食品安全战略，让人民吃得放心。习近平同志在党的十九大上的报告（2017 年 10 月 18 日）

推进绿色发展。加快建立绿色生产和消费的法律制度和政策导向，建立健全绿色低碳循环发展的经济体系。构建市场导向的绿色技术创新体系，发展绿色金融，壮大节能环保产业、清洁生产产业、清洁能源产业。推进能源生产和消费革命，构建清洁低碳、安全高效的能源体系。推进资源全面节约和循环利用，实施国家节水行动，降低能耗、物耗，实现生产系统和生活系统循环链接。倡导简约适度、绿色低碳的生活方式，反对奢侈浪费和不合理消费，开展创建节约型机关、绿色家庭、绿色学校、绿色社区和绿色出行等行动。习近平同志在党的十九大上的报告（2017年10月18日）

今年农业农村形势总体较好，明年"三农"工作要继续为全局作贡献。要坚持新发展理念，把推进农业供给侧结构性改革作为农业农村工作的主线，培育农业农村发展新动能，提高农业综合效益和竞争力。要始终重视"三农"工作，持续强化重农强农信号；要准确把握新形势下"三农"工作方向，深入推进农业供给侧结构性改革；要在确保国家粮食安全基础上，着力优化产业产品结构；要把发展农业适度规模经营同脱贫攻坚结合起来，与推进新型城镇化相适应，使强农惠农政策照顾到大多数普通农户；要协同发挥政府和市场"两只手"的作用，更好引导农业生产、优化供给结构；要尊重基层创造，营造改革良好氛围。2017年中央农村工作会议召开前，习近平同志主持召开中央政治局常委会会议，专门研究"三农"工作时的讲话（新华社2016年12月20日）

要推进农业供给侧结构性改革，提高农业综合效益和竞争力。要以科技为支撑走内涵式现代农业发展道路，实现藏粮于地、藏粮于技。习近平同志参加十二届全国人大四次会议湖南代表团审议时的讲话（新华社2016年3月8日）

中国有 13 亿人口，要靠我们自己稳住粮食生产。粮食也要打出品牌，这样价格好、效益好。习近平同志到吉林延边考察时的讲话（人民网 2015 年 7 月 16 日）

保障粮食安全，要加快转变农业发展方式，推进农业现代化，既要实现眼前的粮食产量稳定，又要形成新的竞争力，注重可持续性，增强政策精准性。习近平同志在中央财经领导小组第九次会议上的讲话（人民网 2015 年 2 月 10 日）

解决好吃饭问题，始终是治国理政的头等大事。手中有粮，心中不慌。我国是个人口众多的大国，要坚持以我为主、立足国内、确保产能、适度进口、科技支撑的国家粮食安全战略。中国人的饭碗任何时候都要牢牢端在自己手上，我们的饭碗应该主要装中国粮，要确保谷物基本自给、口粮绝对安全。耕地是粮食生产的命根子，必须坚守十八亿亩耕地红线，现有耕地面积必须保持基本稳定。要发挥市场机制作用，加强政府支持保护，让农民种粮有利可图、让主产区抓粮有积极性。搞好粮食储备调节，善于用好两个市场、两种资源，适当增加进口和加快农业走出去步伐。高度重视节约粮食，从娃娃抓起，从餐桌抓起，让节约粮食在全社会蔚然成风。食品安全关系群众身体健康，关系中华民族未来。要用最严谨的标准、最严格的监管、最严厉的处罚、最严肃的问责，确保广大人民群众"舌尖上的安全"。《习近平总书记系列重要讲话读本》（学习出版社、人民出版社，2014 年）

第二部分

李克强总理

关于粮食工作的重要讲话、指示摘编

要守住管好"天下粮仓"、做好粮食产业经济发展这篇大文章。李克强同志在山东考察期间听取国家粮食局汇报时的指示（人民网 2017 年 9 月 12 日）

促进农业稳定发展和农民持续增收。深入推进农业供给侧结构性改革，完善强农惠农政策，拓展农民就业增收渠道，保障国家粮食安全，推动农业现代化与新型城镇化互促共进，加快培育农业农村发展新动能。《政府工作报告》（2017 年 3 月 5 日）

推进农业结构调整。引导农民根据市场需求发展生产，增加优质绿色农产品供给，扩大优质水稻、小麦生产，适度调减玉米种植面积，粮改饲试点面积扩大到 1000 万亩以上。鼓励多渠道消化玉米库存。支持主产区发展农产品精深加工，发展观光农业、休闲农业，拓展产业链价值链，打造农村一二三产业融合发展新格局。《政府工作报告》（2017 年 3 月 5 日）

要持续抓好"三农"工作，大力推进农业供给侧结构性改革，加快现代农业建设，积极调整农业结构，发展多种形式适度规模经营，深入开展农村"双创"，推动新型城镇化与农业现代化互促共进。深入推进脱贫攻坚，提高贫困地区和贫困群众自我发展能力。促进农业提质增效和农民持续增收，拓展农村发展空间。李克强同志对 2017 年中央农村工作会议的指示（新华社 2016 年 12 月 20 日）

大力发展农业产业化。新时期调整农业结构、发展农业产业化，要有新思路、新视野、新办法。由"生产导向"向"消费导向"转变。现在人们不仅要吃饱还要吃好，越来越关注"舌尖上的安全""舌尖上的美味"。要引导农民瞄准市场需求，适应消费者选择，增加市场紧缺和适销对路产品生产，大力发展绿色农业、特色农业和品牌农业。《以改革创新为动力　加快推进农业现代化》（《求是》2015 年 2 月 16 日）

推进农业结构调整、发展农业产业化，要在"内外联动"上下功夫。要把产业链、价值链等现代产业发展理念和组织方式引入农业，延伸产业链、打造供应链、形成全产业链，完善利益联结机制，让农民从产业链增值中获取更多利益。重点抓好三件事。一是抓农产品转化加工。主产区往外调"原"字号农产品，不利于主产区农业增值增效，也加重运输负担。要支持主产区发展畜牧业、粮食加工业和农产品精深加工。主产区调出粮食是贡献，调出肉蛋奶、调出加工食品，同样也是贡献。二是抓农产品流通。农产品流通环节多、成本高、损耗大、效率低，导致农民"卖难"和居民"买贵"并存，一直是个老大难问题。解决这一问题，要创新流通方式和流通业态，推进电商与实体流通相结合，完善农产品流通骨干网络，推进各种形式的对接直销。三是抓农产品质量和食品安全监管。目前农产品质量安全形势总体稳定向好，但风险隐患犹存，违法违规问题仍然频发。要坚持不懈地抓好质量安全监管，决不能再出大的事件，否则就会打击人们对国产农产品和食品的消费信心，影响农业发展。要抓紧把基层农产品和食品安全监管机构健全起来，从源头抓起，推广农业标准化生产，严格市场执法监管，确保农产品和食品质量安全。《以改革创新为动力　加快推进农业现代化》（《求是》2015 年 2 月 16 日）

积极发展多种形式适度规模经营。发展农业适度规模经营，可以采取多种方式。很多地方在不流转土地的情况下，也实现了适度规模经营。比如，有的通过土地股份合作和联合或土地托管等方式，扩大了生产经营面积。有的通过龙头企业与农民或合作社签订单，按照标准和要求进行生产，实现了规模效益。有的通过发展农机大户、农机合作社、流通合作社等以及其他形式的农业社会化服务，实行供种供肥、农机作业、生产管理、产品销售等"几统一"，取得了区域规模经营效应。《以改革创新为动力　加快推进农业现代化》（《求是》2015 年 2 月 16 日）

加大农业政策支持和资金投入力度。加快建立各级财政农业投入稳定增长机制，加强资金统筹整合、提高使用效率，确保财力集中用于农业现代化的关键环节，重点支持农业基础设施建设、结构调整、可持续发展、产粮大县和农民增收等。农业补贴要稳定存量、增加总量、完善办法、逐步调整，新增补贴向粮食等重要农产品、新型经营主体、主产区倾斜。《以改革创新为动力　加快推进农业现代化》（《求是》2015 年 2 月 16 日）

完善农产品价格形成和调控机制。新疆棉花、东北和内蒙古大豆进行目标价格改革试点取得初步成效，要研究改进操作方式方法，尽量做到简便易行。继续执行粮食最低收购价和临时收储政策，开展粮食等农产品价格保险试点，探索防范价格风险、保障农民收入的新路子。完善中央储备粮管理体制和吞吐调节机制，加强市场调控，防止谷贱伤农。各地要落实地方粮食储备规模新增计划，特别是主销区在这个时候要多作些贡献。《以改革创新为动力　加快推进农业现代化》（《求是》2015 年 2 月 16 日）

要做好"广积粮、积好粮、好积粮"三篇文章。广积粮，就是要着力稳定粮食产量和提高粮食综合生产能力；积好粮，就是要适应人民生活水平提高和消费升级，增加优质粮油的产量和储备；好积粮，就是要改善储运条件，减少产后损失，健全市场体系，做到随时可调，保证能及时调到需要的地方、调到困难群众手中。李克强同志考察国家粮食局科学研究院时的讲话（新华网 2013 年 1 月 15 日）

第三部分

张高丽副总理

关于粮食工作的重要讲话、指示摘编

　　我们要深入实施创新驱动发展战略，大力振兴实体经济。引导企业形成自己独有的比较优势，发扬"工匠精神"，加强品牌建设，培育更多"百年老店"，增强产品竞争力。张高丽同志在第十八届中国发展高层论坛上的讲话（中国政府网 2017 年 3 月 19 日）

　　要按照中央要求和习近平总书记系列重要讲话精神，围绕推进"四个全面"战略布局，深入实施中部崛起战略，坚持"四化同步"，着力推进粮食生产核心区、中原经济区、郑州航空港经济综合实验区建设，积极融入"一带一路"建设，让中原在实现中华民族伟大复兴的中国梦进程中更加出彩。一要强化创新驱动发展，促进产业转型升级。河南是人口大省，也是经济大省，河南的粮食生产和经济增长对全国至关重要，要稳定粮食生产和经济发展。要加快实施创新驱动发展战略，培育战略性新兴产业，改造提升传统产业，淘汰落后产能，推动工业转型升级。要加快郑州航空港经济综合实验区建设，加快现代物流体系建设，加快高端制造和现代服务业聚集，努力打造中原经济区的战略突破口和核

心增长极。二要统筹城乡区域协调发展，积极推进新型城镇化和农业现代化。河南是农业大省，既是全国粮仓，也是全国厨房。要巩固好的基础，全力建设粮食生产核心区，加快建设现代农业大省。要科学规划，合理布局，深入推进中原城市群发展，加快城镇化进程。三要深化改革开放，积极融入"一带一路"建设。按照中央的决策部署推进各项改革，特别是加大简政放权力度，用政府权力的减法换取市场活力的乘法。要巩固郑欧班列，拓展海铁联运、空铁联运，构建欧亚地区便捷运输通道，拓展开放空间。四要切实保障民生，打好扶贫开发的攻坚战。整合和盘活各项资金，把钱用在刀刃上，突出抓好大别山、伏牛山、太行山和黄河滩区"三山一滩"的扶贫工作，为全面建成小康社会作出贡献。五要加强生态环保，努力建设天蓝地绿水净的美好家园。河南的生态环境压力不小，又是南水北调中线工程水源地，要统一思想，达成共识，把保护生态环境放在突出位置抓实抓好，促进河南经济社会持续健康发展。

张高丽同志在河南考察时的讲话（人民网 2015 年 3 月 9 日）

第四部分

汪洋副总理

关于粮食工作的重要讲话、指示摘编

要坚持稳中求进工作总基调，紧紧围绕推进农业供给侧结构性改革这条主线，全面做好春季农业生产各项工作。加强对农民的技术指导和信息服务，做好农资供应、农产品质量安全监管和动植物疫病防控，保障农业生产和重要农产品供给稳定。加快建设粮食生产功能区、重要农产品生产保护区、特色农产品优势区，稳定粮食产能，推进农业结构调整。积极推进现代农业产业园、科技园、创业园建设，推动农业提质增效，探索农民分享二三产业增值收益的机制。因地制宜发展多种形式适度规模经营，强化规模经营主体、龙头企业与农户的利益联结，带动更多小农户进入现代农业发展轨道。汪洋同志在全国春季农业生产暨现代农业产业园建设工作会议上的讲话（新华社 2017 年 3 月 22 日）

适应市场需求，优化产品结构。要统筹调整农产品种养结构，按照"稳粮、优经、扩饲"的基本思路，加快构建粮经饲协调发展的三元结构。稳粮，就是稳定水稻、小麦生产，继续调减非优势产区籽粒玉米，增加优质食用大豆、薯类、杂粮杂豆等。优经，就是优化经济作物品种品质

和区域布局，促进园艺作物增值增效。扩饲，就是按照"以养定种"的原则，扩大青贮玉米、苜蓿等优质牧草生产。要把提高农产品质量放在更加突出位置，大力增加优良品种生产，加强农业生产流通全过程监管，促进农业标准化生产、品牌化营销、绿色化发展。要加快发展优势特色农产品生产，大力促进特色产业提档升级，加强新食品原料、药食同源食品的开发和应用，拓展农产品增值空间。《深入推进农业供给侧结构性改革　加快培育农业农村发展新动能》（《求是》2017 年 3 月 16 日）

推行绿色生产方式，促进农业可持续发展。农业供给侧结构调整的过程，是农业产业体系、生产体系、经营体系优化完善的过程，也是探索中国特色农业现代化道路的过程。要立足农业资源不足的实际，通过绿色发展、创新驱动，优化产品结构、区域结构，建立粮食生产功能区、重要农产品生产保护区、特色农产品优势区，提高农产品的供给能力和供给质量，保障粮食安全并不断满足人民群众日益增长的消费需求，健全中国特色现代农业生产体系。要立足农民数量众多的实际，推进种养加结合、产加销一体，以产业园、科技园、创业园为引领，延长产业链条，推进产业融合，提升全产业链价值，创造让农民在更多环节分享收益、增加收入的条件，健全中国特色现代农业产业体系。要立足农业经营规模小的实际，鼓励农民开展土地合作、入股、流转等，逐步扩大农业经营规模，加快服务社会化、生产区域化、产业集中化，形成农业服务规模优势、区域规模优势、产业规模优势，提高我国农业规模效益和竞争力，健全中国特色现代农业经营体系。《深入推进农业供给侧结构性改革　加快培育农业农村发展新动能》（《求是》2017 年 3 月 16 日）

推进粮食等重要农产品价格形成机制和收储制度改革。这是使市场在农业资源配置中起决定性作用的基础。前两年，我们先后取消了油菜籽临时收储，开展了新疆棉花、东北大豆目标价格改革试点。现在，我们还在按照"市场定价、价补分离"原则，取消玉米临时收储，对农民实行直接补贴。从实施情况来看，这些改革都取得了显著成效，既激活了市场、搞活了产业链、提高了竞争力、促进了结构调整，农民种粮基本收益也得到保障。下一步，还要研究完善小麦、稻谷最低收购价政策，增加价格政策的调节弹性，让价格真正释放出反映市场供求关系的信号。改革完善农产品价格形成机制和收储制度，是农业支持保护政策的深刻调整，关系重大、影响深远。既要咬定目标、坚定改革方向，又要有承受风险的心理准备，做好防范风险的工作准备。《深入推进农业供给侧结构性改革　加快培育农业农村发展新动能》（《求是》2017年3月16日）

顶层
设计

国务院办公厅关于
加快推进农业供给侧结构性改革
大力发展粮食产业经济的意见

国办发〔2017〕78号

各省、自治区、直辖市人民政府，国务院各部委、各直属机构：

　　近年来，我国粮食连年丰收，为保障国家粮食安全、促进经济社会发展奠定了坚实基础。当前，粮食供给由总量不足转为结构性矛盾，库存高企、销售不畅、优质粮食供给不足、深加工转化滞后等问题突出。为加快推进农业供给侧结构性改革，大力发展粮食产业经济，促进农业提质增效、农民就业增收和经济社会发展，经国务院同意，现提出以下意见。

一、总体要求

　　（一）**指导思想。**全面贯彻党的十八大和十八届三中、四中、五中、六中全会精神，深入贯彻习近平总书记系列重要讲话精神和治国理政新理念新思想新战略，认真落实党中央、国务院决策部署，统筹推进"五位一体"总体布局和协调推进"四个全面"战略布局，牢固树立创新、协调、绿色、开放、共享的发展理念，全面落实国家粮食安全战略，以加快推进农业供给侧结构性改革为主线，以增加绿色优质粮食产品供给、有效解决市场化形势下农民卖粮问题、促进农民持续增收和保障粮食质量安全为重点，大力实施优质粮食工程，推动粮食产业创新发展、转型升级和提质增效，为构建更高层次、更高质量、更有效率、更可持续的粮食安全保障体系夯实产业基础。

（二）基本原则。

坚持市场主导，政府引导。以市场需求为导向，突出市场主体地位，激发市场活力和企业创新动力，发挥市场在资源配置中的决定性作用。针对粮食产业发展的薄弱环节和制约瓶颈，强化政府规划引导、政策扶持、监管服务等作用，着力营造产业发展良好环境。

坚持产业融合，协调发展。树立"大粮食"、"大产业"、"大市场"、"大流通"理念，充分发挥粮食加工转化的引擎作用，推动仓储、物流、加工等粮食流通各环节有机衔接，以相关利益联结机制为纽带，培育全产业链经营模式，促进一二三产业融合发展。

坚持创新驱动，提质增效。围绕市场需求，发挥科技创新的支撑引领作用，深入推进大众创业、万众创新，加快体制机制、经营方式和商业模式创新，积极培育新产业、新业态等新动能，提升粮食产业发展质量和效益。

坚持因地制宜，分类指导。结合不同区域、不同领域、不同主体的实际情况，选择适合自身特点的粮食产业发展模式。加强统筹协调和政策引导，推进产业发展方式转变，及时总结推广典型经验，注重整体效能和可持续性。

（三）**主要目标。**到2020年，初步建成适应我国国情和粮情的现代粮食产业体系，产业发展的质量和效益明显提升，更好地保障国家粮食安全和带动农民增收。绿色优质粮食产品有效供给稳定增加，全国粮食优质品率提高10个百分点左右；粮食产业增加值年均增长7%左右，粮食加工转化率达到88%，主食品工业化率提高到25%以上；主营业务收入过百亿的粮食企业数量达到50个以上，大型粮食产业化龙头企业和粮食产业集群辐射带动能力持续增强；粮食科技创新能力和粮食质量安全保障能力进一步提升。

二、培育壮大粮食产业主体

（四）**增强粮食企业发展活力**。适应粮食收储制度改革需要，深化国有粮食企业改革，发展混合所有制经济，加快转换经营机制，增强市场化经营能力和产业经济发展活力。以资本为纽带，构建跨区域、跨行业"产购储加销"协作机制，提高国有资本运行效率，延长产业链条，主动适应和引领粮食产业转型升级，做强做优做大一批具有竞争力、影响力、控制力的骨干国有粮食企业，有效发挥稳市场、保供应、促发展、保安全的重要载体作用。鼓励国有粮食企业依托现有收储网点，主动与新型农业经营主体等开展合作。培育、发展和壮大从事粮食收购和经营活动的多元粮食市场主体，建立健全统一、开放、竞争、有序的粮食市场体系。（国家粮食局、国务院国资委等负责）

（五）**培育壮大粮食产业化龙头企业**。在农业产业化国家重点龙头企业认定工作中，认定和扶持一批具有核心竞争力和行业带动力的粮食产业化重点龙头企业，引导支持龙头企业与新型农业经营主体和农户构建稳固的利益联结机制，引导优质粮食品种种植，带动农民增收致富。支持符合条件的龙头企业参与承担政策性粮食收储业务；在确保区域粮食安全的前提下，探索创新龙头企业参与地方粮食储备机制。（国家发展改革委、国家粮食局、农业部、财政部、商务部、工商总局、质检总局、中储粮总公司等负责）

（六）**支持多元主体协同发展**。发挥骨干企业的示范带动作用，鼓励多元主体开展多种形式的合作与融合，大力培育和发展粮食产业化联合体。支持符合条件的多元主体积极参与粮食仓储物流设施建设、产后服务体系建设等。鼓励龙头企业与产业链上下游各类市场主体成立粮食产业联盟，共同制订标准、创建品牌、开发市场、攻关技术、扩大融资等，实现优势互补。鼓励通过产权置换、股权转让、品牌整合、兼并重组等方式，实现粮食产业资源优化配置。（国家发展改革委、国家粮食局、工业和信息化部、财政部、农业部、工商总局等负责）

三、创新粮食产业发展方式

（七）**促进全产业链发展**。粮食企业要积极参与粮食生产功能区建设，发展"产购储加销"一体化模式，构建从田间到餐桌的全产业链。推动粮食企业向上游与新型农业经营主体开展产销对接和协作，通过定向投入、专项服务、良种培育、订单收购、代储加工等方式，建设加工原料基地，探索开展绿色优质特色粮油种植、收购、储存、专用化加工试点；向下游延伸建设物流营销和服务网络，实现粮源基地化、加工规模化、产品优质化、服务多样化，着力打造绿色、有机的优质粮食供应链。开展粮食全产业链信息监测和分析预警，加大供需信息发布力度，引导粮食产销平衡。（国家发展改革委、国家粮食局、农业部、质检总局、国家认监委等负责）

（八）**推动产业集聚发展**。深入贯彻区域发展总体战略和"一带一路"建设、京津冀协同发展、长江经济带发展三大战略，发挥区域和资源优势，推动粮油产业集聚发展。依托粮食主产区、特色粮油产区和关键粮食物流节点，推进产业向优势产区集中布局，完善进口粮食临港深加工产业链。发展粮油食品产业集聚区，打造一批优势粮食产业集群，以全产业链为纽带，整合现有粮食生产、加工、物流、仓储、销售以及科技等资源，支持建设国家现代粮食产业发展示范园区（基地），支持主销区企业到主产区投资建设粮源基地和仓储物流设施，鼓励主产区企业到主销区建立营销网络，加强产销区产业合作。（国家发展改革委、国家粮食局、工业和信息化部、财政部、商务部、中国铁路总公司等负责）

（九）**发展粮食循环经济**。鼓励支持粮食企业探索多途径实现粮油副产物循环、全值和梯次利用，提高粮食综合利用率和产品附加值。以绿色粮源、绿色仓储、绿色工厂、绿色园区为重点，构建绿色粮食产业体系。鼓励粮食企业建立绿色、低碳、环保的循环经济系统，降低单位产品能耗和物耗水平。推广"仓顶阳光工程"、稻壳发电等新能源项目，大力开展米糠、碎米、麦麸、麦胚、玉米芯、饼粕等副产物综合利用示范，促进产业节能减排、提质增效。（国家发展改革委、国家粮食局、工业和信息化部、农业部、国家能源局等负责）

（十）积极发展新业态。推进"互联网＋粮食"行动，积极发展粮食电子商务，推广"网上粮店"等新型粮食零售业态，促进线上线下融合。完善国家粮食电子交易平台体系，拓展物流运输、金融服务等功能，发挥其服务种粮农民、购粮企业的重要作用。加大粮食文化资源的保护和开发利用力度，支持爱粮节粮宣传教育基地和粮食文化展示基地建设，鼓励发展粮食产业观光、体验式消费等新业态。（国家粮食局、国家发展改革委、工业和信息化部、财政部、农业部、商务部、国家旅游局等负责）

（十一）发挥品牌引领作用。加强粮食品牌建设顶层设计，通过质量提升、自主创新、品牌创建、特色产品认定等，培育一批具有自主知识产权和较强市场竞争力的全国性粮食名牌产品。鼓励企业推行更高质量标准，建立粮食产业企业标准领跑者激励机制，提高品牌产品质量水平，大力发展"三品一标"粮食产品，培育发展自主品牌。加强绿色优质粮食品牌宣传、发布、人员培训、市场营销、评价标准体系建设、展示展销信息平台建设，开展丰富多彩的品牌创建和产销对接推介活动、品牌产品交易会等，挖掘区域性粮食文化元素，联合打造区域品牌，促进品牌整合，提升品牌美誉度和社会影响力。鼓励企业获得有机、良好农业规范等通行认证，推动出口粮食质量安全示范区建设。加大粮食产品的专利权、商标权等知识产权保护力度，严厉打击制售假冒伪劣产品行为。加强行业信用体系建设，规范市场秩序。（国家粮食局、国家发展改革委、工业和信息化部、农业部、工商总局、质检总局、

国家标准委、国家知识产权局等负责）

四、加快粮食产业转型升级

（十二）**增加绿色优质粮油产品供给。**大力推进优质粮食工程建设，以市场需求为导向，建立优质优价的粮食生产、分类收储和交易机制。增品种、提品质、创品牌，推进绿色优质粮食产业体系建设。实施"中国好粮油"行动计划，开展标准引领、质量测评、品牌培育、健康消费宣传、营销渠道和平台建设及试点示范。推进出口食品农产品生产企业内外销产品"同线同标同质"工程，实现内销转型，带动产业转型升级。调优产品结构，开发绿色优质、营养健康的粮油新产品，增加多元化、定制化、个性化产品供给，促进优质粮食产品的营养升级扩版。推广大米、小麦粉和食用植物油适度加工，大力发展全谷物等新型营养健康食品。推动地方特色粮油食品产业化，加快发展杂粮、杂豆、木本油料等特色产品。适应养殖业发展新趋势，发展安全环保饲料产品。（财政部、国家粮食局、国家发展改革委、工业和信息化部、农业部、工商总局、质检总局、国家林业局等负责）

（十三）**大力促进主食产业化。**支持推进米面、玉米、杂粮及薯类主食制品的工业化生产、社会化供应等产业化经营方式，大力发展方便食品、速冻食品。开展主食产业化示范工程建设，认定一批放心主食示范单位，推广"生产基地＋中央厨房＋餐饮门店"、"生产基地＋加工企业＋商超销售"、"作坊置换＋联合发展"等新模式。保护并挖掘传统主食产品，增加花色品种。加强主食产品与其他食品的融合创新，鼓励和支持开发个性化功能性主食产品。（国家粮食局、工业和信息化部、财政部、农业部、商务部、工商总局等负责）

（十四）**加快发展粮食精深加工与转化。**支持主产区积极发展粮食精深加工，带动主产区经济发展和农民增收。着力开发粮食精深加工产品，增加专用米、专用粉、专用油、功能性淀粉糖、功能性蛋白等食品以及保健、化工、医药等方面的有效供给，加快补齐短板，减少进口依赖。发展纤维素等非粮燃料乙醇；在保障粮食供应和质量安全的前提下，着力处置霉变、重金属超标、超期储存粮食等，适度发展粮食燃料乙醇，推广使用车用乙醇汽油，探索开展淀粉类生物基塑料和生物降解材料试点示范，加快消化政策性粮食库存。支持地方出台有利于粮食精深加工转化的政策，促进玉米深加工业持续健康发展。强化食品质量安全、环保、能耗、安全生产等约束，促进粮食企业加大技术改造力度，倒逼落后加工产能退出。（国家发展改革委、国家粮食局、工业和信息化部、财政部、食品药品监管总局、国家能源局等负责）

（十五）统筹利用粮食仓储设施资源。通过参股、控股、融资等多种形式，放大国有资本功能，扩展粮食仓储业服务范围。多渠道开发现有国有粮食企业仓储设施用途，为新型农业经营主体和农户提供粮食产后服务，为加工企业提供仓储保管服务，为期货市场提供交割服务，为"互联网＋粮食"经营模式提供交割仓服务，为城乡居民提供粮食配送服务。（国家粮食局、国家发展改革委、证监会等负责）

五、强化粮食科技创新和人才支撑

（十六）加快推动粮食科技创新突破。支持创新要素向企业集聚，加快培育一批具有市场竞争力的创新型粮食领军企业，引导企业加大研发投入和开展创新活动。鼓励科研机构、高校与企业通过共同设立研发基金、实验室、成果推广工作站等方式，聚焦企业科技创新需求。加大对营养健康、质量安全、节粮减损、加工转化、现代物流、"智慧粮食"等领域相关基础研究和急需关键技术研发的支持力度，推进信息、生物、新材料等高新技术在粮食产业中的应用，加强国内外粮食质量检验技术标准比对及不合格粮食处理技术等研究，开展进出口粮食检验检疫技术性贸易措施及相关研究。（科技部、质检总局、自然科学基金会、国

家粮食局等负责）

（十七）**加快科技成果转化推广**。深入实施"科技兴粮工程"，建立粮食产业科技成果转化信息服务平台，定期发布粮食科技成果，促进粮食科技成果、科技人才、科研机构等与企业有效对接，推动科技成果产业化。发挥粮食领域国家工程实验室、重点实验室成果推广示范作用，加大粮食科技成果集成示范基地、科技协同创新共同体和技术创新联盟的建设力度，推进科技资源开放共享。（科技部、国家粮食局等负责）

（十八）**促进粮油机械制造自主创新**。扎实推进"中国制造2025"，发展高效节粮节能成套粮油加工装备。提高关键粮油机械及仪器设备制造水平和自主创新能力，提升粮食品质及质量安全快速检测设备的技术水平。引入智能机器人和物联网技术，开展粮食智能工厂、智能仓储、智能烘干等应用示范。（工业和信息化部、国家粮食局、国家发展改革委、科技部、农业部等负责）

（十九）**健全人才保障机制**。实施"人才兴粮工程"，深化人才发展体制改革，激发人才创新创造活力。支持企业加强与科研机构、高校合作，创新人才引进机制，搭建专业技术人才创新创业平台，遴选和培养一批粮食产业技术体系专家，凝聚高水平领军人才和创新团队为粮食产业服务。发展粮食高等教育和职业教育，支持高等院校和职业学校开设粮食产业相关专业和课程，完善政产学研用相结合的协同育人模式，加快培养行业短缺的实用型人才。加强职业技能培训，举办职业技能竞赛活动，培育"粮工巧匠"，提升粮食行业职工的技能水平。（国家粮食局、人力资源社会保障部、教育部等负责）

六、夯实粮食产业发展基础

（二十）**建设粮食产后服务体系**。适应粮食收储制度改革和农业适度规模经营的需要，整合仓储设施资源，建设一批专业化、市场化的粮食产后服务中心，为农户提供粮食"五代"（代清理、代干燥、代储存、代加工、代销售）服务，推进农户科学储粮行动，促进粮食提质减损和农民增收。（财政部、国家粮食局、国家发展改革委等负责）

（二十一）**完善现代粮食物流体系**。加强粮食物流基础设施和应急供应体系建设，优化物流节点布局，完善物流通道。支持铁路班列运输，降低全产业链物流成本。鼓励产销区企业通过合资、重组等方式组成联合体，提高粮食物流组织化水平。加快粮食物流与信息化融合发展，促进粮食物流信息共享，提高物流效率。推动粮食物流标准化建设，推广原粮物流"四散化"（散储、散运、散装、散卸）、集装化、标准化，推动成品粮物流托盘等标准化装载单元器具的循环共用，带动粮食物流上下游设施设备及包装标准化水平提升。支持进口粮食指定口岸及港口防疫能力建设。（国家发展改革委、国家粮食局、交通运输部、商务部、质检总局、国家标准委、中国铁路总公司等负责）

（二十二）**健全粮食质量安全保障体系**。支持建设粮食质量检验机构，形成以省级为骨干、以市级为支撑、以县级为基础的公益性粮食质量检验监测体系。加快优质、特色粮油产品标准和相关检测方法标准的制修订。开展全国收获粮食质量调查、品质测报和安全风险监测，加强进口粮食质量安全监管，建立进口粮食疫情监测和联防联控机制。建立覆盖从产地到餐桌全程的粮食质量安全追溯体系和平台，进一步健全质量安全监管衔接协作机制，加强粮食种植、收购、储存、销售及食品生产经营监管，严防不符合食品安全标准的粮食流入口粮市场或用于食品加工。加强口岸风险防控和实际监管，深入开展农产品反走私综合治理，实施专项打击行动。（国家粮食局、食品药品监管总局、农业部、海关总署、质检总局、国家标准委等负责）

七、完善保障措施

（二十三）**加大财税扶持力度**。充分利用好现有资金渠道，支持粮食仓储物流设施、国家现代粮食产业发展示范园区（基地）建设和粮食产业转型升级。统筹利用商品粮大省奖励资金、产粮产油大县奖励资金、粮食风险基金等支持粮食产业发展。充分发挥财政资金引导功能，积极引导金融资本、社会资本加大对粮食产业的投入。新型农业经营主体购置仓储、烘干设备，可按规定享受农机具购置补贴。落实粮食加工企业从事农产品初加工所得按规定免征企业所得税政策和国家简并增值税税率有关政策。（财政部、国家发展改革委、税务总局、国家粮食局等负责）

（二十四）健全金融保险支持政策。拓宽企业融资渠道，为粮食收购、加工、仓储、物流等各环节提供多元化金融服务。政策性、商业性金融机构要结合职能定位和业务范围，在风险可控的前提下，加大对粮食产业发展和农业产业化重点龙头企业的信贷支持。建立健全粮食收购贷款信用保证基金融资担保机制，降低银行信贷风险。支持粮食企业通过发行短期融资券等非金融企业债务融资工具筹集资金，支持符合条件的粮食企业上市融资或在新三板挂牌，以及发行公司债券、企业债券和并购重组等。引导粮食企业合理利用农产品期货市场管理价格风险。在做好风险防范的前提下，积极开展企业厂房抵押和存单、订单、应收账款质押等融资业务，创新"信贷＋保险"、产业链金融等多种服务模式。鼓励和支持保险机构为粮食企业开展对外贸易和"走出去"提供保险服务。（人民银行、银监会、证监会、保监会、财政部、商务部、国家粮食局、农业发展银行等负责）

（二十五）落实用地用电等优惠政策。在土地利用年度计划中，对粮食产业发展重点项目用地予以统筹安排和重点支持。支持和加快国有粮食企业依法依规将划拨用地转变为出让用地，增强企业融资功能。改制重组后的粮食企业，可依法处置土地资产，用于企业改革发展和解决历史遗留问题。落实粮食初加工用电执行农业生产用电价格政策。（国土资源部、国家发展改革委、国家粮食局等负责）

（二十六）加强组织领导。地方各级人民政府要高度重视粮食产业经济发展，因地制宜制定推进本地区粮食产业经济发展的实施意见、规划或方案，加强统筹协调，明确职责分工。加大粮食产业经济发展实绩在粮食安全省长责任制考核中的权重。要结合精准扶贫、精准脱贫要求，大力开展粮食产业扶贫。粮食部门负责协调推进粮食产业发展有关工作，推动产业园区建设，加强粮食产业经济运行监测。发展改革、财政部门要强化对重大政策、重大工程和重大项目的支持，发挥财政投入的引导作用，撬动更多社会资本投入粮食产业。各相关部门要根据职责分工抓紧完善配套措施和部门协作机制，并发挥好粮食等相关行业协会商会在标准、信息、人才、机制等方面的作用，合力推进粮食产业经济发展。（各省级人民政府、国家发展改革委、国家粮食局、财政部、农业部、国务院扶贫办等负责）

国务院办公厅

2017 年 9 月 1 日

（此件公开发布）

部署

贯彻

坚持创新发展转型升级提质增效
加快建设粮食产业强国

张务锋

　　党的十八大以来，以习近平同志为核心的党中央始终把粮食安全作为治国理政的头等大事，立足世情国情粮情，作出了一系列重要论断和重大部署，全面实施国家粮食安全新战略，我国粮食安全形势总体稳中向好。习近平总书记指出，保障国家粮食安全是一个永恒课题，任何时候这根弦都不能松；要深度开发"原字号"，以"粮头食尾""农头工

全国粮食行业"深化改革转型发展"大讨论活动调度督导会

尾"为抓手，推动粮食精深加工，做强绿色食品加工。李克强总理强调，要做好"广积粮、积好粮、好积粮"三篇文章，积极培育新动能，加快推动我国从粮食生产大国向粮食产业强国迈进。2017 年 9 月，国务院办公厅印发《关于加快推进农业供给侧结构性改革大力发展粮食产业经济的意见》，明确了思路目标和政策举措。我们要把思想行动高度统一到党中央、国务院决策部署上来，积极作为、协同联动，切实做好粮食产业经济发展这篇大文章。

一、加快粮食产业经济发展是落实总体国家安全观和深化供给侧结构性改革的必然要求

大力发展粮食产业经济，是兴粮之策、富农之道、惠民之举，对构建更高层次、更高质量、更有效率、更可持续的粮食安全保障体系具有重要作用。

第一，**大力发展粮食产业经济，是落实总体国家安全观，进一步筑牢国家粮食安全基础的必然选择。**粮食安全是国家安全的重要组成部分。只有经过加工转化和物流配送，把成品粮油及时供应给消费者，才最终真正实现了粮食安全。粮食产业经济对粮食生产具有反哺激励和反馈引导作用，对粮食消费具有支撑培育和带动引领作用，是粮食供求的"蓄水池"和"调节器"。粮食产业经济越发达，粮食安全稳定性就越高，抗风险能力就越强。

第二，**大力发展粮食产业经济，是深化农业供给侧结构性改革，加快新旧动能转换的有力举措。**当前，粮食产业结构性矛盾突出，精深加工能力不足，产业链条短，创新能力弱，产品附加值低。只有坚持问题导向，强化改革创新，才能加速结构优化、动能转化，补齐"短板"，改善供给。

第三，**大力发展粮食产业经济，是实现粮食生产发展与经济实力增强有机统一，保护和调动重农抓粮积极性的有效途径。**充分发挥加工流通的增值效应，有利于把资源优势转变为产业优势，形成粮食兴、产业旺、

经济强的良性循环。

　　第四，大力发展粮食产业经济，是落实以人民为中心的发展思想，促进农民持续增收、满足居民消费需求的现实需要。有利于促进规模化、标准化生产，拓宽农民增收渠道，更好地服务"三农"大局；有利于顺应消费升级趋势，让城乡居民"吃得安全""吃得健康""吃得方便"，更好地服务"健康中国"建设。

水饺生产线

二、准确把握粮食产业经济发展的重点任务

　　"十三五"时期，是全面建成小康社会的决胜阶段，也是粮食行业转型发展的关键时期。要深入贯彻习近平总书记系列重要讲话精神和党中央治国理政新理念新思想新战略，立足经济发展新常态，认真贯彻新发展理念，以提高发展质量和效益为中心，以供给侧结构性改革为主线，加快推动粮食产业经济创新发展、转型升级、提质增效。

　　具体来讲，就是尽快实现"三个转变"。在发展动能上，尽快实现由政策支持和要素支撑为主向创新驱动主导转变，激发粮食产业技术创新活力，推动新产品、新模式、新业态加速成长；在发展路径上，尽快实现由各环节分散经营向"产购储加销"一体化转变，发挥粮食加工转化引擎作用，接一连三，协同联动，融合发展；在发展目标上，尽快实现由注重规模扩张向注重质量效益提高转变，增加绿色优质粮食产品供给，加快推动产业迈向中高端水平。到2020年，初步建成适应我国国情粮情的现代粮食产业体系。

　　当前，新一轮科技革命和产业变革蓄势待发，产业链、创新链、价值链对接融合成为大势所趋。要强化系统思维和统筹联动，依托产业链布局创新链，依靠创新链提升价值链，在"三链协同"中增创粮食产业发展新优势。

　　第一，加速延长产业链。粮食产业转型升级，是从粗放向集约演进的过程，也是由短链条向长链条转变的过程。坚持因地、因企、因粮施策，推广全产业链经营、产后服务带动、精深加工主导、商贸物流引领、主食产业化、循环经济等模式，大力实施"建链、补链、强链"工程。粮源优势突出的地方，培植引进粮食龙头企业，高起点建立加工贸易产业链；产业链条缺失的地方，有针对性地补齐粮食深加工、副产物综合利用和物流配送等环节，向产业中高端和链条终端延伸；产业初具规模而层次较低的地方，通过注入技术、管理、资本、品牌、服务等要素，提高产品附加值和竞争力。依托粮食主产区、特色粮油产区、粮食重点销区、关键粮食物流节点，建设一批国家现代粮食产业发展示范园区（基地）。鼓励龙头企业与产业链上下游各类市场主体成立粮食产业联盟，优势互补，共同发展。

　　第二，突出优化创新链。以科技创新为核心的全面创新是推动粮食产业经济发展的内生动力，是粮食产业走向集约化、绿色化、智能化的重要支撑。深入实施"科技兴粮工程"，促进创新要素向企业集聚，加快培育一批创新型粮食领军企业。构建开放、合作、互利、共享的创新生态，支持粮油企业与科研院校共建协同创新共同体，联合攻克营养健康、质量安全、节粮减损、现代物流、"智慧粮食"等领域关键技术。紧密对接市场需求、先进技术、智能制造、绿色发展，推进高水平技术改造，实现产品升级、成本降低、质效同增。开展行业对标活动，提高管理智能化、精细化水平。大力实施"人才兴粮工程"，发展粮食高等教育和职业教育，完善协同育人模式，加快培养行业短缺的实用型人才。

第三，不断提升价值链。从价值链低端向中高端跃升，是产业链条延伸、科技创新驱动的必然结果，也是产业素质增强带来的积极效应。突出产品提档这个前提，推进"优质粮食工程"建设，实施"中国好粮油行动"，

现代粮食产业集群

大力发展全谷物等新型营养健康食品，增加多元化、定制化、个性化产品供给。抓住品牌带动这个重点，鼓励粮食企业增品种、提品质、创品牌，培育一批具有自主知识产权和较强市场竞争力的全国性粮食名牌产品。强化业态升级这个关键，开展"互联网＋粮食"行动，推动粮食产业与旅游休闲、农耕体验、文化传承、健康养生等深度融合，培育粮食产业新增长点。实行粮食产业企业标准领跑者激励机制，建设粮食质量检验监测体系，建立从产地到餐桌全程追溯体系和平台，切实保障粮食质量安全。

　　为确保各项举措落到实处，要统筹建设粮食产业经济发展示范市县、特色产业园区、龙头骨干企业、"优质粮食工程"四大载体，促进集约、集聚、集群发展。

三、科学处理粮食产业经济发展中的"五个关系"

　　第一，政府和市场的关系。充分发挥市场配置粮食资源的决定性作用，更好发挥政府的作用，尊重市场经济规律和企业主体地位，深入推进政企分开。改进完善粮食宏观调控，强化粮食流通监管，加强规划引领、标准规范、技术指导、信息引导等服务，改善粮食行业营商环境。落实财税、金融、用地用电等优惠政策，加大对粮食产业经济发展扶持力度。

　　第二，当前和长远的关系。顺应合理消化粮食库存的要求，加大加工转化力度，提高产能利用水平。坚持"加减乘除"并举，改造传统产业调存量，培育新兴产业优增量，淘汰落后产能做减量，把握好投资项目的类型、节奏和力度，增强粮食产业持续发展能力。

　　第三，产区和销区的关系。鼓励产区发展粮食精深加工、提高就地加工转化比重，销区提高粮油加工层次、健全配送供应体系，并通过产区企业到销区建立营销网络、销区企业到产区建立粮源基地、加工物流基地和洽谈对接等方式，构建政府引导、企业主体、市场运作、多方共赢的新型产销合作体系。

　　第四，国际和国内的关系。在坚持立足国内、以我为主的前提下，积极参与国际粮食合作交流。加快培育规模大、实力强、效益好的国际大粮商，引导粮食企业有序走出去，提高全球粮食市场话语权。

　　第五，发展和安全的关系。把粮食安全意识贯穿于粮食产业经济发展全过程，服从服务于国家粮食安全战略，决不能以牺牲粮食安全为代价换取经济效益。

　　（作者为国家发展和改革委员会党组成员，国家粮食局党组书记、局长）

全面系统认识发展粮食产业经济的意义

徐　鸣

2017 年 9 月 1 日，国务院办公厅印发了《关于加快推进农业供给侧结构性改革大力发展粮食产业经济的意见》，对当前和今后一个时期粮食产业经济发展作出顶层设计，这是贯彻习近平总书记新粮食安全观的重要举措。下一步，粮食部门要全面落实党中央、国务院关于粮食产业发展的决策部署，不断把粮食产业做强做大，为确保国家粮食安全打下更加扎实的基础。

一、什么是粮食产业经济

粮食产业经济，从理论上讲，就是与粮食相关的生产、加工、流通、服务等一系列经济活动。从实践上讲，就是按照习近平总书记关于"粮头食尾""农头工尾"的要求，把粮食的产业链做长，形成完整的产业体系。从目前的情况看，我理解大体上主要包括如下几个方面：

精深加工。 改变以管理原粮为主的状况，围绕人民群众对美好生活需要和全面建成小康社会的要求，把老百姓日常消费的口粮做深做细做精，这是发展产业经济的重点。一是加工科学化，要研究加工过程中如何保持和提升粮油品质，全面提升标准，防止单纯追求色相、搞过度加工，增强加工过程中的科学性。二是主食产业化，总结前些年这方面的实践经验，从方便老百姓日常生活着想，引导企业用产业模式发展主食加工，提升主食产品质量、做大规模和优化服务。三是品种多样化，据研究，发达国家加工食品约占饮食消费总值的 90%，而中国仅占 25% 左右。表明我国进一步发展以粮食为原料的食品深加工空间很大，粮食部门在这个领域可以大有作为。四是口粮优质化，要满足老百姓从"吃得饱"向"吃得好"转变的要求，在确保粮食质量安全的基础上，提供更多优质的产品，让中国人吃得更营养，吃出健康。

饲料加工。这是"粮头食尾"的应有之义。目前，我国饲料用粮大体上占粮食消费的 40%，随着生活水平的提升，饲料对粮食的消耗将越来越多。粮食安全必须考虑到饲料。虽然在职能分工上这个行业由农业部门管，但在供需平衡上、品种结构上、区域布局上以及进出口调控等方面，都与粮食部门密切相关。因此，我们不能不管，是一件放不下的事情。

转化加工。粮食尤其是玉米等谷物，除了食用和饲料用之外，还是

玉米油精炼车间

重要的工业原材料。国际上以粮食为原料的工业产品有近 3000 个，传统的像淀粉、葡萄糖、酒精等及其传统的下游产品也有上千种，正在兴起的像生物基材料、聚乳酸（包括可降解塑料）等也具有广阔的前景，而我国目前仅有 300 来种。下一步，要和有关部门一道制定规划，出台相应的政策措施，引导行业有序发展。随着粮食生产能力的增强，发展转化加工有利于种粮农民致富。但是，绝不能"与人争粮"、影响国家粮食安全，一定要在"确保口粮绝对安全"的前提下发展转化加工。

综合利用。日本的米糠全部实现循环利用产业化，秸秆 70% 实现循环利用产业化。相比之下，我国在这些方面做得还远远不够，在综合利用方面浪费太多。要制定政策引导企业综合利用，往"吃干榨尽"上努力。还有就是全国有 15000 亿斤的粮仓，仓顶大部分是闲置的。近年来，有的地方利用这一块资源进行太阳能发电，经济效益和生态效益都不错。

粮机装备。粮机装备是粮食产业经济各环节提升的重要硬件保障，通过技术的创新，发展智能粮机，是下一步需要重点涉足的领域，也是粮食产业经济一个重要的延伸。

此外，还有很重要的一个方面就是发展粮食的现代流通和服务。过去，粮食部门负责粮食流通其实主要管的是原粮，而在产后的各个环节不平衡、不充分的问题比较突出。按照党的十九大精神，下一步要建立粮食的全流通服务体系，不仅让种粮农民享受到周到的产后服务，更重要的是要满足消费者质量安全、品质优良、营养健康而又便利的粮油需求。

二、为什么发展粮食产业经济

发展粮食产业经济的必要性很多，最主要的是以下三个方面。

一是新时代人民群众粮油消费升级的客观需要。中国特色社会主义进入新时代，我国社会主要矛盾已经转化为人民日益增长的美好生活需要和不平衡不充分的发展之间的矛盾。随着我们离全面建成小康社会的目标越来越近，城乡居民对粮食的消费需求发生了深刻变化，不仅满足于"吃得饱"，而且要"吃得好"，吃得安全、吃得营养、吃得健康，对绿色优质粮油产品的需求旺盛。但粮食行业不平衡不充分的矛盾很突出，量的矛盾有所缓解，高品质的粮油产品供给严重不足。比如强弱筋小麦的国内供给明显短缺、市场上营养好品质优的米面油产品偏少、消费者真正信得过的品牌不多等。要解决这些问题就必须大力发展粮食产业经济，通过产业的提质增效来实现粮油产品的提级进档，进而满足人民群众的粮油消费新需求。这是粮食部门义不容辞的使命，也是粮食供给侧结构性改革的关键所在。

二是提升国家粮食安全保障能力的基础工作。发展粮食产业经济，把产业链延长，提高附加值，粮食的比较效益大幅度提升，种粮能赚钱，农民的种粮积极性就能进一步增强，这是保障国家粮食安全最重要的因素。随着收储制度改革的深入，发展产业经济给农民提供了更加广阔的市场空间。实行优质优价，农民以市场为导向安排生产，能够优化粮食种植结构，带动农业现代化的提升，提供更多的绿色优质农产品，同时也有利于加快美丽乡村建设。从宏观上看，产业链长了，回旋余地就大，更有利于政府调控。粮食丰收，就正常生产；遇到歉收，就减少生产。这样，就能起到"蓄水池"的作用，应对市场波动的回旋余地会大大扩展。

三是进一步做大做强粮食行业的必然要求。我国是世界粮食第一生产大国、第一消费大国，但大而不强，粮食产品的附加值很低，导致行业产值规模偏小，产业竞争力不强。发达国家的食品工业产值是农业产值的 1.5 ~ 2 倍，而我国还不及 1/3。近年来，随着我国粮食综合生产能力的不断提高，粮食生产连年丰收，年产量基本稳定在 12000 亿斤以上。如果我国的食品加工业产值与原粮相比能达到 1:1，仅此一项产值就能增加上万亿元甚至几万亿元，加上作为工业原料、饲料等转化加工，就能形成一个规模巨大的产业。还有一个现象值得关注，粮食调出大省往往是经济小省、财政穷省，产粮大县一般是经济小县、财政穷县。这主要是没有把粮食的文章做足所导致的，抱着"金饭碗"受穷。从经济学上讲，产业链越短，附加值越低，买原粮、卖原粮是比较吃亏的。只要把粮食产业经济做起来，把产业链延长，大幅度提高附加值，就能大规模增加就业、增加税收，就是一个了不起的产业，粮食部门的地位自然就高。

三、如何发展粮食产业经济

发展粮食产业经济一定要遵循事物发展规律，既要积极又要稳妥，防止一哄而上，搞不切实际的花架子、大呼隆，务求取得实效。

科学规划。国家层面，要按照建设粮食产业经济强国的目标，分阶段、分地区进行研究，制定出切实可行的发展规划。地方层面，要从本地实际出发，找准优势，认真谋划粮食产业经济发展的思路。主产区，除了发展精深加工之外，可以多搞一些工业的加工转化、畜牧业的过腹转化；主销区和产销平衡区，应重点发展精深加工、主食产业化以及围绕精品的现代化流通体系建设。在空间布局上，也要有差别，根据品种的种植优势和物流的便利程度，选择发展加工产业、加工产品。在时间安排上，要明确不同阶段发展的目标，以及达到目标的具体措施。

夯实基础。首先，要把统计工作完善起来，根据粮食产业经济的内涵和外延，进一步细化各项指标体系；健全统计队伍，配齐人员，加强培训，明确职责，制定奖惩措施；形成一套符合粮食行业特点的机制，真正把实际情况搞准确、报出去。其次，不断地制定和完善粮食产业的标准体系，让全行业有章可循，对产品质量性能、加工深度、产出率、污染排放，尤其是对粮食消耗程度等一定要有明确的指标。发展粮食产业经济有很多基础工作要做，我认为以上两点最为重要，务必要抓紧抓好。

培育主体。以往，我们对粮食储备企业管得比较多，对其他涉粮企业关注不够。今后，粮食部门要树立"大粮食"的观念，加大对与粮食相关企业的培育力度。一是深化改革，有效化解粮食企业的债务负担，推动建立现代企业制度，改变作坊式、家族式等管理模式，完善法人治理结构，不断增强市场竞争能力。二是科技培育，针对粮食企业创新能力比较薄弱的问题，整合粮食行业的科研力量，研究发展粮食产业的共性技术和商业模式，为企业提供支撑；鼓励科研机构与粮食企业深度合作，支持科研人员以技术入股或到企业兼职，促进科技成果转化；支持企业健全研发机构、加强研发力量，围绕增强市场竞争力不断开发新产品、提升工艺水平和服务能力。三是政策支持，与有关部门一起系统研究如何运用财政政策、税收政策、金融政策、贸易政策和土地政策，引导企业发展粮食产业经济。四是做好服务，按照"放、管、服"的要求，在加强监管的同时，主动与涉粮企业建立"亲、清"的政企关系，提供高效优质的服务，帮助企业同相关部门沟通协调，解决实际困难。五是树立典型，要选择一批在行业中有引领作用的企业作为示范，并且张榜授牌。

　　产业集聚。从现代经济角度分析，产业的集中度越高，成本越低，效率越高，竞争力越强。发展粮食产业经济应从以下三个方面集聚产业：

港口粮食物流园区

一是纵向集聚，就是让上下游一体化。在不影响国家粮食安全的前提下，支持粮食加工企业参与市场化收购，符合收储条件的应授予收储资格；只要能确保储备粮食的数量和质量绝对安全，就允许仓储企业与加工企业合作建立供应链管理模式，减少中间环节，优化时空布局。这是粮食部门的一个重要抓手。二是横向集聚，就是把与粮食相关的同类企业以及关联企业放在一个地区，形成产业集群。下一步，可以根据粮食资源、市场空间和区位优势，选择若干有一定基础的市（州）、市（县）集中进行打造，创造出规模效益、带动效应。三是点上集聚，就是发展粮食产业园区。对于形不成地区性优势的，可以用建园区的办法集聚产业，通过建设完善的基础设施和公共服务平台，以及制定相应的政策措施，吸引粮食企业入驻。还可以依托已建成和正在建的粮食物流园区，建设综合性园区或搞"园外园"。有条件的，还应积极与海关等有关部门协调，赋予园区保税功能或按保税区功能建设。总而言之，让园区有保税加工、保税物流的功能，这样就可以在正常年份，国内粮食丰收的情况下，进行正常加工；一旦遇到特殊年份，粮食大幅度减产、国内粮源出现紧张，就进口国外粮食进行保税加工，形成资源调控的优势。

推进"优质粮食工程"。这是粮食部门推进农业供给侧结构性改革的重要抓手。现在，目标和路径已经明确，接下来就要深入推进。首先，在思想上一定要认识到这是粮食部门深化改革、转型发展的重要突破口，是职能转变迈出的重大步伐，是贯彻党的十九大关于满足人民对美好生活需要的具体行动，关系到粮食行业的未来发展。其次，要有改革创新的思维，过去我们的拿手好戏是收储，实施"优质粮食工程"必须要创新，要有新的体制机制、新的思路、新的举措，去干新的事业。最后，要在干中学，产后服务、第三方检测也好，"好粮油行动""互联网＋粮食"也罢，都是以前我们没干过的，经验严重不足。粮食行业的广大干部职工要开拓进取，在实施过程中积累经验，不断增强新时代"为耕者谋利、为食者造福"的新本领。

（作者为国家粮食局党组成员、副局长）

政府推动

打好"五张牌"
全面推进吉林大米品牌建设

吉林省粮食局

2015 年 7 月 16 日，习近平总书记亲临吉林考察，在稻田地里对粮食品牌建设做出重要指示："粮食也要打出品牌，这样效益好、价格好。"按照习近平总书记指示精神，吉林省粮食局立足吉林实际，坚持以市场为导向，以结构调整为主线，以集中打造吉林大米品牌为抓手，着力实施吉林大米"五个一工程"，即：集中打造一个核心品牌——吉林大米；组建一个产业联盟——吉林大米产业联盟；搭建一个电商平台——吉林大米网；制定一套标准体系——吉林大米系列质量标准；建立一个营销网络——吉林大米直营网络。目前，"吉林大米"已经成为吉林人引以骄傲和自豪的"白金名片"。

一、打质量牌，适应消费升级需求

从生态环境、气候条件、种植技术和历史文化方面看，吉林大米均为粳米中的上品。最新培育的吉粳 511 在中日名米食味值评选中仅次于日本越光米，名列第二。为了提高绿色优质水稻的供给水平，满足城乡居民消费升级的需要，吉林省粮食局把提升吉林大米质量作为一项系统工程来抓，从建立标准入手，制定了《吉林大米质量标准》以及 4 个品种的团体标准，用"标准"统一质量；从选种育种入手，通过科企对接对主打品种提纯复壮，扩大生产规模；从标准化管理入手，通过建立大米质量追溯体系，确保吉林大米的安全和品质。

博览会现场

二、打文化牌，提升吉林大米品牌内涵

为了擦亮吉林大米这张"白金名片"，吉林省粮食局对吉林大米悠久的稻作文化进行了深度挖掘，出版发行了《贡米》一书，并以此为脚本，拍摄了《天下贡米》纪录片，宣传吉林大米历史传承。同时，还邀请行业内知名专家和领导，做客吉林大米高端论坛，剖析吉林大米"好吃、营养、更安全"的品质内涵。借助深厚的文化底蕴和专业的学术解读，在全国 30 多个城市开展了推介活动，尤其是 2017 年上半年刚刚结束的浙江吉林大米文化节，两省 11 对城市"以米为缘"，结成"对子"，使两地的粮食产销合作得到了全面延伸。

三、打组合牌，提升市场竞争力

为加快吉林大米品牌整合步伐，实现优势互补、资源共享、抱团出击的营销策略，吉林省粮食局成立了以大米加工、销售以及品牌策划等企业为主体的吉林大米产业联盟，实施"产业联盟＋"战略，以大联盟带动区域联盟，以区域联盟带动企业经营，联盟企业统一使用"吉林大米"品牌标识，用"吉林大米"的大品牌统领区域品牌，以区域品牌聚合企业品牌。目前，大联盟核心企业已经发展到33家。松原、舒兰、永吉、延边等地的区域联盟也逐步形成，其中：松原粮食集团以"查干湖大米"品牌为核心，对松原市周边31家企业进行了整合，组建了区域联盟，年销售收入由整合前的1.5亿元增长到10亿元。

四、打特色牌，彰显吉林大米品质特征

围绕吉林特有的白山松水黑土区域特征，开发了东部火山岩、中部黑土地、西部弱碱土三大系列中高端大米，为不同区域的吉林大米提供了新的卖点，拓展了价格空间。松粮集团"明珠1号"弱碱米在广东市场零售价15元／斤，供不应求；柳河"大米姐富硒米"市场零售价高达30元／斤，产品畅销全国；舒兰有机稻花香在北京市场卖到了49元／斤。

五、打营销牌，拓宽市场渠道

为了有效锁定中高端消费人群，吉林省粮食局打破传统的经营方式，创新营销模式，构建线上线下互动、省内省外互联、直营分销互补的吉林大米销售体系。一是探索"互联网＋吉林大米"营销模式。搭建"吉林大米网"电商平台，全面推广"线上注册发展会员，线下体验配送大米"的O2O（线上到线下）营销模式。二是鼓励省内大米企业"走出去"，建立自己的直营体系。吉林省对联盟企业在省外设立直营店补贴10万元，商超专柜补贴1万元。三是配合渠道建设，在中央电视台、飞机、动车和重点城市主要商业街区、机场、火车站、高速公路等处加大广告投放

力度，持续扩大吉林大米品牌影响。

"五张牌"综合施策，给吉林粮食产业发展带来了可喜的变化：

一是带动了粮食种植结构调整。随着吉林大米品牌建设不断深入，粮食流通对生产的引导和反馈作用日益凸显，稻谷加工企业把市场需求信息及时准确地传导到生产环节，引导农民调整种植结构。2016年，吉林省粮食作物播种面积7659万亩，其中玉米面积5567万亩，同比减少

收割现场

332.58万亩；水稻面积1215万亩，同比增加33万亩。2017年，水稻面积又增加了50万亩。

二是带动了吉林大米品质档次的提升。品牌建设对供给侧结构性的作用，还体现在对大米品质和档次的提升。几年来，吉林省粮食局顺应市场消费升级变化，突出吉林大米中高端品牌定位，变"农民种什么，企业就得收什么"为"市场需要什么，企业就组织农民种什么"，从"强调数量、解决温饱"转向"强调质量、满足品味"，不断满足消费者日

益增长的多元化、定制化、个性化需求。以松粮集团、东福米业为代表的吉林大米产业联盟企业不断扩大优质水稻自有基地和订单种植面积，同时带动种稻农民更多地种植更优的品种。2017年，全省优良品种水稻播种面积达到总量的80%；中高端大米产量由初期的不足9亿斤增加到15亿斤，增长了66%。

三是带动了生产和流通领域效益双提升。大米品牌建设的扎实推进，带动了吉林稻米产业的走热和效益的提升，拉动了省内水稻价格上涨，直接增加了农民种粮收益。据统计，2013年，全省水稻加工业产值仅有240亿元；2016年，这一数字提高到280亿元，增加的40亿元中，仅大米品牌建设就贡献了38亿元。另外，品牌建设对农民收入的提高也显而易见。2016年新粮上市到2017年9月，吉林省按国家最低收购价入库的水稻只有2.7亿斤，仅占总量的2.3%，绝大部分水稻以平均高出最低收购价0.1元/斤的价格流向市场。按85亿斤市场流通量计算，仅此一项，农民就增收8.5亿元，加上农民流转土地和返聘打工的收入，农民每年综合增收10亿元以上。

绿色引领　服务产后　转型发展

四川省粮食局

　　近年来，四川省粮食系统认真贯彻落实习近平总书记治国理政新理念、新思想、新战略和李克强总理关于粮食流通工作的重要批示精神，积极探索、创新实践，在全国率先启动粮食产后服务体系，率先大规模开展低温绿色粮库建设，有力推进了粮食产业经济持续快速发展。2016年全省涉粮产业总产值达 5000 多亿元，占全省 GDP（国内生产总值）总量的 1/6，为全省经济社会稳定健康发展作出了积极贡献。

一、大规模推进绿色低温库建设，优化原粮供给，为食者造福

　　四川盆地储粮条件复杂，粮食品质劣变严重，常常导致粮食企业库存减量、新陈价差亏损，也不利于为粮油加工企业提供优质原料。尽快改变储粮生态环境、确保库存原粮减损优供是全省粮食系统的共同追求。四川省粮食局从 2010 年开始探索实施绿色低温储粮工程，规划从 2014年起投资 50 亿元，用 5～7 年建设粮食低温储备库 173 个，总仓容 607万吨，占全省有效仓容 50% 以上，全面提高储备粮供给质量。

　　一是聚焦问题，找准路径。在调研、论证、试点的基础上，四川省逐步探索出"民生优先、技术多样、标准健全"的多元化、多层次、功

能完善的低温绿色储粮体系，大规模推广运用浅层地能、水冷、风冷等绿色储粮新技术，全面提升科技储粮水平。二是精准发力，稳步实施。从 2010 年起，先后开展了综合控温储粮、浅层地能低温储粮技术应用试点，逐步明晰了适合四川储粮生态条件的低温储粮技术路线。四川省委、省政府高度重视，将建设低温绿色粮库作为"粮安工程"的重要组成部分，纳入了分管副省长亲自抓的"省长工程"。近三年来，已落实到位省级财政资金 11 亿元，启动建设绿色低温储备项目 144 个。三是注重实效，强化应用。针对全省低温粮库陆续建成但技术操作、应用管理尚处于摸索阶段的实际情况，四川省粮食局通过粮情数据收集、样本分析比对、能耗在线监测、经济效益分析，及时开展应用技术研究，初步形成了四川低温粮库技术应用技术导引。从已投入使用的 59 个绿色低温库运行情况看，一方面，大幅度减少低温仓用药量，有效避免使用

低温绿色粮库

化学杀虫剂产生污染，利于环保；另一方面，大幅度减少粮食水分和干物质损失，保持了粮食新鲜度、营养价值和品位品质，初步测算每吨粮食可增加 100 元以上的综合收益。

二、先行实施川粮产后服务工程，助力绿色生产，为耕者谋利

四川地处高温高湿地区，粮油收获期间常常阴雨连绵，种植农户特别是新型粮食生产经营主体常常为烘干、清理粮食发愁。为帮助解决这一难题，四川省粮食局决定从 2012 年开始，在全省启动"川粮产后服务工程"。截至 2017 年 9 月，省级财政下拨资金 2.13 亿元，为 105 个县 173 个项目购置烘干设备 1000 多（台）套，帮助烘干清理粮食 115 万吨，挽回晾晒、虫霉等粮食损失 4.7 亿元。

一是先行试点，有序推广。2012 年，四川省粮食局认真总结广汉、仁寿、宣汉三县（市）成功试点的经验，统筹规划 2013—2017 年在 100 个县开展"川粮产后服务工程"，为 1000 个种粮大户（专业合作社、家庭农场、龙头企业）、10 万户农民提供粮食产后服务。2013—2015 年，按照"自愿申报、公开竞争、专家评审、效益优先、择优确定"的原则，又在 88 个粮食主产县及规模化种植发展较快的县遴选项目 146 个，单个项目财政补助 100 万元建设粮食产后服务中心，并提供订单生产、烘干清理、代加工、代储藏、代销售等产后服务。二是市场原则，多元投入。为发挥财政资金"四两拨千斤"的作用，四川省粮食局从 2016 年起将项目直补资金改为"以奖代补"，对完成日烘干不少于 100 吨粮食并配备必要清理设备的项目，经验收合格后一次性给予 50 万元奖励。2017 年全省按此办法安排资金 7786 万元、项目 144 个。同时，为调动多元主体投入项目建设的积极性，全省推广了崇州市"三合一"筹资模式，即集中省市粮食部门、地方政府及专业合作社资金建设粮食烘储中心，受到广泛好评。三是规范管理，专业服务。四川省粮食局坚持"集中使用、县长负责、突出重点、注重绩效"的原则，建立健全专家评审制度、第三方绩效评价制度、项目竣工验收制

度等一系列制度，确保了项目运作规范、成效明显、农民满意。2016 年四川省土地流转率已经达到 34%。为了适应规模化种植新形势，逐步提高服务体系专业化、组织化和网络化水平，四川省粮食局将产后服务体系的重心由国有粮食购销企业转移到粮食专业合作社、粮油加工企业等多元主体。广汉市粮食局率先在全省组建了粮食专业化服务队和专家工作站。

粮食烘干作业

三、激活粮食产业发展动能，服务产业升级，为业者护航

近年来，四川省粮食局深入谋划在农业供给侧结构性改革大背景下的粮食产业经济发展新思路、新模式，积极探索以"仓储和加工"为双引擎、

以"改革和创新"为双动能的粮食产业经济改革和发展新路径、新业态，推动了粮食产业经济转型发展。2016 年，全省粮油加工企业产值、饲料企业产值分别比上年增长 32.5% 和 13%。

一是培育优质粮源基地，提升川粮品牌。四川省粮食局大力支持"川粮网"等 275 家粮油企业与上下游企业共建绿色种植产业链，启动实施"川米优化工程"，目前全省建设标准化、规模化、品牌化优质粮食生产基地 1800 万亩。成功举办了三届川渝粮展会（西部金穗粮交会），累计成交金额达 190 多亿元。同时，积极推进"川粮品牌提升工程"，大力推介 56 个四川名牌产品，"川字号"粮油食品知名度、美誉度和市场占有率持续提升。二是优化研发服务体系，保障质量安全。四川省粮食局支持中储粮成都粮科所、四川师范大学与四川省粮食企业共建"粮油储藏与质量安全"及"绿色储粮与智慧仓储"联合实验室。省级财政投入资金 2.1 亿元，已建及在建 18 个粮食质量可追溯体系和质量监管平台，8 个市开展"互联网 + 放心粮油"试点，"四川军粮连锁""川粮便民连锁"已成为群众身边最安全、最便捷、最实惠的"粮袋子"。三是培育粮食核心优势，推进"六化"发展。依托"川菜"品牌优势，推动"主食产业化、杂粮集群化、名吃工业化、品牌区域化、粮源基地化、基地观光化"，培育"川粮"食品新增长极。四川得益绿色公司开发方便米饭系列产品，已成为全国方便米饭生产企业的排头兵；积极打造"中江挂面"产业基地，中江县挂面、鲜切面产销量居全省第一；培育徽记食品等 30 多家企业发展传统特色产业，豆腐干产业已成为宜宾南溪区县域经济的重要支柱。

创新驱动　集聚发展

江苏省粮食局

　　江苏是粮食生产、流通和产业大省，2016 年粮食产量 693 亿斤，约占全国粮食总产量的 1/20；全省粮油工业产值和销售收入均达 2500 亿元，分别约占全国总量的 1/10。近年来，江苏出台《关于深化地方国有粮食企业改革的意见》和《关于推进粮食一二三产业融合发展的指导意见》等政策文件，从发展全产业链、培育市场主体、促进产业集聚、塑造粮食品牌四个方面着力，加快推进粮食一二三产业融合发展，努力把江苏打造成为粮食产业强省。

一、着力打造全产业链

　　自 2013 年起，江苏逐步探索构建粮食生产、流通、加工、销售一体化的全产业链经营模式。一是向前延伸，建立生产基地。鼓励国有粮食企业充分发挥收储设施较全、保管能力较强以及对市场较为敏感等资源优势，改变收原粮、卖原粮的经营模式，发力供给侧，主动加强与新型农业经营主体的合作，或直接流转土地，或采取"购销公司 + 新型粮食经营主体 + 农户"的经营模式，与规模种粮组织签订订单，推进粮食品种优质化、基地规模化、生产标准化。国有企业掌握了优质粮源，拓宽了发展空间，同时也让农民分享了产业链增值收益。2017 年江苏全省优质优价订单收购目标 100 亿斤，目前夏粮优质品种收购已达到 75 亿斤。南通市成功摸索出了一条由国有粮食购销企业牵头，种粮大户、农技部门、加工企业共同参与的粮食全产业链联盟的新路子，订单面积 23.6 万亩，2016 年为联盟成员增收超 1200 万元。二是向中间延伸，服务种粮农民。积极开展延时收购、预约收购、上门收购，满足农民售粮需求。严格执行质价政策，做到优质优价，并对优质粮源进行分仓、分等储存，通过提级升等增加农民收入。加强产后服务体系建设，建成了一批集收储、烘干、加工、配送、销售于一体的粮食产后服务中心。盐城市在"五代"（代清理、代干燥、代储存、代加工、代销售）基础上开展"代供种"服务，实现了"六代"。三是向后延伸，提升产品质量。完善的质量追溯体系是确保产品质量的关键。江苏以农垦米业、江苏省粮食集团等大型企业为试点示范，在全省推动建立了从生产、收购、储存、运输、加工到销售的全程质量追溯体系。开展粮油科普知识宣传，引导社会公众消费健康营养的粮食产品，倒逼企业改进加工技术设备，减少过度加工，倒逼农民种植适销对路的优质粮油产品。

二、着力做强市场主体

小散弱企业无法抵御激烈的市场竞争，只有做大做强市场主体，才能做大做强粮食产业，才能走出去参与国际分工。一是做强国有粮食购销企业。2013 年，江苏省政府出台深化国有粮食购销企业改革意见，支持企业通过补交出让金的办法将划拨土地置换为出让土地，解决收购资金抵押的难题，并将土地出让收益用于粮食流通基础设施建设，解决企业改革发展政策瓶颈。各地以区域性大中型粮食企业为依托，采取兼并、参股、控股等方式，打造区域性国有或国有控股粮食集团，提高企业的竞争力和控制力。南京粮食集团、苏州粮食集团都是综合实力较强的市级粮食集团。同时积极推进"县级购销公司 + 分公司 + 基层库点"经营模式，实现了"一县一企"目标，切实提高了县级粮食购销企业融集资金、掌握粮源和抵御风险的能力。二是培育外向型粮食企业。积极响应国家"一带一路"战略，加快推进粮食企业走出去，充分利用国际国内两个市场、两种资源。目前，江苏在境外涉农涉粮企业已达20家，牧羊集团在40多个国家建立销售服务网络，在美国、丹麦设立研发机构，在埃及建立生产基地，境外销售额达16亿元。三是借力国内外大型粮商。策应长三角一体化和江苏沿江沿海开发步伐的加快，积极引导国内外知名粮商在江苏加大投资，扎根发展。国内企业：中粮集团在张家港建立

新海粮库

粮油综合加工基地，在阜宁建设大米加工基地；中储粮在镇江建设临江油脂加工综合基地，在灌南依托灌河建设粮油生产、加工、物流一体化项目。国外企业：益海嘉里分别在连云港、射阳、高港、昆山发展粮油精深加工；法国罗盖特在连云港建有国内最大玉米变性淀粉项目；美国嘉吉进驻南通发展饲料和油脂加工；美国邦基、新加坡金鹰国际在南京发展油脂加工。

三、着力推进产业集聚

产业集聚是实现资源集约利用，提高整体效益的重要途径。近几年来，

江苏加强粮食流通通道、产业园区建设，着力推进产业集聚发展。一是力推产业向物流通道集聚。目前初步形成了泰兴面粉、靖江油脂等沿江产业群，南通油脂、射阳大米等沿海产业群，淮安大米、宝应大米等沿运河产业群，连云港油脂、徐州饲料等沿陇海线产业群。这些产业群的形成，有效带动和影响了周边地区粮食一二三产业的相互融合。二是力推产业向园区集聚。目前，江苏已基本建成 23 个粮食产业物流园区，不仅吸纳了中粮集团、天津龙威、重粮集团等大型企业入驻，而且正逐步发展成为集粮食生产、储备、中转、加工、贸易为一体的粮油产业集聚区，园区内产业融合度显著提高。扬子江现代粮食物流产业园是全国最大的红小麦集散地和价格发现中心，2016 年散粮吞吐量超 200 万吨。至"十三五"末，江苏将集中建设 32 个粮食物流产业园，在功能配套、产业链完善、龙头企业培育、科技创新等方面求突破。三是力推产业向区域集聚。各地发挥地区优势，逐步形成了以淮安的大米加工、镇江的面粉加工、苏州的油脂加工、徐州的饲料加工、扬州的粮机制造等为代表的地区特色重点产业，有效带动了粮食一二三产业的发展，同时也影响了相关产业的发展。

四、着力提升区域品牌

当前，国内粮食终端消费正迈向品牌化时代。江苏通过科技服务、宣传推介、新型流通业态建设等，引导培育了一批名特优的粮油品牌。目前，江苏粮食行业拥有中国驰名商标 24 个、"中国名牌" 11 个、江苏省名牌 118 个、工商总局授予的地理标志证明商标 13 个、质监总局授予的地理标志产品 11 个，10 家企业跻身 2016 年中国粮油"百强"企业，数量居全国前列。一是强化科技创新。至 2016 年，江苏成立了粮油类国家级研发中心 7 家、省级研发中心 31 家、技术创新战略联盟 4 家，研发投入自 2012 年的 3.94 亿元，逐年增长到 2016 年的 8.76 亿元，增加122.34%。正是依托研发平台的创新，江苏省形成了以苏州佐竹、无锡布勒、溧阳正昌、扬州牧羊为四大支柱的粮机制造业，生产总值约占全国的 2/3。当前，正积极推进江苏大米产业技术创新联盟建设，整合江苏大米行业的优势资源，推动产业转型升级。同时，推动苏州硒谷科技有限公司与泗洪县政府合作，在"柳山稻米小镇"上试点建设功能稻米示范基地。二是推进精深加工。精深加工是粮食产业链条中最高层次、最增值环节。江苏用工业化理念发展现代粮食加工业，以粮食精深加工为重点，引导创新要素向企业集聚，发芽糙米茶、螺旋藻面、谷维素、卵磷脂、

江苏省大丰港粮食专用码头

大豆肽等新品纷纷问世，荣海生物小分子大豆蛋白肽在应对老年人肌肉萎缩问题、慢性疾病预防、术后恢复等领域有非常广阔的前景。借助粮食科技宣传周、粮油精品上海推介会、福建产销衔接洽谈会等平台登台亮相，赢得了广大消费者的青睐。三是积极培育新型流通业态。大力发展粮食电子商务物流、粮食企业跨区域配送中心等信息平台建设，拓展销售渠道。江苏粮油商品交易市场在部分市、县设立分会场；江苏好粮油电子商务平台和江苏粮油信息网已经完成开发，正在试运行；苏州"良粮网"与"买粮网"合作，积极融入"互联网＋"新业态。

着力补短板　全力促发展

安徽省粮食局

安徽是粮食主产省和调出大省，近年来，安徽省粮食局大力实施"放心粮油"和"主食厨房"工程，强力推动粮食产业经济快速发展。2016年全省粮油加工业产值达2512亿元，实现利润77亿元，同比分别增加12.6%和20.9%，稳居全国第四。2017年，安徽省将农业产业化作为全省经济发展三大战役之一，并出台《推进农业产业化加快发展实施方案（2017—2021年）》，列出任务清单、进度表。作为粮油产业化牵头责任部门，安徽省粮食局始终坚持问题导向，着力补短板、促发展，坚决打赢产业化攻坚之战。

一、补思想观念短板，促站位提升

近年来，安徽省粮食产业有了长足发展，但与先进省份相比，还有明显差距。差距的背后就是思想上、工作上的短板。部分地区和少数干部站位不高、认识不足，对发展粮食产业支持不够、措施不力。为此，安徽省粮食局认真组织学习习近平总书记在凤阳县小岗村关于深化农村改革和现代农业建设重要讲话以及视察广西、山西时关于抓好粮食产业经济重要指示精神，牢固树立"推进粮食产业化发展是加强粮食宏观调控、保障粮食安全的重要举措，是打造粮食强省、促进经济发展的必由之路，是加快脱贫攻坚、增加农民收入、提高群众健康幸福指数、发展生态文明、实现全面小康的重要途径"观念，真正将工作重心从围绕抓收购、管储存向抓粮食全产业链发展转变，精心组织实施"安徽好粮油"行动计划和"放心粮油""主食厨房""皖人食皖粮""皖粮销全国"及皖粮产后服务工程等五大工程，着力做到以二产调优一产，以二产做强三产，实现从卖原粮、卖产品向营销品牌、营销体验、营销绿色、营销健康转变，以实际行动扎实推进粮食行业供给侧结构性改革。

二、补目标任务短板，促跨越发展

安徽省政府提出到 2021 年全省粮食产业化加工业产值实现 5000 亿元目标，占农产品加工业总产值的 1/3，相当于在 2016 年 2512 亿元产值的基础上翻一番。目标宏伟、任务艰巨。为确保实现这一目标，安徽省粮食局制订了全省粮食产业化工作实施意见。一是层层分解目标任务。进一步细化实化粮食产业化发展规划，"跳起来摘桃子"，明确各级年度目标和进度要求，加强工作调度，实施节点管控，压实工作责任。二是大力实施项目推进。认真谋划一批粮食产业发展重大项目，加强项目储备，强化项目支撑，倒排项目工期，挂图作战，确保顺利实施。三是严格考核奖惩。将粮食产业化发展绩效纳入省长责任制和全省粮食工作重点考核内容，并加大考核分值比重。2017 年上半年，全省粮油加工业产值 1248 亿元，同比增长 12.7%；销售收入 1083 亿元，同比增长 7%。争取全年产值超 2700 亿元。

三、补龙头企业短板，促引领带动

目前全省入统粮食加工企业近 1500 家，其中国家级农业产业化龙头企业 23 家，省级 279 家。加工年产值超 40 亿元仅 1 家，20 亿元以上的 14 家，10 亿元以上的 42 家。整体看大而不强、多而不优，特别是缺乏具有行业引领带动作用的大企业、大品牌。安徽省粮食局坚持把培育和发展龙头骨干企业作为粮食产业化链条中最重要的环节。一是加快融合发展。联合省农委、省农发行出台专用品牌粮食发展实施意见，引导粮油加工企业与种粮大户等新型经营主体形成分工协作、优势互补、利益共享、链接高效的契约伙伴关系。粮油企业已牵头组建产业化联合体 100 多家、专业合作社 332 个，发展粮食订单面积 3125 万亩，建立优质小麦生产基地 565 万亩、优质稻谷基地 500 万亩。二是加强招商引资。分管副省长在 2017 年全省粮食工作会议上要求，加大对粮油加工业招商引资

现代化粮食物流中心库

考核权重，促进各地下大力气，招大商，引强企，着力引进一批国内外粮油精深加工知名企业。2017 年，中粮集团和安徽双福战略合作成功签约，中粮集团在合肥市已建成大米、面粉、油脂和饲料 4 个"30 万吨"的粮油加工合作项目。三是加强品牌建设。安徽省粮食局争取成为中国安徽名优农产品暨农业产业化交易会（合肥农交会）和安徽名优农产品绿色食品（上海）交易会承办单位，为粮油龙头企业对外合作开放、提升品牌影响力提供平台。加快区域公共品牌建设，"芜湖大米""安庆大米"品牌整合已列入政府工作日程。四是加速创新驱动。创新是引领发展的第一动力，谋创新就是谋未来。安徽省粮食局积极推进与中国科技大学、

合肥工业大学、安徽农业大学、安徽科技学院、中国电子科技集团公司第 38 研究所等科研院校的战略合作，引导和促进科企对接、校企对接，培植企业的核心竞争力。依托安徽省粮食局"两院校一站所"加快建设粮食科技研发中心和米制主食品、面制主食品研发中心，加快新技术应用研发和推广。目前全省粮油类企业拥有高新技术企业 52 家、国家级研发机构 8 个、省级研发机构 40 个、企业研发机构 160 个。

四、补发展模式短板，促产业融合

安徽省粮食、油料、杂粮品种齐全，资源禀赋优越，为探索和构建不同类型的粮食产业经济发展模式提供了得天独厚的条件。一是构建粮食产业园区引领发展模式。2016 年年底，安徽省政府出台进一步促进全省粮食产业园区转型升级的意见，提出重点打造 5 个以上年销售收入超50 亿元的现代粮食产业示范园区，培育壮大 20 个超 30 亿元的粮食产业园区，努力实现园区项目集中、资源集约、功能集成，将其建设成为全省粮食产业发展的重要载体。二是构建全产业链带动模式。支持安徽联河米业、光明槐祥等粮食加工企业完善利益联结机制，推进企业与各种新型经营主体在育种、种植、收购、烘干、储藏、加工、品牌创建、市场营销等方面合作，通过合作、联合、租赁、重组等方式，促进上下游对接，产前、产中、产后联结，构建从"田间"到"舌尖"的完整产业链。三是构建主食产业化带动模式。按照生产基地化、加工工业化、供应社会化的方式发展主食产业化。支持和培育主食厨房企业，注重把"主食厨房"工程与"放心粮油"、应急体系等融合发展，采取店名标识、招标采购、物流配送、质量检验、服务规范、监管标准"六统一"经营管理模式，涌现出青松食品、徽香昱原、同福碗粥、王仁和米线等一批主食产业化骨干企业。目前全省建成"放心粮油"网点 1702 个，"主食厨房"网点 771 个，流动售货车 3000 多个。四是构建循环经济发展模式。企业集聚、循环发展有利于节约公共设施投入，降低原料、成品物流成本，减少污染排放、损失浪费，增加有效供给和经济效益。安徽省粮食局发挥粮食产业园区产业集聚协同效应，高效利用粮食、产品梯次开发、副产物循环利用、全值利用，形成粮食产业大循环、全利用、可持续发展，提高产品附加值。同时，结合各地实际，总结推广"粮食企业＋粮食银行"、粮食产后服务带动、"互联网＋粮食"等产业融合发展模式，带动资源、要素、技术、信息、市场等粮食产业链条的整合集成和优化重组。

现代化粮库

五、补政策扶持短板，促要素集聚

争取安徽省政府和有关部门支持，会同省财政、农业、科技等部门整合资源要素，集中向粮食产业发展倾斜。一是构建资金支持体系。争取设立粮食产业化发展基金，获取与粮食产业化发展相适应的基金盘子。适时调整粮食风险基金投入方向，重点用于支持粮食产业化发展，扶优扶强产业化龙头企业。争取产粮大市、大县奖励资金更多地用于扶持粮食产业化发展。二是构建和完善粮食产业化政策体系。争取省政府出台新一轮支持粮食产业化发展实施意见。充分利用好中央财政"粮安工程""优质粮食工程""产粮大县奖励资金"等专项资金，支持"安徽好粮油行动计划""放心粮油和主食厨房工程"示范县、示范企业建设等项目，支持产业园区、循环经济、企业投改等项目。三是构建优质服务体系。认真研究中央和省制定的粮食产业发展政策措施，把各项扶持政策落到实处。注重深入一线帮助企业切实解决发展难题，为企业搞好服务，做到政治上关心、情感上拉近，帮助和推动企业谋发展、上台阶，切实构建好"清""亲"的新型政商关系。

发挥区位优势
做好粮食产业发展大文章

广西壮族自治区粮食局

近年来，广西粮食系统认真贯彻落实习近平总书记视察广西时的重要讲话精神，以深化粮食供给侧结构性改革为主线，坚持粮食市场化改革方向不动摇，加快粮食产业转型升级，助推广西粮食产业融入国家"一带一路"建设，为实现广西粮食产业经济加快发展奠定了坚实的基础。

一、发挥优势，做好"品牌"文章

广西是华南稻米的重要产区，我国稻米市场素有"北有五常稻花香，南有广西晚百香"之称。广西培育种植的具有"米粒细长、米味香醇、口感柔软、营养丰富"等主要特点的籼稻米，统称"广西优质稻米"，是优势粮食资源，在广东、海南、香港、澳门等地区享有较高的市场知名度和认可度，特别是粤港澳地区对广西优质稻米尤为青睐。近几年，广西充分发挥优势，积极打造优质粮食品牌。一是政策扶持，优化粮食种植结构。为扶持和鼓励发展优质稻产业，满足市场消费需要，促进农民增收，广西调整优化粮食储备品种结构，增加优质稻储备，每年在直补订单粮食收购计划中安排 30 万吨左右计划用于订单收购优质稻，并按照不低于普通稻谷价格的 105% 实行优质优价收购，促进了粮食品种结构优化调整，既增加了农民收入，又稳定了优质稻谷粮源。二是龙头带动，培养企业品牌意识。近年来，广西通过推进"放心粮油"工程建设，培育发展了一批粮食龙头企业，发展的品牌意识也得到增强。截至 2017 年，全区稻谷年加工能力 600 万吨，实际加工稻谷 185 万吨，大米产量 120 万吨。全区粮食行业共有 6 个大米品牌被评为广西名牌产品，有 19 个大米产品获全国"放心粮油"称号，有 59 个大米产品获"广西放心粮油"称号，先后培育创建了"国太""广粮发""百香""丝香"等具有广西区域性特色的大米品牌，"上林米"和"东津细米"被国家质检总局认定为"中国地理标志保护产品"。三是延伸产业链，着力打造"广西香米"品牌。为充分发挥广西优质粮食品种、品质优势，广西壮族自治区粮食局把打造"广西香米"区域公用品牌作为着力点，结合农业"三区"建设，将粮食产业链向精深加工延伸，瞄准国内同行业标杆，由粮食行业协会牵头，以骨干龙头企业为主体，组建"广西香米"产业联盟。同时，由广西壮族自治区粮食局牵头会同自治区相关部门研究制定"广西香米"地方标准，用"标准"规范香米生产，用"标准"统一产品质量，满足消费者对优

粮食港口装卸作业

质稻米的需求，切实保障企业和消费者利益，提升广西大米产品的整体品质。

二、推进融合，做好"示范"文章

紧紧围绕粮食供给侧结构性改革目标，积极推进现代粮食产业建设和粮食流通社会化服务体系建设，以广西宾阳古辣香米产业示范区为核心，建立现代粮食生产示范区，探索粮食一二三产业融合发展。一方面，抓试点先行，积极探索现代粮食产业发展新路子。为推进优质粮食工程，提升优质粮油基地建设规模化和标准化水平，推动订单粮食生产，带动种粮农民增收，广西试行通过粮食直补订单收购等优惠政策，在广西富硒区域建立富硒优质稻生产种植示范区，保障大米加工企业有充足的优质粮源。重点将广西南宁市宾阳县古辣香米产业示范区打造成为南宁现代乡村旅游休闲度假区、广西一二三产业融合发展的示范区、国家级水稻高产稳产政策集成现代农业示范区。截至 2017 年 9 月，该示范区已经累计完成投资 1.75 亿元，建设了 3 家农业综合服务中心和"一站式"农业社会化服务平台、1 个"粮食银行"便民服务点，引导 6000 多户农户成立土地股份农民专业合作社，托管稻田 3.9 万亩，并加强粮食绿色高产高效基地建设，建有良种繁育基地 200 亩、技术集成示范基地 500 亩、绿色高产高效生产示范基地核心示范片 1 万亩、稻田综合种养基地 1000 亩、秋冬种综合开发 1 万亩。示范区被评为"广西现代特色农业（核心）示范区（五星级）"。另一方面，抓龙头带动，力促上下游粮食产业链衔接。为延伸粮食产业链，扶持培育以粮食收储、加工和物流配送为一体的粮油产业集群，鼓励龙头企业现代粮食产业，国家级龙头企业广西国泰粮食集团有限公司进驻现代农业示范区，按照"公司＋科研＋水稻专业合作社＋基地＋农户"的模式，促进粮食生产上下游产业链对接。一是坚持"以科技为依托、利益为纽带、基地先示范、订单连农户"，"育、繁、销"一条龙，"农、工、科、贸"一体化经营模式开展优质水稻产业化经营，由广西国泰粮食集团有限公司与广西农业科学院、广西南宁学院、广西工商职业技术学院等联结，成立广西农乐种业公司，从种子抓起，先后研发出"桂香三号""清香粘""百香 139 号"等 10 多个水稻品种，每年培育销售优质稻种子 100 万斤。二是引导龙头企业国泰公司开展富硒优质稻产业化经营，在广西宾阳县建立优质稻种植基地 1.25 万亩，其中 2500 亩为富硒优质稻，公司为种粮农民提供富硒稻的种植技术及水稻耕作全过程机械化服务，实现水稻种植的标准化、规模化生产，解放种粮农户劳动力，有效降低了基地优质稻种植农户种植成本，通过订单保

广西香米产业联盟

价收购基地富硒优质稻、普通优质稻 1.2 万吨，优质稻种植户每户年增收 2500 元左右。目前广西国泰粮食集团公司每年加工优质稻谷 4 万多吨，优质稻米销售收入超亿元，实现了企业增效、农民增收的利好局面。

三、主动融入，做好"服务"文章

广西作为"一带一路"有机衔接的重要门户，是唯一被国家定位为同时服务一带、一路的省区，在"一带一路"建设中具有独特区位优势，在维护国家粮食安全、服务国家战略方面责无旁贷。一是加强与东盟国

家粮食生产合作。东盟虽然是世界稻米最重要产区，但由于育种技术和种植技术比较落后，整体生产水平仍然偏低。我国稻米种植水平较高，种业发达，中国—东盟粮食生产合作前景广阔。我国的杂交水稻品种和水稻种植技术在东盟国家广受欢迎，越南、缅甸、菲律宾、柬埔寨和印度尼西亚等东盟国家是中国杂交水稻品种出口的主要市场，广西口岸每年出口越南的杂交水稻种子在 2000 吨以上，显著带动了东盟国家的粮食生产，使其平均单产提高 30% 以上。目前，广西共有近 100 多家企业和机构赴越南、老挝、柬埔寨、文莱等东盟国家合作建设稻米生产示范基地，并且大量合作培训水稻育种和种植技术人才，对提升东盟国家粮食产量发挥积极作用。二是加强与东盟国家粮食加工合作。"一带一路"建设的推进，为广西企业参与国际粮食产业合作带来了机遇。广西响应国家关于"走出去"的发展战略，主动配合国家周边外交战略，积极探索对外粮食交流与合作。2012 年，在柬埔寨洪森总理的建议下，广西在柬埔寨投资 500 万美元，建设一个占地 130 亩、年加工能力 5.5 万吨的大米加工厂。这是广西在柬埔寨开展的粮食对外合作重点投资项目，是实施"走出去"战略、深化广西与东盟经济合作的一个基地，为促进东盟国家和广西的粮食对外经济合作发挥带头作用。三是强化中国—东盟粮食物流园区服务功能。积极争取自治区人民政府将广西（中国—东盟）粮食物流园区列入自治区统筹推进的重点项目来抓，加快广西（中国—东盟）粮食加工物流园区项目建设。园区规划占地 3000 亩，总投资 70 亿元，其中一期工程占地 1393 亩，预计投资 25 亿元。项目已于 2015 年 11 月开工建设，截至 2017 年 9 月，已建成 6 栋拱板仓、4 栋中转仓、1 栋仓储检测车间以及相关附属设施，完成投资 3.2 亿元。园区建成后，将发挥其作为广西粮食仓储物流、粮油食品精深加工、粮油产品展示和综合交易、粮油质量检验监测和国际粮油交流合作中心的枢纽作用，进一步完善广西粮食流通体系，增强广西粮食宏观调控能力，提升广西粮食产业发展水平，为"一带一路"战略实施和促进中国—东盟粮食合作提供新平台、新通道、新支点、新载体。

打造山西特色杂粮的亮丽名片

山西省粮食局

2017 年 6 月，习近平总书记亲临山西视察，开启了山西发展的新阶段。按照习近平总书记提出的总体要求和五大任务，山西省粮食系统上下齐心，抢抓山西国家资源型经济转型综合配套改革试验区建设和国家实施"优质粮食工程"的新机遇，在深入推进粮食流通供给侧结构性改革、推动山西杂粮产业转型创新、带动农民增产增收上取得了较好成效。

一、发展粮食产业经济势在必行

立足山西省情和资源特色，发展粮食产业经济，是山西粮食部门贯彻落实新发展理念、让新发展理念在粮食行业落地生根的紧迫任务。一是调整结构，推进山西经济实现转型升级的迫切需要。长期以来，山西经济过多依赖煤炭产业，转型综合改革创新发展，不仅是党中央赋予的重大使命和重要改革任务，更是构建多元化中高端现代产业体系，由以煤为基的产业结构向以科技创新和提质增效为引领的多元支撑、百业争春转型的必然选择。二是补齐短板，彰显山西资源优势的迫切需要。山西粮食产业发展滞后，原粮加工转化率低，2015 年全省粮食加工企业总产值 176.1 亿元，占全省工业总产值的 1.3%，在全国排第 25 位。面粉加工仅能满足本省 20% 的消费量，杂粮初加工产品市场占有率不足 15%。

信息化中心

习总书记在山西视察时指出，山西是著名的"小杂粮王国"，要立足优势，扬长避短，突出"特"字，发展现代特色农业。发展杂粮产业，推动粮食产业转型升级，彰显山西特色，是山西粮食产业转型创新发展新路子，是习总书记对山西的厚望。三是主动作为，体现粮食部门行业担当的迫切需要。粮食市场化改革到今天，多元主体参与、全社会充分竞争的粮食市场基本形成。粮食部门只有打破传统政策依赖思想桎梏，主动转观念、转职能、转方式，以高端、高质、高效为目标，优化创新链，拉长产业链，提升价值链，运用新技术、新业态、新模式，培育壮大新动能，走向集约、集聚、集群，才能更好地履行"为耕者谋利、为食者造福"的行业担当。

二、着力打造好山西特色杂粮这张"山西名片"

2015年9月，山西省粮食局新领导班子审时度势，面对山西政治生态重建和倒逼转型实际，努力在全系统营造忠诚、担当、干事创业的浓厚氛围，将产业经济发展提升到战略高度，着力打造好山西特色杂粮这张"山西名片"。两年来，围绕山西省杂粮的特色资源优势，按照"打基础、谋长远、解难题、抓重点、求突破、正风气、上台阶"的总体思路，汇聚各方力量，凝聚高度共识，争取多方支持，开创了粮食产业发展新局面，努力践行粮食部门的责任担当和时代使命。

（一）加强调研，夯实粮食产业发展的基础。2016年，对全省小麦、玉米、杂粮等粮油加工业发展状况以及粮食现代物流、批发市场、产业园区建设等方面进行广泛调研摸底，建立了粮食产业发展数据库和项目库，摸清全省粮食产业经济的家底和现状，找准突破口，理清下一步产业发展的思路和重点。

（二）顶层设计，认真谋划粮食产业发展大计。制定了《山西省粮食产业经济"十三五"发展规划》，为全省粮食产业经济的扎实推进和稳步实施指明了路径和方向。出台《山西省人民政府办公厅关于促进粮食产业经济发展的指导意见》，为粮食产业经济发展提供了政策依据和行动指南。

（三）建设产业园区，打造现代粮食产业集群。山西省粮食行业紧紧抓住山西省委、省政府转型综改试验示范区建设契机，积极争取把粮食产业园区列入全省开发区建设重要规划项目，形成集基地建设、应急供应、加工转化、仓储物流等功能融合发展的全产业链功能示范区和产业集群。目前，"山西农谷"、忻州、朔州、太原、运城、长治、吕梁、晋中等地一批粮食产业园区正在启动建设。

（四）品牌引领，实施"优质杂粮工程"。一是开展"山西好粮油"行动。按照国家粮食局的总体部署，山西省制订了《山西好粮油行动计划实施方案》。加大招商引资力度，吸引国际大粮商益海嘉里落户综改试验示范区，助力"山西好粮油"行动。二是着力打造"山西小米"品牌。"小杂粮王国"是一张国内外耳熟能详的山西名片，"山西小米"是杂粮王国"皇冠上的明珠"。2017年，山西省政府决定把做大做强"山西小米"品牌的任务交给粮食部门。山西省粮食局第一时间向国家粮食局作了汇报，得到了国家粮食局的支持和鼓励。经过两个多月的调研、考察、研讨，实施方案已由省政府印发。

（五）精准扶贫，发挥杂粮产业服务民生的作用。一是突出杂粮产业扶贫带动作用。为贯彻落实习总书记关于深度贫困地区脱贫攻坚的指示精神和省委省政府脱贫攻坚决策部署，和省扶贫办一起投入 2000 万元资金支持贫困县的 18 家杂粮加工企业发展，推进杂粮产业扶贫、精准扶贫。二是龙头企业引领主食产业发展，满足消费新需求。在全省组织了 17 家主食产业化龙头企业和具有发展潜力、成长性较好的新建主食企业，建立全省主食产业协调和自律组织。成立了山西主食技术标准研究中心，开展主食标准、杂粮品质和杂粮功能食品研究，为主食产业发展提供科技支撑。

（六）创新驱动，提升山西杂粮产业的核心竞争力。一是推进杂粮科技成果转化。山西省组建了杂粮产品科技研发团队和专家咨询团队，配备研究设施设备，开展小杂粮质量、营养、安全检测、功能食品等专题研究。目前，山西省粮油科研所杂粮膳食纤维研究成果与杂粮产业化龙头企业——龙首山集团战略合作，实现科技成果转化。山西省研发的"谷之爱婴幼儿营养小米粉"系列产品，填补了我国婴童辅食食品市场空白。二是扩大宣传，增强山西优质粮油的美誉度。继连续 6 年举办山西粮食产销衔接会，组织开展"中国粮企山西行"、山西优质杂粮玉米产品展销会后，2017 年，省政府决定将粮食产销衔接会纳入第五届中国（山西）农业博览会项目，进一步扩大山西优质粮油产品的知名度与影响力。组建以山西杂粮网为代表的电子商务大数据平台，推动杂粮交易线上线下融合发展。

强化政策引导　激发市场活力
推进转型升级

湖北省粮食局

　　湖北是全国 13 个粮食主产区之一。近几年来，湖北省粮食局认真贯彻落实国家粮食安全新战略，围绕湖北省委省政府培育打造"湖北粮、荆楚味"地域品牌总要求，坚持以市场需求为导向，以改革创新为动力，一手抓粮食安全保障，一手抓粮食产业发展，着力把粮食资源优势转化为粮食经济优势，为促进湖北经济社会发展作出了积极贡献。2016 年，全省粮油加工业实现工业总产值 2812 亿元，占全省农产品加工业总产值的 1/5，在粮食市场持续低迷的情况下，保持利润稳步增长，实现利润总额 84 亿元。目前，全省粮食行业已打造国家级农业产业化龙头企业 31 个，省级农业产业化龙头企业 186 个，中国驰名商标 38 个，绿色、有机或无公害产品 285 个。

一、强化政策支持引导，突出龙头企业带动作用

　　积极争取省委省政府支持，近年出台了《湖北省人民政府办公厅关于加快粮油产业转型升级推进粮油工业跨越发展的意见》，2017 年 4 月，湖北省政府办公厅又印发了《全省粮食供给侧结构性改革行动方案》，强化政策支撑和推动。围绕推进粮油加工企业转型升级和发展方式转变，每年集中粮油加工技改贴息、产粮油大县奖励资金、成品粮储备补贴、

科技创新补助等各种项目资金 1.85 亿元，扶大扶强、扶优扶特，重点打造了福娃、国宝、洪湖浪、洪森等一批代表湖北粮油加工水平的领军企业，有力带动了当地经济发展和农民增收。福娃集团被称为"龙头企业带动镇域工业化、城镇化和农业现代化协调同步发展的一面旗帜"。

政策扶持的叠加效应日益显现，全省粮食产业发展势头强劲。2016 年，全年销售收入超过 10 亿元的企业达 39 家，超过 50 亿元的 6 家，超过 70 亿元的 3 家；全省年产值超过百亿元的市州有 7 个，其中襄阳市达 726 亿元。监利县、京山县被中国粮食行业协会授予"中国稻米加工强县"称号，沙洋县被授予"中国油菜籽加工强县"称号；随县被中国粮油学会授予"稻米油之乡"称号，潜江市被授予"虾稻之乡"称号。

二、强化科技创新驱动，着力提升粮油精深加工和综合利用水平

大力实施科技人才兴粮战略，助推粮食产业转型发展。成立了全省

荆楚粮油精品展示交易会

粮食科技创新工作领导小组；将原来的产业处通过省编办改为产业与市场处，增加了科技工作职能；出台了《实施人才兴粮工程的意见》《加强粮食科技创新的意见》和《推进粮食科技成果推广应用的实施方案》等政策文件；从 2015 年开始，省财政每年安排 3000 万元专项资金，采取以奖代补方式，重点支持粮食储藏、加工、物流、粮机制造、信息化等领域内科技创新与成果应用推广，支持粮食经济发展软科学研究、"金蓝领"高技能人才、粮食科技创新领军人才和粮食行业高端管理人才培养等。积极搭建科企对接平台，深化与武汉轻工大学等涉粮高校战略合作关系，引导和支持粮油加工龙头企业与涉粮高校、科研院所合作，建立产学研联盟，促进协同创新，切实把科技成果转化为现实生产力。

先后支持企业开发生产出糙米卷、八宝粥等食品，谷维素、米糠多糖等保健品，面膜、乳液等化妆品，生物柴油等化工产品，以及稻壳塑木板等环保绿色产品，并取得了良好的经济效益。2016 年全省粮食行业共获得发明专利 39 项，实用新型专利 98 项，外观设计专利 56 项，标准制定 20 项，获得国家级科研成果 10 项，获得省级科研成果 41 项，获得新产品成果 124 个。2016 年湖北省承办了国家粮食局主办的全国首届粮食科技成果转化对接推介活动，全省 135 家企业和 9 家科研院所展示成果 93 项，签约总金额近 3.5 亿元。

三、强化质量标准引领，着力打响"荆楚大地"公共品牌

坚持问题导向，努力补齐短板。针对现行粮油质量标准不健全，尤其是缺乏地域特色粮油产品质量标准的问题，湖北省粮食局紧紧围绕粮油产业发展和消费升级需要，引导和支持企业制订新产品企业标准；会同质监部门加快研究制订优质、特色、专用粮油产品地方标准和团体标准，以及具有地域特色的地理标志粮油产品标准，规范引领湖北省优质、特色粮油产业发展。2017 年首先启动了虾香稻、富硒粮油、"双低"菜籽油等 11 个地方标准和 10 个团体标准的研究制订工作。

　　针对湖北省粮油品牌多而杂，缺乏具有全国影响力的大品牌这一瓶颈问题，从 2016 年起，湖北省每年安排 3000 万元省级财政资金，加强湖北粮油整体形象宣传，在中央电视台 1 套、8 套、13 套黄金时段和高铁、机场等重要窗口投放广告，打响"荆楚大地"公共品牌，促进品牌整合，提升湖北粮油产品的知名度、美誉度和市场占有率。

现代化粮库集群

四、强化全产业链建设，积极推动一二三产业融合发展

　　充分发挥粮食流通对粮食生产的引导作用，积极支持粮油加工龙头企业向生产环节上下游延伸，打造全产业链，拓展价值链。以福娃集团为代表，通过土地流转和订单农业，采用"公司 + 专业合作社 + 基地 + 农户"的经营模式，实现从田间到餐桌的全产业链经营。福娃集团已建成 135 万亩优质粮食生产基地和 3 万亩稻虾共育基地，实行规模化、标准化生产，形成稻米加工、食品加工、生态农业三大产业体系，2016 年

实现销售收入 111 亿元、利税 8653 万元。

结合各地粮食资源和文化优势，支持有条件的粮油加工龙头企业加快推动一二三产业融合发展。以洪森粮油集团为代表，依托荆门市"中国农谷"建设和一年一度"油菜花节"活动，企业建有我国第一个油菜博物馆，着力构建农业与二三产业交叉融合的现代农业体系，已形成农业种养基地、粮油加工、仓储物流、电子商务、休闲观光旅游等综合产业，加快粮油产业转型升级。

五、强化市场开拓营销，深入实施荆楚粮油"走出去"行动计划

通过走出去，引进来，全方位加强湖北精品粮油的营销工作。一是采取"政府引导、企业主体、市场运作"新机制，促成大型上市零售企业——中百集团联合省内 19 家粮油加工龙头企业出资组建了湖北荆楚粮油股份有限公司。以该公司为核心，打造全省"放心粮油"一张网，大力发展连锁经营。从 2013 年开始，连续 3 年共安排省级财政资金 1.5 亿元予以补助，目前已建成"放心粮油"配送中心 103 家、连锁店 1600 多家，基本实现了全省全覆盖，有力促进了湖北省精品粮油省内销售。同时，湖北粮食行业协会注册"荆楚大地"公共品牌，吸引湖北省龙头企业优质特色产品加入，由荆楚公司统一营销运作，与大型电商京东合作，大力发展电子商务，促进线上线下融合发展，取得了良好的效果，目前仅潜江"水乡虾稻"每天网上销售就达上万斤。二是深入实施"荆楚粮油走出去"行动计划，每年开展 3 次以上跨省产销合作活动，先后与福建、广东、广西、四川、重庆、云南、贵州等十多个销区省市建立了长期稳定的合作关系，通过联合举办湖北粮油精品展示推介活动，助推湖北粮油企业抱团闯市场。三是连续 18 年成功举办湖北粮油精品展示交易会，2016 年现场销售额达 6158 万元，已成为一年一度集粮油精品展销、贸易合作洽谈、科技成果对接、产业发展论坛为一体的盛会，经济效益和社会效益十分明显，2017 年邀请 8 个销区省市参加，进一步扩大影响。

坚持综合精准施策　力促产业转型发展

湖南省粮食局

　　湖南是粮食生产大省，水稻、油茶产量一直稳居全国第一，油菜籽产量稳居全国前三，全省粮食年产量保持在 600 亿斤左右。自 2010 年特别是 2013 年以来，全省按照围绕一个目标、推进两项工程、构建三个体系、把握四个重点、坚持五个突出、实现六位一体同步全面发展的工作思路，综合精准施策，全力推进全省粮食产业经济提质升级，取得了可喜的成绩。

一、围绕一个目标

　　为激发全行业发展粮食产业经济的信心，凝聚加快发展的共识，湖南省自加压力，早在 2013 年就确立了全省粮油加工总产值持续快速增长、"十二五"突破 1000 亿元、"十三五"突破 2000 亿元的目标。各级粮食部门围绕这一目标积极作为，奋力推进全省粮食产业经济转型发展，粮油加工业总产值逐年攀升、屡创新高。2010 年，全省粮油加工业总产值为 642 亿元，到 2012 年年底即首次突破千亿元大关，2016 年年底更是达到 1290 亿元，较 2010 年增长 100%。2017 年 1—6 月实现总产值 675 亿元，同比增长 5.6%。

二、推进两项工程

湖南省粮食局高度重视粮食产业经济发展思路的顶层设计，经过深入调查研究，根据本省实际，向省政府提出了在全省推进"粮油千亿产业工程"和实施扶大扶优扶强扶特色扶品牌的"五扶"工程建议，得到省政府支持，从 2011 年开始，省财政每年安排引导资金 1 亿元，用于支持粮油产业发展，各市州和县市区政府也安排了粮食产业发展专项资金。

三、构建三个体系

（一）构建全省粮食产业经济发展管理服务体系。通过机构改革，省市县三级粮食部门都对口设置了专司粮食产业经济发展管理服务职责的行业发展部门，每年至少召开两次专门会议，统一调控全省粮食产业发展工作。

（二）构建以龙头企业为支撑的现代粮油产业发展体系。产业发展，企业是基础。湖南省高度重视粮油加工龙头企业的培育和壮大，全省粮

湘粮集团铁路专用线

食行业现有国家级农业产业化龙头企业 18 家、省级龙头企业 141 家，有中国驰名商标 47 个、绿色食品 340 个、有机食品 67 个。湖南还创造了不产小麦，但挂面产量占到全国 1/7 的奇迹，克明面业 2016 年挂面产量突破 45 万吨，中高档超市占有量居全国第一。以湖南粮食集团、道道全油脂、克明面业为代表的一批优势粮油企业快速成长，成为国内行业翘楚。

（三）构建具有湖南特色的现代粮食流通体系。从 2013 年开始，牢牢抓住中央实施"粮安工程"契机，在争取中央财政补助资金 2.79 亿元的基础上，省级财政投入 6 亿元，市县地方财政投入 8 亿多元，拉开全省危仓老库改造大幕，有效解决了粮食仓储基础设施不足的问题。充分利用行业信息化建设的机会，周密部署，精心设计，统一实施，在全行业推进智能粮食管理系统工程建设，加快粮食流通管理信息化、现代化、精准化建设。

四、把握四个重点

（一）品牌建设。加大对有潜力、有实力优势品牌企业的扶持力度，发挥优质粮油品牌的带动作用。通过统一标准、统一研发、统一质量、统一营销构筑产业航母，打造具有区域竞争力、影响力的粮油品牌，扩大湘字号粮油产品影响力。按照政府引导、市场运作、企业自主原则，以规模大、带动力强、技术含量高、有创新能力的品牌为龙头，组建产业发展联盟。全省油茶产业、挂面产业两大产业发展联盟已在 2017 年全面运行，开创品牌共享、资源共用、市场共存、合作共赢抱团发展新格局。通过展示展销、媒体宣传、名品目录发布等多种形式，宣传推介湖南名优特粮油产品，助推品牌建设。

（二）科技创新。产业发展，科技是第一推动力。湖南省粮食局在政策、项目和资金上积极支持粮油企业研发新技术、开发新产品，不断提高核心竞争力和赢利能力，鼓励粮油加工领域的新工艺、新技术、新产品、新业态开发，把发展动能更多地放在依靠科技创新上来，取得了积极成效，催生了一批粮油深加工与副产品循环利用的硕果。2013 年以来，全省粮食行业累计获得省级以上各类科技奖项 14 个，其中，一等奖项 4 个。

（三）融合发展。一方面，重视一二三产业融合发展，引导粮油企业走全产业链经营模式。着力构建一二三产业交叉融合的现代粮油产业体系，推动产购储加销一体化综合经营，打通并延伸产业链条，创造新的业态，满足新的需求。截至 2016 年年底，全省粮油加工龙头企业建立优质粮油基地 1756.3 万亩，占全省耕地面积 28%，80% 的龙头企业引入了电商营销机制。另一方面，重视产业资本与金融资本融合。借助金融力量发展实体经济，将产业资本与金融资本深度融合是产业发展壮大的有效途径，是湖南省粮油企业的努力方向。继金健米业成为全国粮食第一股、克明面业成为全国面业第一股后，浏阳河集团、贵太太茶油 2015年先后在新三板上市，分别成为全国杂粮和茶油第一股。2017 年道道全油脂又在创业板上市，成为全国菜籽油第一股。全省粮油行业 9 家上市公司活跃在全国粮油加工行业，成为行业标杆。

（四）企业改革。改革是永无止境的工作，是激活企业发展的动力源泉。全省粮食行业牢牢扭住改革这个牛鼻子，依靠同级党委政府的领导，

油脂加工车间

协同国资、财政等部门，围绕建立现代企业制度、增强国有粮食产业经济的影响力和控制力、巩固粮食安全的基础，探索组建粮食企业集团和发展混合所有制粮食经济工作，取得了实际成效。继湖南粮食集团成功组建并发展壮大后，全省现有 10 多家民营粮油加工企业引入国有资本，混合所有制粮食产业经济正在我省逐渐形成。

五、坚持五个突出

（一）突出地域特色。湖南山川秀美，生态良好，非常适合发展粮油产业。湖南省粮食局把工作重点放在发展稻米产业、油茶产业、菜籽油产业、粮机产业和主食产业五个方面，精准发力，精心培育，成效显著。

（二）突出优质带动。启动"优质粮油"工程，全面增加优质粮油供给，减少一般粮油供给，倾力打造高品质、高效益、高层次的粮油产业体系。

（三）突出精深加工和循环利用。聚焦营养、健康、安全、便捷，紧跟并引领新消费，提升粮油加工装备水平，发展粮油精深加工。积极推动速冻粮油食品、米制食品、鲜湿米粉和传统风味粮油食品工业化项目，推进主食产业化工程。经过几年发展，湖南省大米加工转化水平不断提高，已开发出 100 多种主食产品，远销全国 28 个省、自治区、直辖市及东南亚、日本、欧盟等国家和地区。积极支持稻米转化、稻壳秸秆综合利用和粮油加工副产物综合利用项目，着眼粮油资源的全效利用和节能环保，加大粮油副产物的综合循环利用，大力发展循环经济，培育粮油产业发展新动能，催生了一批副产物综合利用项目的落地。

（四）突出资源优势。湖南省茶油、杂粮等特色粮油资源优势明显，产业发展势头喜人，前景可期。全省常年种植油茶面积 2000 万亩左右，茶油总产量 22 万吨，油茶产业总产值 230 亿元，现有油茶企业 300 多家。省内山地面积众多，适于杂粮生长，以葛根、荞麦、绿豆、大豆、高粱为原料的杂粮产业正在稳步崛起。

（五）突出产业集聚。全省重点培育 3 ～ 5 家资本雄厚、综合实力强、发展后劲足、在全国有影响力、年产值超过 50 亿元、力争突破 100

亿元的标志性大型米、面、油、杂粮、食品等粮油企业集团，以大企业的示范引领，提高产能利用效率，加速产业散、小、杂格局的调整，淘汰落后产能，推动资源集聚。各市州重点培育 1～3 家在全省有影响力、发展前景良好、年产值超过 5 亿元、力争突破 10 亿元的大型优质粮油企业。各县市区重点培育 1～3 家在所在地区有影响力、管理优良、年产值超过 3 亿元、力争突破 5 亿元的优质粮油企业。全省重点培育 8 个左右产值超过 20 亿元、力争突破 50 亿元的粮油产业园区。

六、实现六位一体同步全面发展

经过实践和探索，我们深刻感受到，粮食产业经济发展是一个系统工程，粮食行政管理抓粮食产业必须坚持系统思维、全面谋划，不可孤立就产业而抓产业。应通过粮食产业经济的发展，实现粮油产业全面转型升级、品牌全面提升、粮食流通基础设施条件全面改善、粮食产后服务全面覆盖、粮食质量安全检验监测体系全面建成、粮食安全保障机制全面优化六位一体同步发展。

下一步我们将通过实施以"好粮油"行动计划为主要内容的"优质粮油工程"，深入推进粮食行业供给侧结构性改革，全面促进粮食产业经济转型升级、提质增效。到 2020 年，全省粮油加工业总产值力争突破 2000 亿元，优质粮油产品市场占有率突破 50%。

突出五大发展重点　壮大粮食产业经济

山东省粮食局

　　山东是粮食大省，粮食产需总体平衡并有结余。2013 年 11 月习近平总书记视察山东时强调，保障粮食安全是一个永恒的课题，任何时候都不能放松。2017 年 4 月李克强总理视察山东听取国家粮食局工作汇报时要求，发展粮食循环经济，加快精深加工转化，这篇文章很大，一定要做好。近年来，山东各级党委政府认真落实党中央国务院决策部署，粮食行业紧扣总体国家安全观和国家粮食安全战略，把壮大粮食产业作为保障粮食安全的重要任务，把增加优质粮油供给作为推进供给侧结构性改革的重要内容，把发展粮食循环经济作为推动行业转型升级的重要抓手，突出五大重点推动产业壮大，多项指标位居全国前列。

一、培育龙头企业，推动产业做大做强

　　山东粮食产业经济的突出特点是加工转化总量大、龙头企业带动能力强。近年来，结合企业改革、产业布局和结构调整，引导生产要素向优势企业聚集，在总量壮大的同时，成长起一批粮油加工龙头企业。2013—2016 年共落实贷款 260 亿元，扶持国家粮食局、中国农业发展银行认定的 150 家粮食产业化龙头企业。2016 年年底，全省日处理小麦、油料、玉米 1000 吨以上企业 84 家，占全省总产能的 54%。年销售收入

过亿元的企业 523 家，其中过 10 亿元的 65 家，过百亿元的有西王、香驰、鲁花、三星 4 家。西王、香驰、鲁花进入省经济和信息化委员会、统计局公布的山东 2016 年百强企业榜。利生、发达等 7 家面粉企业入选全国小麦粉加工企业 50 强，鲁花、西王等 11 家企业入选全国食用油加工企业 50 强。全省粮油加工行业上市企业 7 家。中国首家在 Q 板（中小企业股权报价系统）上市馒头企业德州麦香园，2016 年销售收入 1760 万元，产品进入京津冀，远销加拿大。2016 年，全省入统粮油加工企业 1507 家，食用植物油加工、粮食深加工、饲料加工产量均居全国第一，实现总产值 3654 亿元，占全国的 1/8，利润 113.6 亿元，居全国首位。

二、建设产业园区，推动产业集群发展

立足产业基础和优势，积极实施退城进郊战略，加大招商引资力度，以龙头骨干企业为依托，以规模化精深加工为引领，大力培育产业聚集区，鼓励企业建园区、进园区，建成一批特色粮油产业园区，带动产业经济发展。2016 年销售收入 1192 亿元，占全省粮油加工业总收入的 32%。2017 年，全省较大规模的粮油产业园区 13 家，投资总规模 290 亿元。

粮食产业园区

日照临港粮油产业园吸引邦基三维油脂、中储粮油脂、中纺粮油、新良油脂等大型加工企业入驻，大豆年加工能力463万吨，约占全省总量的1/4、全国总量的1/20。潍坊形成了以昌乐英轩、诸城兴贸为代表的玉米深加工产业集群。临沂莒南大力发展花生产业，花生加工出口量占全国的35%、占全省的45%，涌现出金胜、玉皇、兴泉等龙头企业的花生加工产业集群，被评为省级特色产业集群。

三、探索循环经济，推动产业绿色发展

认真落实山东省政府"布局优化、产业成链、企业集群、物质循环、创新管理、集约发展"的要求，注重上下游产品配套衔接，推动一二三产业融合，支持企业开展原料高效利用、产品梯次开发、能量循环利用，探索发展循环经济。滨州中裕着力打造高效生态农业循环经济产业园，形成良种繁育、种植、收储、初加工、精深加工、废弃物饲料转化的循环产业链，2016年依托小麦基地和生猪养殖，投资1.4亿元建设年产720万立方米的生物天然气项目。香驰通过完善基础设施，建成原料、副产品、水、废弃物、能量5大产业循环圈，水、电、气等能源、资源的单耗低于同行业水平10%左右，资源综合利用率99%，废弃物实现100%利用，大豆、玉米分别实现吨增值570元、443元，形成了独具特色的循环经济发展模式。

四、实施科技兴粮，推动产业创新发展

认真贯彻全国粮食科技创新大会精神，大力实施科技兴粮战略，主动适应经济发展新常态，依靠科技力量推动产业转型升级和新旧动能转换，支持企业加大技术改造、产学研结合、创新平台建设投入，成效明显。在技术研发方面，全省粮油加工行业拥有省级以上企业技术中心44个，年研发投入超过10亿元，2016年投入15.7亿元，当年获得专利137件。西王集团拥有100多项自主知识产权，高唐蓝山集团被国家粮食局认定为花生深加工工程技术中心，鲁洲集团完成科技部"营养型啤酒专用糖

浆"国家火炬计划项目，德州市与国家粮科院成立粮油加工检测技术联合实验室。在粮食深加工方面，2016年粮食深加工产值及产品产量分别占全国的31%和28%，其中淀粉糖产量占全国的53%。玉米深加工产品达300多个品种，西王集团的食用葡萄糖、无水葡萄糖、麦芽糊精生产规模亚洲最大。香驰果葡糖浆单线规模全国最大，设备及工艺国际领先，产品50%出口。滨州中裕麦业的高纯度无水乙醇每吨2万元左右，高出普通产品3倍以上；蛋白粉产品每吨最高1.6万元，高出同类产品3000至5000元。

五、加强品牌建设，推动产业做响做亮

认真落实山东省政府《关于加快推进农产品品牌建设的意见》，引导企业通过品牌经营、商标注册、专利申请等多种方式，加强品牌建设，涌现出一批拥有自主知识产权、核心技术和较强市场竞争力的粮油品牌，大大提升了山东粮油产品的市场知名度和影响力。目前，全省粮油加工行业中国名牌产品40个、中国驰名商标51个，山东名牌产品83个、著名商标118个。鲁花入选2017年国家品牌计划，成为十大国家品牌中唯

企业文化建设

一粮油食品品牌。近年来，继德州荣获中国食品工业协会"中国粮油食品城"称号、夏津县荣获中国粮食行业协会"中国面粉大县"称号后，莱阳市、邹平县又分别荣膺中国粮油学会"中国花生油之乡""中国玉米油之乡"称号。全省共有74家单位获得中国粮食行业协会"全国放心粮油示范企业"称号。

回顾几年来山东粮食产业的发展，在保障措施上，山东省粮食局总体把握"一个加强三个注重"，打好服务牌。一是加强政府引领。省政府出台《山东省粮油加工业调整振兴指导意见》、省粮食局会同有关部门印发《山东省粮油加工业"十二五"发展规划》，将促进粮食产业健康发展纳入省政府粮食安全省长责任制实施意见，把优质粮食工程和粮油精深加工、主食产业化纳入政府相关文件。2011—2014年，省财政安排2.4亿元扶持放心粮油和居民厨房工程建设；2015年起安排3.62亿元扶持主食产业化和应急体系建设；省粮食现代物流纳入全省"十三五"规划；济南食品产业园纳入市政府重点建设项目。二是注重典型带动。省粮食局每年召开粮食产业发展现场会，抓重点、指方向、树典型，先后推出的济南金德利、滨州粮食产业、临沂粮食物流等一批典型，发挥了重要示范带动效应。三是注重考核督导。以"四个十"（十强粮油工业龙头企业、十大粮油购销企业、十佳粮油食品快餐连锁企业、十大粮油产业园区）考核评选为抓手，实行动态管理，对培植打造龙头企业起到了积极推动作用。充分利用粮食流通管理云平台信息化手段，对"放心粮油"工程、主食产业化项目跟踪督导，对产业统计数据整合运用，指导产业发展更有针对性。四是注重产业保障。2013—2016年从生产者收购粮食13886万吨，占总产量的75%，为粮食产业发展提供了充足粮源。2016年入统粮食批发市场26家，成交量656万吨，粮油产品网上销售收入近10亿元，线上线下相结合成为产品营销的重要渠道。省市建立粮油质量监测机构，并结合优质粮食工程向县级延伸，认定放心粮油服务网点4302个、配送中心132个，认定应急加工企业372个、供应网点2815个，为粮食产业发展提供了重要支撑。

突出优势
打响河南粮食产业经济新王牌

河南省粮食局

习近平总书记在河南省调研时指出，河南粮食这个优势、这张王牌，任何时候都不能丢。近年来，河南省粮食局紧紧围绕这一优势，通过资金扶持和政策引导，实现了以面米主食为代表的粮食产业经济跨越发展，打造了河南粮食产业经济发展的新王牌。

一、突出河南优势，坚定发展理念，推动粮食产业经济发展

（一）突出政策优势，坚持创新发展，激发粮食产业经济发展活力。2012 年，河南省人民政府办公厅印发了《关于成立主食产业化工作协调领导小组的通知》，率先在全国提出大力推进主食产业化和粮油深加工的决策部署，明确省粮食局为主食产业化工作牵头单位。当年制发了《河南省人民政府关于大力推进主食产业化和粮油深加工的指导意见》和《河南省人民政府办公厅关于印发 2012—2020 年河南省主食产业化发展规划的通知》，18 个省辖市和 10 个直管县（市）政府也相继出台了推进主食产业化发展的指导意见和发展规划，将主食产业和粮油深加工发展上升到政府层面，并明确了在土地、税收、规划等方面的一系列支持政策，河南省主食产业化和粮油深加工迎来了千载难逢的政策机遇。2012—2017

年，全省共筹集商品粮大省奖励资金 4.33 亿元，先后分 7 批采取贷款贴息方式对 228 个主食产业化和粮油深加工企业给予扶持，同时带动了 371 个、总投资近 340 亿元的主食产业化项目建设。2017 年省政府又从商品粮大省奖励资金中安排出 2 亿元，吸纳社会资金 3 亿元，在全国率先建立了 5 亿元的"河南省粮油深加工发展基金"，以进一步支持粮食加工企业做大做强。在政策资金的引导下，一些龙头企业自发成立了河南省主食产业创新联盟，在科技研发、加工作坊置换和培养新的发展业态等方面开展了一些有益的探索和实践，为全省主食产业化发展起到了示范带动作用。

（二）突出原料优势，坚持协调发展，促进粮食产业经济结构优化。近年来，河南省粮食局突出河南小麦、花生、玉米等原料优势，通过财政补助资金向粮食精深、特色、优质企业倾斜，引导企业向化工、医药、保健等精深加工领域延伸，支持粮食加工企业加强米糠、稻壳、碎米、玉米胚、麦胚等副产物的综合利用，鼓励企业开发新型优质健康粮食产

现代化糕点生产线

品和针对特定人群的功能性、特用性粮食产品，发展优质粮食产业，促进粮食产业经济协调发展。

（三）突出改革优势，坚持绿色发展，探索粮食产业经济战略转型。针对河南省粮食粗加工产能过剩问题，省粮食局加强政策引导，发挥市场调节作用，合理调整产业发展格局，鼓励企业通过深化改革，推进低端产业战略转型，逐步淘汰一批低端过剩产能，推动全省粮食产业经济战略转型。

（四）突出资源优势，坚持开放发展，拓展粮食产业经济深度合作。发挥河南粮食资源优势，与 18 个省、市建立了长期稳定的粮食合作关系，粮食及制品销售覆盖了我国全部省份。2017 年 9 月，河南省举办了郑州（中国）好粮油产销对接及设备技术博览会，为粮食企业提供免费展位，使河南粮食走出去，省外粮食走进来。鼓励三全、思念、想念等大型龙头企业积极开拓海外市场，让"河南粮食"这张"王牌"走向世界，让更多国家人民享用河南粮食。

（五）突出市场优势，坚持共享发展，推进粮食产业经济三产融合。突出河南粮食消费大省的市场优势，通过消费升级带动产业升级，支持粮食企业拉长产业链条，推动粮食产业经济三产融合。鼓励企业前伸农业领域，建立优质原料基地，发展订单农业，促进农民增收；后延商业领域，设立便民连锁超市，发展电子商务和"互联网＋粮食"，推动"工业品下乡、农产品进城"。投资 1 亿多元，完善粮食质量安全标准体系，实施"放心主食""放心粮油"工程，实现了产业经济发展与粮油食品安全的有机结合，让更多百姓共享粮食产业经济发展红利。

二、保障粮食安全，促进农民增收，打响粮食产业经济发展新王牌

（一）产业经济跨越发展，河南粮食品牌更加响亮。河南省主食加工业总产值从 2010 年年底的 1185.6 亿元增加到 2016 年年底的 1865 亿元，年均增长 7.9%；全省粮油加工转化率由 2010 年的 70% 提高到 2016 年的

82%；主食产业化率从 2010 年不足 15% 提高到 2016 年的 35%。小麦粉及其工业化馒头、挂面、方便面等年产量均占全国 1/3 以上，速冻食品年产量占全国速冻食品总产量 2/3 以上。以小麦粉为首的河南品牌、河南商标已成规模，全省成品粮油加工企业拥有品牌 306 个，注册商标 443 个。河南想念挂面品牌广告登陆美国纽约时代广场。河南梦想食品有限公司开发的专用饼干飞向太空，成为神州十一号飞船航天员的第一顿主食。

　　（二）三产融合反哺农业，增加种粮农民收入。粮食产业经济三产融合，促进产业链条延伸和优质原粮优质优价的形成，实现了反哺农业

豫粮集团濮阳粮食产业园

和回馈农民。省政府确定的 8 个试点县的优质小麦全部以高于市场价每斤 0.1 元的价格订单销售，直接增加农民收入近 2.5 亿元。河南巨龙生物工程股份公司以"公司+基地+农户"的联动形式，与农民签订优质玉米合同种植面积 90 余万亩，价格高出市场价 80～120 元／吨，农民年收入增加近 5000 万元。新蔡县麦佳食品公司与京东集团合作，通过 APP（手机应用程序）订购，开展优质产品送到家服务。豫粮集团通过建立优质小麦种植基地，为 17.7 万农户增收约 1.18 亿元。

　　（三）推动粮食就地转化，促进地方农民就业。主食加工项目的实施和产业链的拉长，做大做强了大批粮油加工龙头企业，扩大了对原粮

和劳动力的需求，有效缓解了仓容不足的矛盾，解决了农民"卖粮难"和企业"储粮难"问题。河南省每年就地加工转化粮食6087万吨，增加就业岗位300多万个，为百姓增加收入122亿元。

（四）丰富百姓餐桌，确保主食品安全。工业化主食品供给量的扩大和"放心主食""放心粮油"工程的实施，使安全、卫生的主食花色品种不断增多，主食市场供应逐步规范并日益繁荣，既丰富了百姓餐桌，又确保了食品安全。河南兴泰科技实业有限公司开发出了针对糖尿病人的"九德谷膳"复合荞食，解决了特殊人群的主食需求。

（五）加快企业内引外联，推动外向型经济发展。河南主食产业化发展的政策环境，带动和吸引了境内外投资者纷纷赴豫投资建厂。中粮集团、益海嘉里、五得利集团、华龙集团、克明面业等中外知名企业，纷纷到河南投资建厂；三全、思念、白象等河南省知名企业，也积极向外扩张，甚至走出国门，走向海外，实现了引进来、走出去的良性互动。

（六）产业结构更加合理，产品供给更加优化。全省中高端产品销售额占比从2012年的70%上升到2017年的82%。河南大程面粉有限公司通过调整产业结构，由名不见经传的小面粉厂发展成"全国小麦粉加工企业50强"，专用粉销售额占企业总销售额的40%。三全集团速冻食品品种达到9大类400多种，满足从儿童到老人不同群体的全方位需求。

吹响粮食产业向中高端发展的集结号

浙江省粮食局

　　加快粮食产业经济发展是粮食行业转型发展的必然要求。近年来，浙江省紧紧围绕高水平建成小康社会的总目标，牢固树立"大粮食安全观"，立足粮食产业发展方式转变，积极搭建粮食产业发展平台，大力实施"1112"企业培育工程，努力打造"千亿粮食产业"经济，为构建高水准、高质量粮食安全保障体系提供更有力的支撑。

一、查补短板，吹响发展集结号

　　改革开放以来，资源禀赋先天不足的浙江，依靠市场先发优势，坚持体制创新，发展成为全国经济增速最快、最具活力的省份之一，但浙江省粮食产业总体上企业规模较小、产业层次较低、市场竞争力不强、优质产品供应能力不足，与人民群众的消费需求不相适应，与浙江省经济社会发展水平很不匹配。2015 年浙江省入统粮食企业工业总产值仅 332.8 亿元，在全国排名第 19 位。2016 年，根据省委、省政府"查补短板"的工作部署，针对浙江省粮食产业发展滞后的现状，浙江省粮食局聚焦粮食产业经济发展短板，成立研究小组，立足"保障粮食安全、推进产业升级、优化发展环境"的思路，开展调查摸底，组织专题调研，广泛征求意见，及时形成了加快浙江省粮食产业经济发展的政策意见，于 2016 年 6 月报省政府。2016 年 10 月省政府办公厅出台了《关于加快粮食产业经济发展的意见》，从浙江实际出发，提出用 5 年左右时间，努力打造"千亿粮食产业"经济的目标。在定量指标方面，要求用 5 年左右时间全省粮食产业经济的年总产值达到 1000 亿元，实现利税 100 亿元。在定性指标方面，要求粮油加工业完成提档转型升级，产品结构更加合理，粮食产业经济活力明显增强，质量效益显著提高。

　　在 5 年左右的时间里，浙江省将按照整体谋划、科学布局、突出特色、错位发展的要求，充分利用现有资源和市场空间，扶优扶强，培育产业

舟山储备中转粮库

集群，引导要素聚合，突出打造产业平台；以粮食精深加工、特色食品加工、主食产业、粮食机械制造业等为粮食产业发展重点，实施"1112"粮食企业培育工程，全省培育 1 家年产值 100 亿元以上、10 家年产值 20 亿元以上、10 家年产值 10 亿元以上和 20 家年产值 5 亿元以上的龙头企业；通过建设优质粮源基地、深化粮食产销合作、健全粮食物流体系等途径促进粮食一二三产业融合发展，积极探索具有浙江特色的粮食产业经济发展新路子，吹响粮食产业向中高端发展的集结号。

二、强化措施，增强发展原动力

2017年，浙江省粮食局在全省部署开展了"粮食产业经济发展推进年"活动，从四个方面精心谋划、扎实推进：

（一）对接交流推进。2017年3月下旬，召开了浙江省重点粮食企业座谈对接会。邀请国家粮食局科学研究院、中国农业发展银行浙江分行、浙江农村信用社联合社等科研、金融机构与重点粮食企业开展座谈对接，搭建科企、银企对接平台。浙江省粮食局分别与国家粮科院、省农发行等科研、金融机构签订战略合作协议，为浙江省粮食企业发展提供技术和资金支持。5月中旬，组织部分市粮食局和粮食企业负责人赴山东等地学习考察，学习省外先进经验和做法。5月下旬，组织有关企业参加全国2017年粮食科技活动周"三对接"活动和"名特优粮油产品展"。下半年召开全省粮食产业经济发展现场会，交流各地粮食产业经济发展推进工作。

（二）配套政策推进。一是落实电价优惠政策。通过与省物价部门协调，出台了相关文件，全面落实了农产品初加工用电优惠政策，减少了粮食企业用电成本。二是设立粮食产业基金。在省财政部门的支持下，筹备"浙江省粮食产业发展基金"，规模5亿元。三是创新储备轮换机制。鼓励粮食企业参与地方储备粮相关业务，开展地方储备粮委托代储动态轮换试点。2017年省级先安排3万吨储备粮，通过公开招标选择粮食加工企业开展动态储备试点。四是创建"放心粮油示范县"。安排专项资金，在全省支持20个县（市、区）开展"放心粮油示范县"创建试点。五是争取国家补助资金。通过积极组织申报，支持粮食加工企业争取国家社会化建仓和物流项目补助。近年来，杭州富义仓等企业获得中央支持资金1亿多元。

（三）联系服务推进。建立省、市、县三级重点企业联系制度，目前省、市、县粮食局领导联系重点粮食企业115家，通过一对一联系，为他们送政策、送信息、送服务，掌握动态，总结经验，解决问题，帮助企业降本减负。与省担保集团合作，为企业融资提供政策性担保，着力帮助企业解决融资难问题。办好粮食产业发展专刊和网站专栏，及时发布产业政策和产业动态信息。

（四）考核激励推进。把粮食产业经济发展列入粮食安全省长责任制考核内容，分解量化指标任务，加大考核权重，形成上下联动的氛围。加强与统计部门的衔接，摸清全省粮食加工企业底数，努力做到应统尽统。

三、创新理念，打造浙粮新品牌

一是培育好粮油企业。选定一批粮食产业重点培育企业，建立粮食产业重点项目库，每年拿出一定的财政资金用于支持企业转型升级、科技创新、新产品研发、延伸产业链、引进技术和人才等，促进企业做优做强。积极支持有关企业参加申报"中国好粮油"示范企业项目，组织开展"十佳粮油企业""十佳粮油成长型企业"评选等活动。二是打造好粮油品牌。以"增品种、提品质、创品牌"为重点，支持企业加强技术研发，开发生产绿色优质、营养健康的粮油新产品。结合实施"放心粮油"工程，重点支持粮油加工龙头企业在品牌建设、质量控制和技术升级方面有新突破。三是提升好粮油标准。引导企业积极执行"中国好粮油"系列标准，鼓励各地制定出台"好粮油"的地方标准、企业标准。加快建立和完善粮食产后服务体系、质量检验监测体系、粮食质量追溯体系、企业信用评价体系，为"好粮油"建设提供配套保障，确保"舌尖上的安全"。四是搭建好粮油平台。以粮食产业园和区域特色产业为基础，着力打造粮食产业承接平台，加快培育特色产业集群。以"互联网＋粮食"为依托，着力打造粮食市场交易平台，加快推进粮食传统营销与电商融合发展。以建设科技人才创新中心、产学研基地、成果转化基地、技能实训基地为重点，着力打造科技人才孵化平台，为粮食产业发展提供人才与技术支撑。

高点布局统筹推进
迈向粮食产业新高地

山东省滨州市人民政府

　　滨州位于山东省北部、黄河三角洲腹地,人口385万,其中农业人口201万人,2016年粮食种植面积683万亩,总产量306万吨,年粮食加工转化量1379万吨,是传统的农业大市和粮食加工转化大市。近年来,面对粮食连年丰收、收储矛盾逐渐突出的形势,滨州市积极践行"五大发展理念",认真贯彻落实中央1号文件精神和习近平总书记关于增加绿色优质农产品供给的指示要求,坚持把粮食产业发展作为落实国家"藏粮于地、藏粮于技"战略、助推国家粮食安全的重要举措,以深化农业供给侧结构性改革为主线,积极优化产业布局,完善产业链条,探索形成了"政府引导、市场导向、龙头带动、科技支撑、循环融合、惠民安全"的粮食产业经济发展"滨州模式",2016年实现主营业务收入1067亿元、利税41.5亿元,2017年上半年实现主营业务收入625.5亿元、利税26.9亿元,分别同比增长17.1%、31.7%。

一、坚持政府推动,促进粮食产业规范发展

　　滨州市委、市政府高度重视粮食产业发展,将其纳入全市五大千亿级产业集群重点培育,提出"十三五"期间打造1500亿元级粮食加工产业集群的目标,通过政策支持、资金投入、考核激励、宣传推介等举措,

全国加快推进粮食产业经济发展现场经验交流会

推动粮食产业做大做强。

（一）强化规划引领。"十二五"以来，把粮食产业发展纳入经济发展规划，并将其作为全市支柱产业之一进行重点培植。2016 年，出台了《滨州市粮食产业发展"十三五"规划（2016—2020 年）》和《关于打造千亿级粮食加工产业集群的二十条意见》，规划了粮食产业未来五年的发展蓝图。为推进规划和政策落实，市政府成立了粮食产业发展"十三五"规划推进工作领导小组，将 102 项任务分解到部门和县区，定期召开联席会议，通过半年初评、年终总评的方式进行考核，确保各项措施落到实处。

（二）强化服务保障。积极创优服务环境，推动优质资源向粮食产业集聚，产生了良好的叠加效应。优先保障土地供应，在土地指标紧张的前提下，近几年优先批复西王集团、香驰控股、中裕食品等粮油加工企业土地指标 1200 余亩。优先支持重点项目建设，主动开辟"绿色通道"，在项目立项、环评、用地审批、供电、供气等环节提供全方位服务。积极树立循环经济典型，以重点龙头企业为核心打造五大循环经济产业园区，香驰控股先后荣获"国家循环经济试点示范企业""省级土地集约用地先进单位"等荣誉称号。同时，针对粮食产业大进大出特点，配套完善港口、铁路等基础设施，加快打造十大粮食仓储物流经济园区。滨州港完成投资 100 多亿元，2 个 3 万吨级散杂货码头自开航以来，累计运送粮食 25 万吨。稳步推进小清河复航工程，努力构建海河联运体系。积极推广散粮铁路运输，滨州国家粮食储备库双股铁路专用线运行良好，总长 65.8 千米的滨港铁路二期将于 2018 年建成投用，近期又规划了邹平货运铁路和阳信、胡集货运铁路，建成后年可实现货运量 9000 万吨，将为粮食物流提供充足的运力保障，进一步降低物流成本。特别是 2017 年3 月，国家发展和改革委员会、国家粮食局印发的《粮食物流业"十三五"发展规划》，将滨州列入"两横、六纵"中"沿京沪线路"六大重点发展节点之一，滨州市粮食局将按照要求，抓好长远规划和项目建设，努力构建现代化的粮食产业物流体系。

（三）强化资金支持。在严格落实粮食直补、农机购置等各项补贴的基础上，多渠道加大资金投入。加大财政扶持力度，"十二五"期间市级财政累计投入资金 3.3 亿元，2016 年安排专项资金 1.2 亿元。积极吸纳社会资本，设立了 20 亿元的黄河三角洲农粮产业基金，推动全国粮食领域优质资源与滨州本地资源有机整合。深化政银企合作，"十二五"以来，各类金融机构通过发放贷款、票据融资、债券融资等形式支持重点粮食企业融资 800 多亿元。积极争取农发行、国开行等国家政策性银行投入，其中农发行滨州分行"十二五"以来累计投放政策性粮油收储贷款 105.4 亿元，同时将短期商业贷款改为长期低息贷款，先后向粮食加工企业投放 42.4 亿元，降低了企业财务费用。加快粮食企业上市步伐，三星集团的长寿花食品于 2008 年 3 月在香港上市，西王集团的西王食品于 2011 年 1 月在深交所上市。积极抓好生产经营监管，引导规范发展，粮食企业不良贷款率一直处于最低水平，保持了良好的发展势头。

（四）强化宣传推介。坚持内抓调研、外扩影响，成立专题调研组开展了多次深入调研，形成了一系列工作总结和调研报告，相继呈报山东省政府和国家粮食局。经验做法先后被新华社等国内多家新闻单位宣传报道，各级领导和社会各界高度关注，并对滨州粮食产业发展提出了很好的意见建议，给予了有力支持，促进了粮食产业的持续健康发展。

二、突出龙头带动，推动粮食产业规模发展

坚持以龙头企业培育引领粮食产业发展，加快资本、人才、科技等要素集聚，扶持成长起了一批粮油加工龙头企业。至 2017 年，全市规模以上粮油加工企业 163 家，其中，国家级农业产业化重点龙头企业 5 家、

玉米精深加工产业链示意图

全国农产品加工示范企业 3 家、全国"放心粮油"示范加工企业 10 家，渤海实业、三星集团、西王集团、香驰粮油 4 家企业进入全国食用油加工企业 10 强。

（一）抓好重点项目建设。坚持以项目建设为抓手，鼓励引导大中

型企业通过扩大生产、兼并重组等形式做大做强。"十二五"以来,全市新上粮油加工项目103个,总投资374.1亿元,其中列入省、市重点项目20个。香驰控股投资5.3亿元的果糖二期项目2015年5月投产,新增产能20万吨、销售收入100亿元。西王集团出资7.3亿美元并购了加拿大科尔公司,投资30亿元的玉米绵白糖项目生产不受季节影响,每吨成本较蔗糖低1000元左右,2017年年底投产后可实现产值36亿元、利税5.4亿元。

(二)建设高素质企业家队伍。积极构建"亲""清"新型政商关系,组建了粮食加工产业协会,加强企业间的联系沟通和产品流通,实现了"抱团式"发展;建立了企业家队伍建设联席会议制度,认真听取意见建议,组织开展了一系列培训活动,涌现出了一批懂经济、会管理、善经营、能开拓的精英企业家,成为滨州市粮食产业发展的中流砥柱。西王集团王勇先后被授予"全国劳动模范""中国优秀民营企业家""中国十大最美村官"等荣誉称号;渤海实业舒忠峰先后获得"山东省富民兴鲁劳动奖章""全国五一劳动奖章"等荣誉称号。

(三)打造知名粮油品牌。滨州市委、市政府高度重视品牌建设,2007年成立了全市品牌战略工作推进委员会,出台了《落实质量兴市战略的实施意见》《加快推进品牌建设的意见》等一系列政策措施,建立完善了"政府主导、企业主体、部门主推、全面协作"的工作机制。至2017年,全市粮油行业拥有中国驰名商标6个、中国名牌3个、山东著名商标10个、山东名牌10个,获得省级以上"放心粮油"品牌产品15个。邹平县被中国粮油学会授予"中国玉米油之乡"称号;西王集团被中国食品工业协会冠名为"中国糖都(淀粉糖)""中国玉米油城";三星集团的长寿花玉米油连续多年全国销量排名第一,产品市场占有率达40%以上。

三、实施创新驱动,加快推进产业转型发展

坚持把创新发展摆在突出位置,不断深化产学研合作,强化体制机制创新,加快培育发展新动能,为粮食产业持续健康发展创造了广阔空间。

（一）深化管理体制创新。积极推进国有粮食企业改革，通过吸收外资、民营资本、职工入股等方式，建立完善了现代企业制度，积极培育国有资本与集体资本、非公有资本交叉持股的新型市场主体，市场化经营能力和水平明显增强。香驰控股、渤海实业等原国有企业通过股份制改革实现了快速健康发展，并成功入选全国食用油加工企业10强。按照"一体两翼、统筹管理，分摊经营、单独核算，目标考核、岗位绩效"的原则，完成了市属粮食企业改革，成立了滨州粮食仓储经济园区，进一步激发了企业的发展活力。

（二）注重科学技术创新。坚持把科技创新作为第一动力，滨州市级财政设立了科技发展专项资金，鼓励引导企业开展核心技术攻关，西王、香驰、中裕等龙头企业，每年以销售收入3%以上的资金投入科研，推动了产品质量和档次提升。2017年5月，香驰控股与日本不二制油签署了战略合作协议，在大豆蛋白技术升级等方面开展合作，提高了大豆蛋白品级，价格从每吨1万元提升到每吨2万元。至2017年，滨州市粮油加工行业拥有国家级实验室4个、国家级企业技术中心4个，获得国家专利225项，西王、三星、渤海等6家企业承担863计划、星火计划、火炬计划等国家级科研项目17个，承担国家、省发改委支持的高技术产业化项目23个。2016年11月，滨州市政府与国家粮科院签订了战略科技合作协议；2017年9月，国家（滨州）粮食产业科技创新联盟成立，为推动粮食产业科技创新和成果转化提供又一重要支撑。

（三）推动经营业态创新。滨州市委、市政府积极牵线搭桥，主动搭建平台，依托"互联网+"，推动粮食产业经营模式不断创新。2017年1月，滨州市政府与京东集团签署了战略合作协议，京东集团投资15亿元在滨州建设黄河三角洲云计算大数据产业基地，将依托云计算、大数据的技术优势和粮食产业的资源优势，细分行业市场，精准定位消费群体。推动各龙头企业与京东、天猫等电商企业开展深入合作，助推粮食产业实现更高层次的转型发展。中裕电子商务进驻天猫、京东、苏宁易购等平台的全国大仓并开展业务；香驰控股以打造线上线下一体的厨房生活服务平台为依托，实现了线上体验与线下消费的良性互动。

四、绿色循环互动，推进一二三产融合发展

立足滨州市粮食加工产能、产品优势，按照"吃干榨尽、循环发展"的原则，促进粮食种植、加工、消费的良性循环，构建了"产购储加销"一体发展、三次产业融合共赢的良好局面。

（一）供应链向上游延伸。围绕推进农业供给侧结构性改革、培育发展新动能，引导粮油加工企业积极参与和主导组建专业合作社，以"企业＋合作社＋基地＋订单农户"模式开展土地流转、订单收购，努力掌握优质粮源。香驰控股在山东和东三省等地建立原料基地85万亩，既保障了生产原料来源，又带动了当地农民增收致富。中裕食品建立了6.5万亩育种基地和150万亩优质小麦种植基地，统一供种、统一播种、统一施肥、统一技术指导、统一收购，小麦收购价格高出市场10%～30%，平均每亩带动农民增收336元。

（二）产品链向高端延伸。积极鼓励引导各粮油加工企业持续开发新产品，完善精深加工转化体系，不断提高市场竞争力。西王集团生产的无水药用葡萄糖每吨价格4700元，高于普通产品1000元左右；果糖每吨8000元；绵白糖每吨6000元。香驰控股研发的果葡糖浆，成为国内唯一一家指定出口国外可口可乐公司果糖原料的A级供应商，每年供应可口可乐公司20万吨。中裕食品生产的小麦蛋白粉最高1.6万元／吨，高出同类产品3000～5000元。托福食品研发的高钙馒头，每100克中钙含量为119.7毫克，是普通馒头的近20倍。

（三）产业链向绿色循环延伸。按照"减量化、再利用、资源化、零排放"的要求，在原料高效利用、产品梯次开发等方面加强探索研究。中裕食品实现了"独立育种、种植加工、畜牧养殖、沼气利用"的全产业链发展，生产酒精过程中产生的酒糟，加入麦麸、玉米等制成液体饲料，通过管道输送到高效生态农牧园区养猪，猪粪生产沼气，沼渣作为肥料还田，实现了废弃物的有效利用。香驰控股生产出了大豆蛋白、果

葡糖浆等几十种下游产品，形成了原料、副产品、废弃物等循环产业圈，仅污水处理一项年增加效益达 1000 余万元。目前，全市小麦、玉米、大豆原料利用率均达 98% 以上，小麦精深加工形成了覆盖一二三产业的完整循环产业链，玉米、大豆也实现了深度梯次开发。

（四）营销链向终端延伸。积极引导各粮油加工企业更新营销理念，拓宽营销网络，探索形成了全方位、一体化的营销体系。中裕食品拥有法兰卡 1876、面食家、中裕食品快餐、麦便利社区超市四大服务业品牌，在市区建设各类店面 150 余家，产品远销日本、韩国、泰国等国家。阳信玉杰面粉经北京市教委严格评审，产品直供清华大学、北京大学等 92 所高校。

五、注重民生联动，保障粮食产业持续发展

严格落实藏粮于地、藏粮于技战略，按照"惠民安全"的理念，强化源头控制和全过程监管，为保障国家粮食有效供给，实现可持续发展作出了积极贡献。

（一）着力夯实农业生产基础。自 2008 年开始，连续实施了以水利基础设施和造林绿化为重点的林水会战，累计新增蓄水能力 1.5 亿方；积极发展节水灌溉，新建标准化方田 290 万亩，粮食生产条件有了较大改善。认真落实国家千亿斤粮食增产计划，在山东全省率先整建制开展粮食生产"十统一"社会化服务，面积达到 71 万亩。抢抓国家实施"粮安工程"建设机遇，积极争取粮食仓储设施维修、新建项目，全市总仓容达到 279 万吨。

（二）抓好粮食质量安全管控。全面贯彻落实《食品安全法》《农产品质量安全法》，狠抓源头监管、过程控制和监管体系建设，不断强化市级食品检验检测能力，改扩建食品实验室，升级检验检测设备，滨州市级粮油质量检测站通过国家粮食局考核验收。积极推行以"一票通"制度为核心的食品追溯机制，努力增加优质粮食产品供给，建立了从"农田到餐桌"的质量安全追溯体系。主动融入京津冀协同发展，积极对接

京津冀地区"菜篮子""米袋子"工程，依托沿黄土地的生态优势，规划建设沿黄生态高效现代农业示范区，同步建设115个优质粮、菜生产基地，2017年上半年供应京津冀地区粮食26万吨，增长73%。

（三）积极推动主食产业化。按照"政府引导、市场运作、企业承办、财政扶持"的原则，大力实施"放心粮油"惠民工程，不断完善主食加工、配送、销售网络。托福食品投资1.5亿元建设大型主食研发加工配送中心，产品涵盖馒头、蒸包、干鲜面、烧卖等几十种产品。中裕食品拥有全国单体最大的面条生产线，开发的面条品种达30多个。目前，滨州全市建成放心粮油示范店148家、示范加工厂11家、配送中心16家、服务网点3100个，形成了以市区为中心，中裕食品、托福食品为龙头，各县区为支点，覆盖城乡的"放心粮油"配送体系，保障了群众"舌尖上的安全"。

企业巡礼

产业融合发展模式

全产业链模式助力粮食产业转型升级

中粮集团有限公司

　　中粮集团积极探索农业产业化创新模式，以市场需求为导向，从产业链源头做起，涵盖从田间到餐桌，即从农产品原料到终端消费品，包括农业服务、种植、收储物流、贸易、加工、养殖屠宰、食品制造与营销等多个环节，通过对各环节的有效组织和管理，实现食品安全可追溯，为消费者提供安全、营养、健康的食品，实现自身全面协调可持续发展，提升产业链价值和对现代农业的示范引领带动作用，促进一二三产业融合发展，推动粮食产业转型升级和行业转型发展，提高我国农业供给侧结构性改革的质量和水平。

一、全产业链模式的基本做法

　　中粮集团在产业链上游，通过其在全球和国内粮食主产区和重要物流节点的收储物流设施以及贸易网络，从事稻谷、小麦、大麦、玉米、大豆等粮食国际国内贸易以及进出口；在产业链中游，发展稻谷、小麦、大麦、玉米、油脂油料的初加工与深加工，加工后的米糠、麸皮、酒糟、蛋白粕等副产品和玉米、大麦、高粱等粮食成为饲料加工的原料，饲料产品又满足生猪和奶牛养殖需要，生猪养殖继续发展屠宰和制品营销，奶牛养殖则继续发展各种乳制品生产和营销；在产业链下游，通过品牌营销，发展米、面、油、肉、奶等各种食品的销售，不断延长产业链和提升产业链价值。

全产业链模式示意图

二、上游：探索农业综合服务模式，促进产业资源融合

中粮集团探索出"农业综合服务平台"发展模式，通过订单农业、粮食银行、农机服务、农资服务、农业金融等农业综合服务平台，创建了农业产业化"生态圈"，促进了产业资源融合，满足了"农民、消费者、政府和合作伙伴"四方需求。目前，"农业综合服务平台"模式已经在东北、华北试点并进行推广，2016年为合作社农民提供逾100场专业培训和业务宣讲，涉及309万亩土地，惠及约40万户农民，带动农民增收近5300万元。

（一）订单农业：通过品种选育、统一供种、连片种植、科学管理、优质优价回收、分品种存放等管理模式，提高优质品种种植面积、增加优质品种粮源供应，提升农民收益水平。2017—2018年度中粮集团小麦、玉米、水稻、油料、大麦、食糖、棉花等农作物的订单面积将达到615万亩，预计产量约1000万吨。

（二）粮食银行：利用自身资源，为农民提供烘干、仓储、延期点价收购、分批次结算、短期融资和存粮价格保险等一系列保值、增值服务，让农民分享市场机遇，促进农民增收，解决粮食销售难题。同时，降低农民原粮存储损耗，保障企业原料供应稳定。2016 年中粮集团粮食银行业务涉农面积 228 万亩，实现粮食收购 116 万吨；2017 年粮食银行收购量预计将达到 180 万吨。

（三）农机服务：探索农机购买或租赁经营，整合农机手、运输队、烘干塔等社会资源，无缝衔接粮食银行业务，探索建立粮食产后服务体系，引导和优化农民储粮方式，解决地趴粮、霉变高等问题。2016 年试点农机籽粒直收服务，引进凯斯籽粒直收机一台，试点收割 4650 亩玉米，为农民节省 14 万元收割成本，企业获利 10 万元。2017 年扩大试点范围，计划新增购置 20 台籽粒直收机，收割 12 万亩玉米，为农民节省成本 400 万元。

农业综合服务平台

（四）农资服务：加强农资产业联盟，拓展农资服务和上游客户渠道，降低农民种植成本。先后与中化、开磷、中海油、施可丰、敦煌种业、登海先锋等优质农资产商建立了合作伙伴关系。其中，与中化联合开展测土配肥合作，为 48 家合作社农民、31 万亩土地提供 420 份测土服务，指导农民精准施肥，科学种植。

（五）农业金融：种植前，农户可通过中粮集团与银行（如龙江银行）进行贷款洽谈，获取低于商业银行的贷款利率，有效解决了农户融资难、融资贵问题。另外，中粮集团与保险公司合作，创新种植业附加险等新险种，降低农民种植风险带来的损失。

三、中游：建设综合性农业产业园，实现产业集聚效应

产业园模式通过将产业链有协同效应的产业集聚在一起，综合性设施共建，产业链上下游有机协同，统一管理，提高效率、降低成本。目前中粮集团在江苏张家港、四川成都、山东日照、辽宁大连、广东东莞、安徽巢湖和蚌埠、湖北黄冈和荆州等地建有 9 个综合性粮油贸易加工产业园，2016 年总产值超过 360 亿元。

位于江苏张家港的东海粮油和位于四川成都的成都产业园是中粮农业产业园的典型代表。东海粮油最早成立于 1993 年，是中国第一家粮油综合加工产业园，经过多年发展，奠定了其在国内同行业中的龙头地位，已成为亚洲最大的综合粮油食品加工基地，主要从事大豆、小麦、大米、饲料加工以及油脂深加工业务，2016 年主要产品销量超过 400 万吨，实现销售收入 148 亿元。东海粮油产业园在规划建厂时就充分考虑业务上下游之间的供货协同，按照"不同产业实现平台共享、资源共享"的原则进行工厂布局，比如饲料加工业务，可以直接在内部消化米糠、麸皮、豆粕等原料产品，节省了运费，缩短了采购周期，基本可以实现饲料加工的零库存。产业集聚、统筹考虑及有机协同带来系统低成本，主要体现在三个方面：一是仓储物流等基础设施共享；二是财务和人力资源统一管理；三是职能管理统一化、专业化、规范化。

四、下游：发展粮油精深加工，延长产业链和提升价值链

面条和面包是面粉业务向下游的自然延伸，既是面粉业务的出口，又能提升价值空间，还能推进主食产业化。中粮集团面条年加工能力 20

万吨，有 7 大系列，78 个全国性品种，主品牌为福临门和香雪。面包日加工量 10 万个，主要产品有面包、糕点、饼干、月饼 4 大类，18 个系列，170 多种产品。2016 年面条和面包销售收入近 7 亿元，占面粉业务销售收入的 8%。

玉米加工以淀粉、淀粉糖等大宗产品为基础，并加快向高附加值领域发展，如味精、柠檬酸、变性淀粉、功能糖醇、氨基酸等特种食品添加剂与生物制品，实现产业整体转型升级，形成"大宗＋特种"的产品结构。2016 年味精、柠檬酸、变性淀粉、氨基酸等精深产品销售收入达到 15 亿元，对整体收入的贡献超过 10%。

特种油脂加工从市场需求出发，在开发新产品上下功夫，主要产品包括起酥油、人造奶油、奶粉专用油、速冻专用油、代可可脂等，初步形成了滋采、艾维、福临门、四海、大一、椰皇六大品牌，服务于烘焙、乳品、休闲食品以及速冻食品客户。2016 年中粮特种油脂经营规模进一步扩大，实现销量 12 万吨，同比增长 17%；销售收入 7.8 亿元，同比增长 25%。

五、品牌引领，形成"大品牌、大市场"，推动产业升级

中粮集团积极践行农业供给侧结构性改革，推进品牌建设，从规模速度型转向质量效益型，靠优质溢价，靠品牌溢价，不断提升品牌价值。同时，坚决落实"农业品牌推进年"要求，践行弘扬以"品牌、品质、品格"为核心的"三品"文化，以品牌为载体发展规模化种植和标准化生产、整合提升产业链、让上下游分享增值收益，实现共赢。

"十三五"期间，中粮集团将打造 10 个超级品牌，以品牌业务收入达 50 亿元、100 亿元、300 亿元为台阶，推动中粮产品向中粮品牌转变，形成中粮"大品牌、大市场"的经营优势。2017 年，中粮将"品牌引领"作为集团全年工作的三个主题词之一，要求各专业化公司要集中力量打造至少一个核心品牌，引导销售提速，比如粮油产品重点打造"福临门"品牌，并通过将核心品牌打造纳入各专业化公司业绩合同以及线上投入部分加回考核的办法鼓励专业化公司打造核心品牌。

打造一二三产业融合发展中裕样板

滨州中裕食品有限公司

从 2003 年成立之初，中裕公司始终坚持"创新、绿色、协调、开放、共享"的发展理念，秉承"不惜一切代价、不惜一切成本、不惜一切力量，保证产品质量"的质量观，坚定不移地走"全产业链"之路。经过 10 余年的发展，构建了一条涵盖高端育种、订单种植、粮食初加工、精深加工、绿色养殖、废弃物综合利用、冷链物流、餐饮服务、便利商超九大板块、横跨一二三产业的绿色高效农牧循环产业链，解决了"粮头大食尾小""农头大工尾小"的矛盾，实现了产业链首尾相连、一二三产业协调发展。

一、一二三产业融合发展——以全产业链打造麦业利益共同体

一是把小麦种植作为核心，坚持一产"抓优"。公司高度重视优质小麦品种的选育工作，大力实施"种子工程"，同时按照"企业＋合作社＋基地＋订单农户"农业产业化合作模式，通过流转土地，建立了 6.5 万亩育种基地和 150 万亩优质小麦种植基地，成立农业合作社，采取统一供种、统一播种、统一施肥、统一技术指导、统一收购的"五统一"管理模式，使小麦种植快速向规模化、标准化、集约化迈进。

二是把小麦加工业作为基础，坚持二产"抓深"。本着将每一粒小麦"吃

干榨尽"的理念，对小麦进行深度开发、综合利用，最大限度提升资源利用率，提升产品丰富度和优质化。此外，公司还瞄准高端产品，以面粉为基础原料，以消费者需求为导向，不断提升精深加工水平，开发了200多种面食制品。同时，以技术为引领，积极开发了谷朊粉、特级食用酒精、液体蛋白饲料等小麦深加工系列产品，在推动小麦加工向下游延伸的同时，大幅度提高产品的附加值。

三是把市场消费作为导向，坚持三产"抓全"。公司着力构建全方位、一体化的服务体系和服务网络，积极参与"放心粮油""居民厨房"等民生工程建设，在全国范围内加大与大型连锁超市、食品店的对接力度，开展多元化合作，推进中裕产品入超进店。

二、农牧结合，绿色循环——用"变废为宝"保护"碧野蓝天"

中裕通过创新再造工艺流程，将种植、加工、养殖、废弃物综合利用有机融合在一起，形成了上下游严密承接的闭合式循环，实现了耕地的有机化改造，保证了加工的环保零排放，做到了经济效益与生态效益

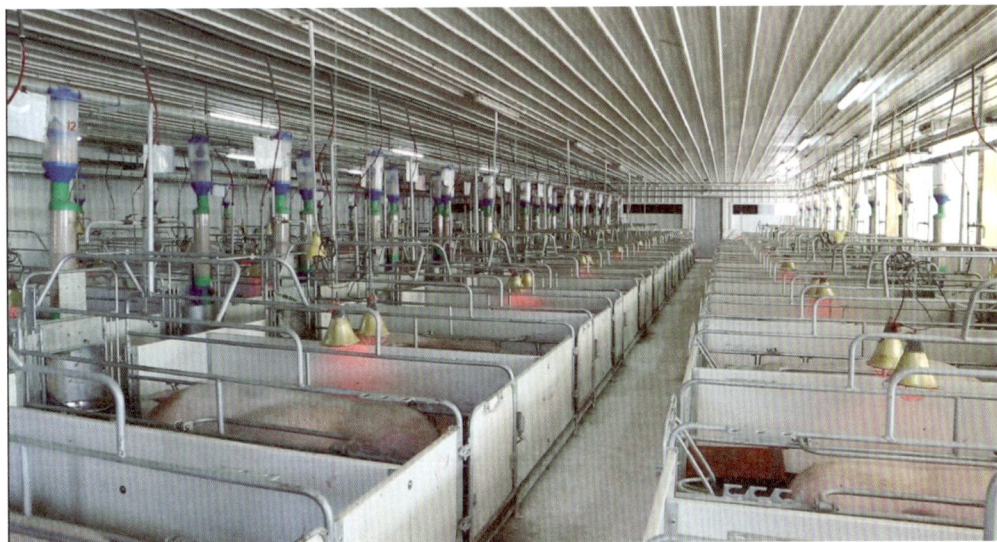

绿色循环工厂

的"双赢"。

一是"变废为宝"。将小麦深加工过程中所产生的"酒糟",通过饲料车间转化为液体蛋白饲料,全部用于生猪养殖;产生的液体废弃物通过厌氧处理,产出沼气,并进一步转化为"生物天然气",沼渣沼液通过有机肥车间加工成液体肥料,全部用于小麦基地培肥。

二是"高效节能"。为实现物料的网络化管道密闭输送,企业铺设了多条地下管线,实现了液体蛋白饲料、液体肥料等在生产基地、养殖场以及种植基地的输送,全面实现了液体饲喂、液态灌溉,这种模式成本低、效率高,大大地节约了运输费用。

三是"吃干榨尽"。养殖产生的粪污再次通过发酵产生沼气,沼气转化为蒸汽,为养殖和深加工提供热能;沼渣、沼液发酵为有机肥料,直接输送到小麦种植基地,既大幅提高了经济效益,也解决了加工、养殖过程中的"污染问题"。

四是"闭合循环"。通过产业门类的延伸和新产品的丰富,公司已形成了小麦育种→订单推广种植→收购储存→小麦初加工→深加工→生产废弃物→饲料→生猪养殖→肉制品深加工→冷链物流→有机肥→小麦种植的农牧产业循环,实现了现代种植业、养殖业、加工业等多种产业的深度融合。

三、科技兴农,提质增效——以"科技引擎"驱动"高效农业"

走科技兴农道路,既是在经济发展新常态下开拓农业发展空间的大势所趋,也是中裕实施集约经营、提升竞争力的自身需求。多年来,中裕坚定不移地走"科技驱动"之路,依托企业人才战略、"产学研"融合创新,形成了七大"科技驱动"体系:科技创新管理体系、种子研发体系、农技推广体系、智能化升级体系、信息化应用体系、废弃物综合利用体系、产品升级研发体系。

一是优化创新管理,激发团队活力。以优化科技创新管理为抓手,推动落实"科技兴农"战略。一方面以容错、奖励机制，激励科技创新，营造浓厚的创新氛围；另一方面积极推进研发平台建设，以平台引人才，以平台担项目。公司建立了国家级小麦加工专业分中心，省级企业技术中心、优质小麦育种与资源化综合利用工程实验室、优质小麦育种技术企业重点实验室等多个科技创新平台，先后承担完成了渤海粮仓科技示范工程、国家科技富民强县专项计划、山东省自主创新专项项目等多项科技项目。

面条生产车间

　　二是产学研一体化，推动良种研发。科技兴农，良种为先。良种是农业基本生产资料，是增产增收最关键的因素。中裕紧紧抓住这一点，深入推进"产学研一体化"，大力发展育种科研，先后与中国农业大学、中国农业科学院、山东农业大学、山东农业科学院、以色列凯伊玛公司、中国航天科技集团公司航天育种研究中心等科研机构合作，组建了3个育种团队，并在山东、海南建设了总面积6.5万亩的良种研发繁育基地，利用不同生态区多点鉴定和同一地点创造不同生态环境进行育种材料鉴定筛选；重点进行北方小麦抗赤霉病改良和南方小麦抗冻性改良，培育适合黄河三角洲地区推广种植的优质中低筋小麦新品种。公司自育品种有裕田麦 119、裕田麦 15-2、裕田麦 126、裕田麦 127 等良种。抗盐碱、耐瘠薄、高产优质强筋小麦裕田麦 119，已完成国家黄淮海北片二年的区域试验。此外，还引进师栾 02-1、山农 20 等产量高、品质好的小麦品种在基地推广。

三是坚持智能升级，建设高效农业。中裕对生产线智能化升级、废弃物创新再利用、产品升级研发常抓不懈，依托自有专业技改科研队伍，不断加强生产工艺技术革新，仅 2015 年就实施技改 36 项，挖潜增收 2000 多万元。公司成立了 2 个食品研发中心，一个是专注于面粉、面条的研发中心；另一个是以市场为导向成立的高端食品研发中心，目前企业已研发出速冻面团、速冻水饺、馄饨、馅饼等速冻系列产品和面包、蛋糕等烘焙产品。

四、调整结构，促农致富——带动 35 万农户实现"种粮增收"

中裕紧抓产业链条的两端，既服务好粮农，又服务好消费。一方面以优质的产品满足消费需求，保障民众的食品安全，同时将"服务消费"过程中获取的利润向粮农反哺；另一方面通过土地流转和基地建设，实现规模化、标准化种植；通过耕地质量改造，发展绿色有机农业；通过良种研发繁育以及订单种植、成立农业合作社，推动优质小麦产业化；通过推广应用智能机械和现代农业技术，提升生产效率，降低劳动力成本，促进农民转型就业，带动订单农户的家庭增收。据不完全统计，仅公司在基地的良种增产和"三免一加"的优惠政策（免费供种、免费播种、免费收割、加价收购），就可使农户每亩小麦每年增加 340 元收入，按基地惠及 35 万农户计算，将带动农民增加收入 5.1 亿元。

加强产业链一体化协同
夯实城市粮油供应底板

上海良友（集团）有限公司

1998 年 8 月，上海市政府以原上海市粮食局所属企业为基础组建了上海良友（集团）有限公司，承担上海粮油市场"保供稳价"和国有资产"保值增值"两项职责。2015 年，良友集团先后与光明食品集团、光明米业集团实施联合重组，初步构建成"产收储加销"全产业链一体化经营模式。近年来，围绕"上海特大城市居民粮油供应底板"的使命，集团以"提质增效"为主线，着力推进产业链一体化协同，产业经济发展质量明显改善，城市粮食安全保障能力显著提升。

一、以深化改革激发产业活力

（一）深化联合重组。与光明食品集团联合重组后，良友集团产业链扩展至上游粮食种植以及下游饲料加工，形成了"产、收、储、加、销"一体化的全产业链经营模式。

（二）推进资源集聚。整合油脂业务资源组建良友油脂集团，整合物流仓储业务组建良友物流集团，整合面粉业务形成面粉专业板块，并将大米业务全部整合到光明米业集团。通过资源整合集聚，形成现代农业、仓储物流、粮油加工、贸易零售四大核心业务板块和相应的专业化公司，全产业链竞争优势得到显著增强。

（三）改革薪酬激励。重点推进企业经营者任期制、契约化、分类考核，增强收入与经济效益和创新转型的联动，2016年集团在岗职工平均薪酬突破10万元，连续三年平均增幅超过10%，大大提高了干部职工的主动性和积极性。

二、以储备业务带动产业扩展

（一）通过粮源基地建设带动产业跨区域扩展。在上海崇明和江苏大丰拥有14万亩粮食自种基地，通过控股、产销合作等方式建成东北、苏北、安徽三个收储基地，通过市场化并购重组在上海金山、上海奉贤、江苏大丰等地建成一批储备基地。同时，发挥农业生产专业化优势，为周边农户提供种植和收购服务，引导土地流转，加强农产品安全教育，促进当地农业发展和农民增收。

（二）通过产业协同促进集团整体效益最大化。在严格遵守国家和

邬桥仓库

地方管理规范的基础上，加大对自有种植基地优质粮源收储，与上海市有关农业单位开展水稻优质优价合作，加强储备与粮油加工以及饲料加工的规范、有效、可持续协同。

三、以融合协同提升产业价值

（一）通过全产业链一体化布局，打造产业集群。通过产业集群的方式，降低物流成本、提升竞争优势、提高协同效益，重点产业集群主要包括：上海外高桥粮食物流园区、上海奉贤双凤储备园区、上海邬桥储备物流基地、江苏大丰港园区和光明江苏粮食科技产业园。上海外高

上海外高桥粮食物流园区

桥粮食物流园区占地超过 1000 亩，以粮油农产品集散交易为主，并配套集装箱查验等服务功能，园区年吞吐量达到 300 万吨，葵油等高品质油脂吞吐量达到 55 万吨；上海奉贤双凤储备园区，占地 300 亩，建成以稻谷储备为主，兼具大米和面粉加工的综合储备基地；上海邬桥储备物流基地，占地 505 亩，打造以储备为主兼具第三方物流中转服务功能的综合储备基地；江苏大丰港园区，占地约 400 亩，打造上海域外粮食储备

加工和物流中转园区；光明江苏粮食科技产业园，占地 800 多亩，打造以大米加工、饲料加工和粮食仓储为主的开放式产业园区。

（二）通过全产业链一体化协同，树立品牌标杆。利用种植基地，打造高端大米、面粉、食用油等产品的定制化原料基地，每年定期组织食品节、丰收节以及新粮上市等重大营销活动，培育忠诚客户，提升品牌影响力。

集团目前拥有中华老字号 3 个：福新、海狮、三添；上海老字号 1 个：乐惠；中国驰名商标 1 个：槐祥；上海市著名商标 12 个：三添、福新、海狮、乐惠、友益、味都、良友便利、雪雀、瀛丰五斗、海丰、自然之子、光明米业；上海市名牌产品 7 个：海狮、玉兰、三添、自然之子大米、自然之子稻麦种子、瀛丰五斗、乐惠；国家级农业产业龙头企业 4 家：良友集团、光明米业集团、绿都集团、安徽槐祥集团；上海市农业产业龙头企业 6 家：海丰米业公司、长江农业公司、福新面粉公司、乐惠米业公司、光明饲料公司、米业国贸公司。

根据《上海商情》统计，2016 年集团小包装产品在上海商超渠道的市场占有率较高，其中光明和乐惠大米合计占 62.6%，稳居第一；海狮食用油占 20.3%，排名第二；三添芝麻油占 48.3%，排名第一；雪雀专用面粉占 16.8%，排名第二；味都挂面占 10.1%，排名第三。

（三）通过全产业链一体化融合，探索模式创新。推进产融结合平台创新，利用上海粮食交易中心平台资源，发挥集团的资金优势，在储备粮轮换和仓储物流环节为客户提供融资和信息服务，实现粮食仓储、物流中转、粮食贸易等业务的联动，探索打造商品流、资金流、信息流的一站式集成服务平台。推进一二三产业融合创新，积极、主动融入崇明世界级生态岛建设，在崇明的粮食自种基地，建设集农业种植、观光旅游、粮油加工体验、休闲生活等于一体的瀛丰五斗现代农业体验园，探索农业旅游产业的同时，促进中高端大米品牌推广。

四、以结构调整拓展产业空间

（一）推进技术改造。全面实施大米、面粉、食用油加工的技术改造和工艺升级，以提高加工效率、降低加工成本、提升产品品质。

（二）调整产品结构。在保障供应的基础上，着力推广瀛丰五斗高端米和地产中高端大米，推广葵花油、菜籽油、非转基因大豆油，围绕重点行业客户需求扩大中高端面粉和专用粉销售。

（三）加强产业协同。依托自有粮食种植基地，打造卡夫等国际知名企业面粉中高端原料小麦定制化种植基地，以及优质高端大米和菜籽油原料种植基地，促进加工企业的品牌和形象提升。

（四）发展农牧产业。组建良友饲料集团，聚焦水产和畜禽饲料等高毛利产品，并逐步向下游生猪养殖环节延伸，在提高粮食转化率的同时，促进面粉、油脂等粮油加工企业副产品的销售。

五、以渠道升级开拓产业市场

（一）发展粮食交易平台。在做好市级储备竞价交易的同时，实现上海区级储备交易 100% 覆盖，并积极开拓农产品交易，平台年交易量突破 100 万吨，促进了集团内部企业和外部企业的有效对接。

（二）完善零售供应网络。聚焦商超、电商、团购和经销商等核心渠道建设。依托上海市内 400 多家良友便利店和粮油平价店，推广集团自有粮油产品，为大型企业和政府机关等客户提供配销服务，提高市场供应能力的同时，提升品牌影响力。

（三）推进军民融合发展。与武警上海总队建立战略合作关系，将军粮供应品类由粮油扩展至牛奶、蔬菜等其他农产品以及日用品，保障军粮供应的同时，有效地促进了军民融合发展。

六、以科技创新驱动产业发展

（一）加大科技投入。重视科技创新的驱动引领作用，每年将营业收入的 0.5% 用于科技创新，目前拥有科技人员近 500 名，2 个上海市级技术中心，完成多项政府委托的重大科技项目和标准制定任务。

（二）加强科技合作。与上海交通大学、上海农业科学院、河南工业大学、扬州大学等科研机构和高校，建立了长期战略合作关系，在科技兴农、技术改造、人才培养等方面广泛合作，促进产业转型创新升级。

（三）产业链信息化。建成"粮油全产业链监管信息平台"，实现对集团资金流、实物流和信息流的全过程、智能化实时监管。

（四）发展粮油检测。服务客户从集团内部扩展至外部企业和政府部门，检测领域由粮油扩展至肉及肉制品、水产及水产制品，增强全产业链质量保障的同时，为打造权威食品检测机构奠定基础。

打造绿色生态粮食全产业链

福娃集团有限公司

福娃集团有限公司（以下简称"福娃集团"）成立于 1993 年 6 月，是以粮食精深加工为主的大型龙头企业，位于湖北省荆州市监利县。近年来，福娃集团紧紧围绕稻米全产业链战略，坚持走产业化发展之路，做大第一产业、做强第二产业、做活第三产业，逐步形成多产业融合协调发展的"福娃模式"。

一、紧紧围绕市场需求，着力打造"米""虾"优势产业

福娃集团准确把握消费升级的时代脉搏，大力推行"稻田综合种养模式"，突出绿色生态，生产出品质较好的虾香米、小龙虾。公司通过土地流转建基地，扩大稻虾共育面积，已达 3 万亩，年产值 1.5 亿元，每亩平均纯收入达 3000 元，辐射周边 13 个村，近万农户。

二、积极开发生态农业，努力实现"五型"发展

自 2013 年年底开始，公司稳步推进土地流转，创新生态农业模式，着力推动"五型"发展。

一是生态友好型。福娃集团高举"生态牌"，与科研单位协作，抓好

福娃集团有限公司全景

水源地及单个种养殖基地的水质监测，争取环保部门支持，确保生活污水达标排放。按照稻田综合种养技术规范，建设"生态、优质、特色、高效"的种养殖基地，实现了秸秆综合利用，提高了现代农业的可持续发展水平。

二是科技支撑型。为了实现"全国两水全产业链的领军企业"目标，福娃集团和华中农业大学、武汉轻工大学、中国科学院水生生物研究所、省农业科学院和长江大学等高校院所建立了产学研一体化战略合作关系，并得到湖北省水产技术推广总站挂牌支持。

三是专业主导型。福娃集团稻虾生态农业基地，从稻田改造、排灌系统布局、水稻种植和小龙虾养殖技术规范制定等每一个环节，都着眼"专业"二字。福娃集团承担并整合国土土地整治龙头企业自建试点、农业部中央财政现代农业发展专项和农业综合开发新型经营主体试点等项目资金，在监利县投资8900万元连片整治土地4.4万亩，建成3万亩高标准稻虾共育基地和800亩小龙虾优质种苗繁育及研发中心。"十三五"期间，力争建成国家级稻田综合种养现代化、信息化管理示范基地。

四是质量吸引型。福娃集团在拥有全国稻米精深加工的知名品牌、全国稻米全产业链的领军企业的基础上，严控产品质量，确保每一批次稻虾基地产品优质。

五是品牌领军型。福娃大米先后获得"中国名牌产品""中国驰名商标"，市场占有率和产品知名度有了很大提高。福娃集团还积极参与湖北"放心粮油"市场体系建设，支持打造"荆楚大地"公共品牌。为进一步发展稻田综合种养产业，公司又注册"福娃龙庆湖"商标，专营小龙虾活体销售，并成立了福娃龙庆湖生态农业公司和龙庆湖小龙虾交易中心，后期将基地的螃蟹、泥鳅、鳝鱼、藕带、莲藕等水产品及水生蔬菜都拿到这个平台上交易，进一步扩大在全国的影响。

三、不断强化利益联结，促进多产业多方面融合共赢

福娃集团以市场需求为导向，以完善利益联结机制为核心，以制度、技术、商业模式创新为动力，着力构建现代农业与二三产业交叉融合的产业新格局。

一是打造稻米全产业链，促进农业增效农民增收。福娃集团通过与乡镇签订粮食订单生产合同及有偿流转农户土地，已建设优质粮食生产基地 135 万亩，实行规模化、标准化生产。不断加大对生产基地的投入，努力改善农业基础设施和生产条件，三年来累计投入资金近 2 亿元，提高粮食生产能力 3 亿多斤。大力种植优质稻，优质优价收购，带动监利及周边农户年均增收约 1.4 亿元。在逐步提高农户流转土地租金的同时，按每年 20 元 / 亩的标准，给予粮食生产基地所在地村级组织协调费，每村每年获得资金 6 万元以上，对壮大村级集体经济，减少向农民收款，具有重要的现实意义。

二是做强粮食精深加工项目，助推新型城镇化建设发展。福娃集团积极推进精深加工产业升级，努力把稻米加工微利产业做成利润丰厚、产业延伸、前景广阔的大产业。为实现这一目标，公司投资 10 亿元先后新建了食品三厂、四厂、五厂、六厂和黑龙江省虎林 (福娃) 产业园。2016 年，福娃集团共加工转化粮食 181 万吨，生产大米 99.9 万吨、糙米系列食品和饮料 26 万吨。通过不断强化项目建设，不仅推动了城镇配套功能的完善和周边环境的改善，而且安置农村剩余劳动力和下岗工人近 3000 人，很大程度缓解了地方就业压力，同时也带动了房地产、建材、

餐饮、娱乐等第三产业的发展。

　　三是打造提升网络平台，大力发展信息服务业。福娃集团以 IT（互联网技术）网络为平台，向农业物联网领域延伸，在稻虾共育生态农业基地建立了农业物联网系统。通过实时监控系统、虫情预报系统、气象预报系统、环境监测系统的作业流程采集信息，分析处理，建立了一套科学、可控、程序化的数据库，指导基地周边农户科学种养，增加收入。利用现有稻米精深加工产品销售网络和平台，扩大水产品系列加工品和休闲风味食品的

食品生产线

销售。通过福娃电子商务平台，实现福娃优质精品大米、糙米系列食品线上线下的融合发展，2016 年电子商务销售额突破 3000 万元。

　　四是积极参与精准扶贫，尽力承担社会责任。福娃集团优先安排贫困户到工厂、基地务工；与县扶贫办合作，免费提供厂房屋顶，实施光伏发电项目，让周边 11 个村每村每年从项目中得到 5 万元的回报。对于集体经济薄弱的村，在修路、建设党员群众活动服务中心等方面，公司无偿资助 5 万～ 10 万元的资金，把精准扶贫工作落到实处。

以战略为引领　以创新促转型

湖南粮食集团有限责任公司

湖南粮食集团（以下简称"集团"）是经湖南省政府批准，整合有关优势资源成立的国有大型综合性粮食企业。近年来，集团按照"大粮食、大品牌、大市场、大物流、大金融"的发展思路，着力推动"国际化、专业化、资本化"的战略布局，以提升粮食产业发展水平为目标，大力实施创新驱动战略，不断优化产品结构，强力开拓市场，完善粮油全产业链，提升产业升级发展新动力，致力打造最具品牌影响力和核心竞争力的世界级食品投资控股集团。围绕"一核带动、双轮驱动、三力联动、四业推动"的主要目标和思路，着力构建"一链四业多园区"的产业格局，促进企业转型升级、创新发展。

一、聚焦科技创新"核心带动"

集团非常重视科技创新对企业发展的核心促进作用，立足供给侧结构性改革抓产业化发展，围绕主食产业化发展，加快粮油及精深加工领域技术研究，加快加工技术与装备的研发，培育集团核心竞争能力。一方面，联合国家粮食局科学研究院、中南林业科技大学等科研院所，整合国内粮油行业顶级优秀技术及人才资源，成立了中南粮油食品科技研究院有限公司，加快科技成果落地转化，加强成果运用，助力集团各产

现代化大米生产线

业领域提质发展。近 3 年来申请专利 72 项，授权 35 项，1 项获国家科技进步二等奖，3 项获湖南省科技进步一等奖。

二、着力实体经营与资本运营"双轮驱动"

集团坚持将粮食收储作为主业，在整合旗下各收储板块、完善粮食收储体系、提高市场调控能力的同时，积极发展米、面、油、奶、休闲食品等精深加工，打造知名品牌，全面拓宽产业格局。在此基础上，集团依托主业，深入挖掘辅业潜能，通过增资湖南万华生态板业有限公司、建设长沙鲜禽冷链物流中心等，实现由单一粮食收储向综合性粮油企业发展的转变。在推动实体经营的同时，集团加大融资力度，谋划资本运作，成功控股中国粮食第一股——金健米业，筹划非公开发行不超过 6.1 亿元股票，为集中优势资源发展粮油食品核心产业奠定良好基础。此外，集团还发行了规模近 30 亿元的企业债、私募债、中期票据、永续债等，为支撑重大项目建设、抢占市场先机提供了雄厚的资金支持；当前，集团还参股了汉寿农村商业银行、长沙银行，长沙农村商业银行等金融机构，成立了专门的投资公司，与申万宏源合作成立申万宏源—湘粮产业投资基金，首期规模拟定10亿元，为企业提供长期股本支持和经营管理服务，提高融资能力与财务管理水平，实现了实体与资本的协同发展，为集团不断做大做强提供了助力。

三、强化文化引领力、人才支撑力、机制保障力"三力联动"

集团注重用文化的力量引领企业发展，坚持以人为本、多措并举，提炼了以"领先，永不停步"为核心的文化理念，"产业脊梁、品牌先锋"的企业使命深入人心，雄厚的文化软实力为企业发展提供了坚实支撑。与此同时，集团着眼长远发展需要，创新人才引进培养机制，以"引进外部职业经理人、内部人才职业经理化"为方向，一方面，加快人才专业化、市场化、职业化进程，引进外部职业经理人队伍，为企业发展增添新鲜血液；另一方面，建设集团后备人才梯队，强化导师、内部培训师等机制，使各类人才各尽其能、各展其长，全面激活人才的发展潜力与创造力。此外，集团加快体制机制改革步伐，组建了产权明晰、管控有力的法人治理结构；着力转方式调结构，深入推进企业改革改制，建立与企业发展相适应的组织结构、薪酬模式、绩效考核、风险管控等机制，通过文化引领力、人才支撑力、机制保障力"三力联动"，为促进企业持续、快速、健康发展打下坚实的基础。

四、坚持粮食产业、食品工业、生态农业、现代服务业"四业推动"

（一）做优做强粮食产业。通过资本控股或参股等形式整合优质资源，加强对省内重点产粮区的网络布局，利用国家"危仓老库"维修改造契机，总投资4亿多元对各收储库点进行维修改造、功能提升与改扩建，构建了以长沙为中心、环洞庭湖区为重点、范围覆盖全省的收储网络布局；同时，跨区域布局，跨市场经营，跨体制合作，以收购金山粮油、金牛米业、银光粮油、华龙粮油等区域重点粮油企业为依托，全面增强粮源把控能力，夯实主业发展基础。

（二）大力发展食品工业。收购裕湘面业，成立茶油公司，组建种业公司，以市场为导向、品牌为龙头，发展壮大米、面、油、奶等产业，全面延伸粮油全产业链；与全国 50 强饲料企业合作，建成年产 60 万吨规模的饲料加工生产线，促进畜牧业发展，带动周边就业与农民增收；选址宁乡建设粮油食品加工园，依托集团全产业链优势，发展粮油精深

现代化挂面生产线

加工，培育核心竞争力，打造湖南优质粮油精深加工的集聚平台；建设益阳兰溪粮食产业园，利用洞庭湖地区丰富的粮食资源，建设全国稻米加工生态综合高效利用的产业示范基地，助力集团产业转型升级发展。

（三）生态农业辅助支撑。按照"农业＋旅游"的理念，整合优质

生态资源、农业资源和红色旅游资源，以现代管理手段，以传统农业为依托，重点开发韶山银田现代农业综合示范区项目，致力于粮食资源开发和综合利用；成立天天农博，携手金鹰卡通打造集文化教育、生态体验、互动亲子娱乐等功能于一体的主题生态公园——哪鹅农趣园，为集团可持续发展增添强劲动力。

（四）着力提升现代服务业。建设4.4千米铁路专线、6个2000吨级泊位，在50多万吨仓容基础上，全力打造占地近1700亩、公铁水无缝化对接的湖南金霞现代粮食物流中心，构建期货与现货交易并举、线上与线下平行的运营模式，全面夯实粮食及其他物流基础；投资20亿元建设湘粮国际粮油水产交易中心，聚焦粮油、副食、农副产品、地方名优特产、海鲜干货、高端淡水水产品及餐饮体验店等行业实力商家，全面服务年消费需求量达千亿元的民生市场。

通过粮食产业、食品工业、生态农业、现代服务业"四业推动"，为企业创新转型发展提供全新动力。

坚定不移地打造"百年苏粮"

江苏省粮食集团有限责任公司

　　江苏省粮食集团有限责任公司（以下简称"苏粮集团"）是江苏最大的国有粮食流通企业。近年来，苏粮集团坚定粮油主业不动摇，坚持向改革要动力要活力，全力做好资源"整合"、强强"联合"、多元"混合"和发展"融合"四篇文章，不断推进粮食产业转型升级，呈现持续稳健发展的良好势头。目前，苏粮集团年销售收入超 50 亿元，年利润近亿元。

一、做好"整合"文章，整固产业链，提升产业发展原动力

　　苏粮集团结合企业实际，深入做好产业链整合文章。

　　一是整合"5+1"产业链。为解决下属企业的经营业态"同质化"问题，苏粮集团加大资源整合力度，夯实产业链条，增强企业核心竞争力，提出"突出粮油主业、突出专业化"方向，按照"5+1"产业链（粮油储备、粮油工业、粮油物流、粮油贸易、粮油期货和综合创收业务）整合内部企业，大力推动主营业务相同的板块重组，整合了集团物流板块、油脂板块、大米业务和储备粮油业务，产业集聚效应日益显现。特别是 2015 年，对所属江海公司张家港码头 8 个子公司进行整合，成立了张家港粮油产业

园公司，实行"一体化"经营，开展"一站式"服务，减少了部门"摩擦"，提高了管理效率和经济效益，公司年物流吞吐量突破700万吨，获评为"中国十佳粮食物流园""江苏省重点物流企业"，年油脂吞吐量位列全国港口单项第一。

张家港粮油产业园

二是整合粮油安全保供网。立足在"粮食安全省长责任制"中发挥生力军作用，集团公司不断优化产业布局和企业布局，大力推进苏南、苏中、苏北三大粮食产业基地建设，以产业基地为核心，整合周边储备、加工、物流等零散企业，以点带面，覆盖全省，初步形成了功能完善的粮油安全保供网络体系，提高了全省粮食安全保障能力。

三是补齐产业链短板。围绕产业经济发展，"十二五"以来，苏粮集团大力实施大项目带动战略，以大项目带动产业大发展，不断补齐产业链短板。截至2016年年底，投资建设大项目18个，总投资超过10亿元。其中，仓储项目6个、物流项目8个、粮食加工项目2个。通过大项目建设，集团公司的"5+1"产业链更加完善，粮食产业经济的发展更加健康，为服务全省粮食安全、提升企业经营效益，打下了坚实的基础。

二、做好"联合"文章，延伸产业链，提升产业发展竞争力

立足提升产业经济的运行质量，苏粮集团主动与优强企业、专业院所联合，延伸粮油产业链，共同开拓新市场，提升市场竞争力。

一是联合上下游企业。苏粮集团与拥有土地资源的种植企业联合，建立优质农业生产基地40万亩（已建成15万亩）；与省级民营农业产业化龙头企业联合，专注于优质农产品的营销推广等。

二是联合专业院所。坚持科研成果市场化、生态粮油产品规模化、优质粮油产品品牌化的发展方向，与南京财经大学合作，成立了研究生工作站，在科技、人才、产品等方面开展深入探索。发挥"中国好粮油"示范企业优势，依托扬州农业科学院在优质弱筋小麦等方面的育种优势，组建产业技术创新平台，改良种植原粮品种结构，建立产品质量检验监测中心，构建粮食标准研究验证测试和后评估体系。与省农业科学院相关专家合作，研发推广了适合本地种植的南粳46大米。与江南大学合作，组建小麦深加工研发中心，积极开发小包装高端粉、小麦胚芽等产品。

三是联合外资企业。抓住国家粮食安全新战略"适度进口"的契机，积极与外资或外向度高的粮油企业联合，针对我国油脂对外依存度高、进口量年年攀升的特点，利用张家港粮油产业公司的码头、仓储、工厂、土地等资源，与跨国粮企联合生产销售大豆、菜籽及其产品，满足城乡消费者的需要。

三、做好"混合"文章，夯实产业链，提升产业发展影响力

"十二五"以来，苏粮集团积极推进在收储环节选择与市县粮食企业"混合"，在加工环节与跨国粮商、有优势民企合作，在物流环节与央企、

三零面粉生产车间

外企等大粮企攀亲合作；在生产环节与省沿海集团合作，新组建的苏粮麦业公司、苏粮联合公司、江海仪征油脂公司、沿海农发公司、苏粮投资公司等，均是与不同所有制企业组建的混合制企业。2011年与行业内有实力的民营企业组建的苏粮麦业公司，目前累计实现主营业务收入20多亿元，实现利润近2500万元，人均年销售收入超过5000万元，人均年利润近100万元。通过发挥混合所有制的杠杆作用，苏粮集团年粮油经营量300多万吨，年加工能力近200万吨，进一步增强了国有经济活力、控制力、影响力和抗风险能力。

四、做好"融合"文章，聚力产业链，提升产业发展软实力

一是"融合"一二三产业发展。围绕江苏粮食供给"粮食数量多、

油脂数量少，一般粮油产品多、优质粮油产品数量少"现状，建设苏南、苏中、苏北三大粮油产业集群；专门成立公司展售优质粮油产品，年销售 15 万吨；与"中国好粮油"示范县泗洪县政府合作，发挥集团公司"中国好粮油"示范企业优势，共同打造集稻米生产、稻耕文化体验、旅游等为一体的"特色稻米小镇"；引导各下属企业建立示范基地 6 万亩，探索建立"粮食银行"，每年带动农民增收 1100 多万元。

二是"融合"主业与非主业资源。推动收储、加工、销售等粮油主业与期货对接，开展套期保值等业务，推动主业与非主业互融共促。仅 2016 年，苏粮集团期货证券业务就实现利润 2000 万元，完成油脂交易量 90 万吨，位列全国同行业企业前茅。

三是"融合"各种所有制。苏粮集团牢固确立"融"的发展理念，在决策上"充分民主，集思广益"，按章程约定决策，按照分工落实；在班子组成上实行"混合编队"，按照章程定数量，按照专长定岗位，按照市场化选配急需管理人员；在制度管理上依法依规，确保各方代表"行使权力"，确保股东会、董事会、经营层职责明确，正确履职；在人才引进和激励约束上，积极探索与市场接轨的管理方式；在日常管理工作中，班子成员以"融合"态度、以"合法合规合理"的原则处理各种问题，自觉自律、同心同德打造"命运共同体"，实现"1+1>2"。

主食产业化发展模式

从"粮"到"食"的转型升级

西安爱菊粮油工业集团

　　民以食为天，食以安为先。西安爱菊粮油工业集团（以下简称"爱菊集团"）坚持"日常时期保供应、危机时刻保应急"，秉承"政府引导、企业主体、市场化运作"的经营方针，从"粮"之道，行"良"之业，先后实施了"放心粮油""放心馒头""放心豆制品"三大惠民工程，在哈萨克斯坦筹建了"一带一路"放心粮食工程，实现了从"求生存"到"谋发展"的艰辛过渡，从"做粮"到"做食"的转型升级，从"初级加工"向"精深加工"的大步迈进，从"国内"走向"国际"的战略转换，从单一的面粉加工转变为集种植、加工、经营、连锁销售、物流配送等为一体的全产业链良性"生态圈"，走出了粮食企业创新发展的新路径，被誉为"爱菊模式"。

一、积极打造良性全产业链发展模式，实现产业融合发展

　　（一）实行"订单收购"，推广优质原料基地，确保原料安全放心。

爱菊集团高度重视原料质量。一是抓好国内种植基地建设。在陕西蓝田地区、河南西华地区建立优质小麦种植基地 8.5 万亩，在东北肇源地区建立优质水稻种植基地 10 万亩，在湖北、湖南地区推广建立油菜籽种植基地 20 万亩，从源头上保证原料安全放心。二是拓展海外种植基地建设。2015 年以来，爱菊集团在哈萨克斯坦签订 150 万亩优质油菜籽、小麦种植基地。2017 年拟在哈萨克斯坦组建新型农业合作社，由爱菊集团、西北农林科技大学、哈萨克斯坦国立大学、哈萨克斯坦赛福林农业技术大学、当地农场主、哈粮集团共同成立，实现从选种、育种、种植、灌溉到收割、收购一条龙运营，实行"订单收购"，推广种植优质油菜籽、小麦等，初期为 150 万亩，长期可达 500 万亩，确保粮油"数量"和"质量"安全，促进国内土地短期休耕 200 万亩、长期休耕 500 万亩。

爱菊集团哈萨克斯坦农业园区油脂加工项目启动仪式

（二）建设加工基地，购置先进生产线，确保产品安全放心。2012 年开始，爱菊集团在西安国际港务区新建爱菊粮食应急物流基地，占地 400 亩，引进瑞士布勒专用面粉生产线、日本佐竹专用大米生产线，购置国内先进的油脂精炼和灌装生产线，可日加工小麦 1000 吨、大米 400

吨、油脂 3000 吨，满足西安市面粉需求量的 65%、大米和油脂需求量的 100%。同时，在全国率先取缔面粉"增白剂、增筋剂"，取缔散装油和周转桶，推出一次性中包装油品，得到各界广泛欢迎。2016 年，爱菊集团在哈萨克斯坦建设年加工 30 万吨的油脂厂，2017 年在阿拉山口保税区建设年加工 10 万吨的面粉厂。拟在 3～5 年内实现境外规模种植、产地初加工、国内精加工，形成粮油产品从种到销的跨国产业链。

（三）开展直销宣传和体验活动，建设连锁网点，畅通销售渠道。爱菊集团自 1998 年开建连锁网点，现已发展近 1000 家，遍布陕西省主

爱菊厨房销售亭

要县市，配备 150 多辆专业配送车，为西北地区粮食行业规模最大的连锁网络。实施"电商"业务，推出爱菊厨房微信电商、爱菊商城，方便消费者网上购买粮油、熟食品、豆芽和豆制品、副食品、进口小食品等。

为加快网点建设，确保产品销售，爱菊集团采取"内外"结合的销售战略：一是"走出去"。全力推进放心粮油"六进"活动，即进农村、进高校、进超市、进餐饮、进军营、进社区。从 2009 年开始，爱菊集团分批展开直销宣传活动，覆盖了整个西安市区，周边如咸阳、户县等地以及渭南、富平、榆林等较远地区。开展直销 600 多次，爱菊集团参与直销 5000 多人次，受众消费者达 100 万人次，提升了爱菊的品牌知名度。二是"请进来"。免费邀请广大市民走进爱菊，体验放心产品加工工艺，感受政府放心工程。2014 年年底，爱菊集团举办了具有粮食特色的食品工业体验游 30 余次，宣扬"爱粮节粮"知识，参观人数 1000 多人，反响良好。2015 年，爱菊集团投资近 500 万元，在港务区基地和豆业基地建设爱菊展厅、粮食文化馆，邀请 11 万人走进爱菊，进一步扩大品牌知名度。2016 年、2017 年，爱菊集团实行"精准自助旅游"，主要面向企事业单位和家庭人群，初步统计超过 1 万人次。

二、大力实施主食产业化创新发展，实现从"粮"向"食"产业转型升级

　　爱菊集团在抓好"放心粮油工程"的基础上，深入实施"放心馒头""放心豆制品"工程，不断丰富主食品、豆制品品种。自主研发了国内单机产量最大、智能化大型馒头生产线，可日加工馒头 100 万个；爱菊集团投资 2000 多万元，研发出无添加剂的豆芽加工工艺，生产出"可生吃"的放心豆芽。目前有馒头、面条、烤饼、糕点、速冻食品等 60 多个品种，豆芽和豆制品 20 多个品种规格，基本可以满足市民家庭厨房日常需求。

三、启示

　　（一）创新了粮食企业产业经济的发展模式。通过"订单收购"模式，实现土地、技术、资本多种资源融合，联合打造出享誉业内外的爱菊品牌。爱菊品牌现已受到广大农户的欢迎，得到广大市民的肯定，成为陕西省著名品牌。

（二）发挥了龙头企业示范带动作用。创建原料种植基地，分别带动国内农户12000户、哈萨克斯坦农户约15000户，促进农户平均增收700～1000元，切实起到了龙头带动作用。

（三）体现了企业社会价值和责任担当。爱菊集团二级经销商近2000家，分布在长安、蓝田、临潼等西安周边县市，米脂、汉中、延安等陕西省主要县市以及甘肃天水等地，有效带动了大量农民就业，增加了收入。现有职工1045人，其中农民季节性临时用工年均52人，长期在岗的农民工140余人，季节性农民薪酬福利年均2.4万元（就业时间3～5个月），长期在岗农民工薪酬福利年均4.9万元，进一步增加了农民收入。

深耕拓展主食市场　多种产业融合发展

安徽青松食品有限公司

安徽青松食品有限公司成立于 2005 年 8 月，是一家专业从事集主食产品生产、研发、配送及销售为一体的综合型主食产业化龙头企业，年产值近 5 亿元。主要产品包括包子、馒头、面条、特色粥、蛋糕、面包、快餐等 100 多个鲜食主食品种，主要业务涉及城市早餐工程、大型连锁超市"主食专柜"、高校主食专柜、学生营养餐、社区老年餐、商务快餐、高铁冷链餐和净菜加工等。销售地域以省会合肥为中心，辐射华东区域，先后在合肥、淮南、六安、安庆等地建立独立中央工厂，同步辐射 150 千米半径的产品配送范围。已建成主食连锁专卖店 80 多家，大型连锁超市主食专柜近 200 多个，早餐网点 1500 多个，形成日供应 50 万份主食产品规模，是安徽最大的综合型主食供应基地，在全国主食加工领域具有一定的知名度。

一、不断提高主食工业化水平，深耕拓展主食市场

多年来，企业不断深入推进主食产品的工业化、规模化、标准化生产，不断拓展主食市场，实现社会化供应，全力保障市场主食消费需求。

（一）扩大主食中央工厂规模。企业充分发挥中央工厂的带动作用，已建及在建七个主食生产加工基地。2016 年，企业积极参与合肥市中小

学生营养餐项目，投资建成 3 万多平方米标准化快餐中央工厂，现已初步服务 100 多所中小学，未来一年可达到日供应 10 万份学生午餐、商务快餐的能力。2017 年，重点在合肥高新区建设高标准智能化学生营养餐与商务餐生产基地。建成后将实现年产学生午间餐 2000 万份、安全健康主食类产品 15000 吨、烘焙产品 4000 吨生产规模。

（二）提高信息化、智能化水平。引进国内外先进设备，打造标准化生产车间，提高主食生产工业化水平。同时，大力开展信息化、智能化建设，加速提升信息化水平，全面升级企业 ERP（企业资源计划）系统，依托机械科技研究所、用友、金蝶、航天云网、MS 信息化专业公司技术支持，建立行业平台，打造企业"互联网 + 主食"产业模式，实现企业绿色制造生产线、数字化车间、智能仓储与物流，实现生产销售可视、可控、可追溯。

全自动包子、馒头生产线

二、发展民生释放综合效应，促进多产业融合发展

主食企业的发展与三农建设息息相关。公司致力于早餐工程和主食产业化建设，致力于主食产品的工业化、规模化生产，通过发展民生商务和主食产业化建设促进多产业融合发展。

（一）促进面粉及养殖业规模化发展。对于生产需求量较大的原料如大豆、大米、蔬菜等，企业通过流转土地、标准化种植、与农户签订定向收购协议等方式组织生产和收购；或与知名供应商合作，指定优质面粉、肉类产地，定向供应生产，既保障了原料的质量，也带动了周边农村经济发展，促进了面粉及养殖业的规模化和城乡经济一体化发展。

（二）建立优质原辅料种植基地。采取基地流转、定向种植、保价收购等多种形式，建立农产品原料种植基地，为农民就近就业搭建平台，既促进了农民增收，又提升了原料品质，实现了企业和农民的双赢。

（三）培训带动农民就业。为了从源头上保障原辅料的品质，确保农民稳收、增收，企业积极联系相关专家，对农民开展专业培训和技术指导。根据实际用工需求，积极带动农民就业。在员工招聘上优先考虑当地农民，尤其是特殊困难户，解决其后顾之忧。

三、坚守食品安全责任不动摇，多管齐下筑牢安全防线

质量是食品企业的生命线，也是诠释食品企业工匠精神的最好体现。多年来，企业高度重视、持续强化质量管控工作，自觉践行食品企业社会责任，多管齐下筑牢食品安全防线。按照第三方标准建立检验检测实验室，全面升级食品安全检验检测能力建设。引进了美国安捷伦、日本岛津等仪器装备，积极建立食品安全追溯体系，对企业所有原辅材料、成品、半成品进行全程检测和在线数据管理，实现全程可追溯，提供有效预警，保障了全天候合格产品的有效供应。

四、激发创新活力，持续加大主食研发投入

企业紧紧结合主食市场发展趋势，超前谋划，在加强研发团队建设的同时，重视对外交流与合作，不断提高研发创新能力。先后与江南大学、南京农业大学、安徽农业大学、合肥工业大学、广西轻工业科学技术研究院、我国台湾谷物研究所、韩国檀国大学等国内外多所科研单位达成战略合作，强强联合持续创新，不断研发推出符合市场需求的主食需求

青松食品蛋糕生产线

品项,每季度推陈出新不低于10个主食品项。目前,企业已拥有包括包子、馒头、面条、特色粥、蛋糕、面包、快餐等在内的100多个品种鲜食主食。在研发创新的同时,企业积极申报各项发明专利、外观设计等各项专利,目前已累计申报成功并下发专利证书的成果共123项,其中发明专利22项,其他各项专利101项。

实现主食产业化全系统创新

河南兴泰科技实业有限公司

　　河南兴泰科技实业有限公司（以下简称"公司"）成立于1991年，位于河南省国家高新技术产业开发区。公司从成立起就致力于主食产业化的理论研究和推进探索，以科技为先导、以创新为己任，大力开展面制主食全产业链的基础理论研究、科研开发、产业化示范及推广，推动主食产业化和粮油精深加工较快发展。

一、重视基础科研，深植产业发展根基

　　基础研究不足是我国主食行业科技的短板。没有基础科研成果的支持，应用科研就会成为无源之水、无本之木。公司以谷物化学研究为主体，对小麦、面粉、面团和面制食品持续进行了20余年基础研究，建立了涵盖小麦、面粉、面团对应关系的小麦应用数据库。2001年，公司制定主食产业化战略后，开发出一系列主食现代化工艺技术，牵头起草我国第一个面制食品国家标准——《小麦粉馒头》，为产业规范发展奠定了基础。应用低温蒸汽、亚纳米涂层、仿生技术等前沿学科技术，研制出智能化仿生馒头生产线。该生产线是目前国内外第一条可替代传统手工工艺的主食馒头生产线，突破了机制馒头优质化的装备瓶颈。目前第5代设备已完成研发，达到国际领先水平。

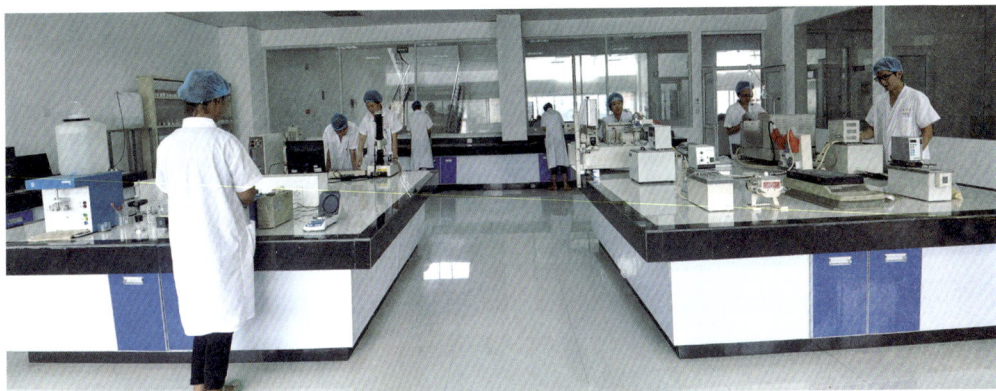

主食工程中心面粉测试实验室

近年来，公司以基础科研为根基，以应用科技为方向，不断围绕主食产业发展所需的基础、共性、关键技术研发，建立了面制食品国家地方联合工程研究中心等1个国家级科研平台、2个省级科研平台，先后主持和参与了国家科技支撑计划、河南省重大科技专项等20余国家和省部级的研发及示范项目，形成了70余项国家专利技术成果。

二、实现系统创新，构建项目优化运作体系

只有依靠从原料到产品、从生产到销售的全方位、全系统的创新成果支持，才能实现项目增效产业提升。在基础科研和应用科研成果的支撑下，公司投资9000多万元建立了一个覆盖全产业链、全系统的运作支撑体系，包括产业理论研究体系、原料研究体系、工艺研究及应用体系、装备研究及加工体系、市场体验及感应体系、工厂设计及安装调试体系、培训体系、模式探索及示范体系、项目调研及评估体系、项目推广体系、产品营销辅导体系11个板块，集成了公司20多年主食产业化技术成果和市场经验，是未来主食产业化项目建设、生产和持续发展的基础和保障。

三、打造先进模式，推进主食科技成果转化

科技成果转化与产业需求不能有效衔接，是制约粮食加工及主食产业发展的瓶颈之一。科技企业的技术优势只有转化为市场优势、产业优势，

才能推进企业发展、服务产业进步、惠及民生福祉。公司紧跟消费趋势、紧贴市场需求，打通了"实验室—车间—市场"的成果转化渠道。

一是积极利用行业组织的力量，推动成立河南省面制主食产业技术创新战略联盟、全国面制主食产业技术创新战略联盟，构建了以企业为主体、市场为导向、产学研相结合的面制主食产业技术创新和推广体系。针对企业需求不定期交流科研开发和成果推广，取得了良好效果。

二是在加强科研、标准、装备体系建设的同时，积极探索现代主食产品的商业化运作和市场化推广模式。与国内知名的融资租赁公司合作，将现代金融引入主食产业化项目的推广中。针对不同需求，形成了融资租赁、分期付款、参股合作等方案。融资租赁模式中，投资者先支付20%～30%的设备首付款便可得到全套生产设备，3年内按期还款即可。分期付款模式中，投资者首期支付50%的设备款，之后按月或按产销量支付剩余的设备款。如果出现经营不善或转产，设备可退回，拿回首付款。

智能化生产车间

不仅解决了中小主食企业经营顾虑，为经营者提供了不可替代的、全方位的技术和市场营销服务，更解除了投资者在产品开发、原料选择、质量控制、产品销售等方面的后顾之忧。降低了企业成本，减少了筛选检测、产品开发设计、销售渠道策划、管理模块引入等费用，确保项目短期建成、快速赢利、及时获益、持续发展。

这种模式通过金融手段捆绑优势产品，延伸了装备和技术的价值，以技术为基点，把产品、服务和资金结合在一起，提供有竞争力的整体解决方案，使公司与经营者形成了利益共同体。

打造中式快餐品牌　服务供应安全

山东金德利集团

作为"放心粮油工程"和"居民厨房工程"的践行者，山东金德利集团坚持"以放心粮油塑造企业形象，用服务民生推动产业发展"，加快推进产业升级和经营模式转变，企业规模快速扩大，企业管理日趋规范，企业效益不断提升，成为粮食部门服务民生消费、保障供应安全的生力军。2016 年，企业资产 5 亿元，销售收入 4 亿元，建成网点 200 余家，日服务市民百姓 30 万人，解决就业人数 4000 余人。

一、推进便民服务，打造中式快餐品牌

大力推进"放心粮油工程""居民厨房工程"等建设，努力做到让政府放心、让百姓满意。一是市场定位"便民"。按照"盯住居民盘中餐，服务市民三顿饭"服务理念，立足早餐，做好午餐，扩大晚餐，以社区百姓、工薪阶层需求为标准，积极适应市民消费变化、生活方式和家务劳动社会化需求。二是市场延伸"辐射"。立足济南，实现市区、城郊和各县区的全面覆盖。面向全省，在外地网点实施分公司管理，建立当地中央厨房，就地加工配送。2013—2017 年，年均新建"放心粮油"网点 30 家以上、改造网点 20 家以上。三是市场经营"多元"。先后与大润发等零售大企业合作开设超市经营网点 20 余个，在统一银座 114 家 24 小时店

设专柜，与百度、饿了么等快餐平台合作开展送餐业务，并成为数十家机关、团体、写字楼主要快餐供应企业。

二、加强全程管控，建好生产安全供应安全保障线

坚持"品质为金，诚信为德，惠利于民"的经营理念，把生产供应安全作为企业的命脉，不断加强制度建设，促进企业管理规范化、生产经营标准化。一是实行绩效考核工作机制。收入与绩效直接挂钩，提高员工的执行力和积极性。二是规范化工作机制。制定《金德利运营管理手册》，细化每个连锁网点、每个部门的工作规范，确保每个岗位、每

便民服务餐厅

项工作程序有章可循。三是建立标准化生产工作机制。制定日常生产销售的 164 种食品工艺质量标准，严格执行操作规程，确保产品品质、口味、营养和健康。四是实行原材料招投标阳光采购制度、索证索票制度。从米、面、油、肉、蛋、菜、调料等原材料到食品袋、餐巾纸，必须由集团公司严格招标统一采买，实现 100% 统一配送。五是落实食品检验检测制度。严格按照 ISO22000 食品安全认证体系和 QS 食品生产许可要求组织生产。自检、抽检、送检相结合，由监管部门出具正式检验报告。六是加强知识技能培训。通过制订培训手册、建立三级培训网络、开展专项培训与

日常培训等方式，强化队伍建设，提高员工服务能力。

三、坚持统筹规划引领，加快企业转型升级步伐

2015 年以来，金德利实施"三年改造提升计划"，开展主食产业化和应急加工项目建设，加速推进转型升级步伐。一是加快中央厨房、配送中心建设。配送公司、中央厨房是集食品研发、食品生产、物流配送和食品检验为一体的综合性基地。目前，金德利可实现日均 150 余吨的快餐食品配送，50 余台配送车辆每天往返于 4 家中央厨房、1 家配送公司和 200 余家快餐店之间，配送品种近百个，配送和生产能力不仅满足快餐连锁店的配送需要，还承担社会网点、院校食堂的团膳、送餐任务。同时，适应消费升级需求，公司投资 300 多万元建成米饭流水生产线、投资 200 多万元面食生产线，具备日生产 3 万份营养套餐的能力，成为济南市大型团膳主要供应商。二是积极推进食品产业园建设。2016 年，

金德利民快餐店

金德利上马济南食品产业园项目。秉承"国内领先、设计一流、节约高效、产能适度"的建设理念，无论建设规模、生产能力、辐射范围，还是工艺流程、生产标准、管理理念，均体现了现代化中央厨房集约化、标准化、专业化、产业化特征。项目建成后，可为 300 家快餐网点提供成品、半成品的采购、加工、配送服务及产品研发，可实现日团膳送餐 5 万份；可日生产烘焙产品 10 万个、面食制品 10 万个。

以优质粮油保障区域粮食安全

天津利达粮油有限公司

天津利达粮油有限公司（以下简称"利达公司"）抓住京津冀协同发展机遇，主动适应传统储粮业务和产业结构的战略转型，全面加快产业结构调整，以提质增效为中心，以深化改革为动力，以强化管控为基础，大力发展优质粮油工程，确保天津区域粮食安全。

一、精益求精，以社会担当和技术实力保障市民舌尖上的安全

"利达"牌粮油产品作为天津名牌家喻户晓。多年来，利达公司坚持"安全、放心、健康"的原则，以追求过硬的产品质量为目标，以服务百姓、改善民生、履行社会职责为己任，实行原料采购、产品配方、生产工艺、质量监测、销售价格、产品标识、车辆配送、专卖服务"八统一"，让天津百姓不仅"吃得饱"，更要"吃得好、吃得健康"。

公司先后引进具有国际先进水平的意大利 GBS 和瑞士布勒面粉生产线，奠定了技术优势。2010 年，投资建成 4 条自动包装码垛生产线，包装自动套袋、自动缝口、机械手码垛，减少了用工成本和劳动强度，生产过程实现自动化零接触。2015 年投资建成全自动面粉小包装生产线，从灌装、封边、封口到机器人装箱，实现作业全自动化，进一步提高了

计量精度和封口密度，确保了食品安全。

二、形成标杆，打造放心食品的样板工程

　　利达公司通过多年实践探索和科技创新，自主研发了规模化、自动化馒头生产线，拥有两座现代化馒头生产车间、一座面条生产车间，程序全部实现自动化、数字化、全封闭运行，生产过程无污染、零接触，达到食品安全标准。利达主食大厨房规模日产放心馒头200万个，主食产品由初期单一的馒头发展为枣卷、糖三角、豆沙包、红果包、什锦包、

利达粮油主食生产线

玉米面饽饽、黑米面饽饽、全麦馒头、麦麸馒头等多个花色品种，把小馒头做成了惠民生的大产业，成为天津市放心食品的样板工程。

　　同时，在国内率先进行的"小麦精深加工自主创新技术研发项目"被列入国家星火计划，成为推进天津市面粉加工业由传统加工生产向现

利达粮油产业园区

代食品工业转变，由成熟行业向高成长行业转变的重要节点。领先的技术、可控的加工精度、可靠的质量，满足了保健类产品、高端食品企业和市民日常消费等不同消费需求。

三、加强管控，以合力增实力

摒弃多层级分权经营、行政协调陈旧管理模式，实施资源要素集并整合，设置总部和二级公司两级法人，推行贸易经营、资产管理、财务收支、人事安排、企业管理"五统一"集中管控，实现了国有资产运行质量的显著提升和经济效益的快速增长，建立起粮油加工、粮油储备、粮油贸易、综合物流、租赁服务五大主导产业。管控机制的形成有力助推了企业壮大发展、提升了市场竞争力。

创新驱动发展模式

创新驱动助转型　提质增效促发展

深圳市粮食集团有限公司

深圳市粮食集团有限公司（以下简称"深粮集团"）坚持新发展理念，坚持创新驱动、提质增效，积极运用互联网思维改造传统行业，推动商业模式转型，加速推进"百亿粮企、百年深粮"目标，实现有质量的可持续发展。

一、"做减法"聚焦主业，战略引领转型升级

2009 年，为解决竞争力弱、业务发展不稳定等问题，深粮集团以战略转型为引领，打造区域性最具竞争实力的粮食流通服务企业。在抓好粮食储备经营的同时，坚持市场导向，全面退出非核心高风险业务板块，聚焦粮油经营主业，不断挖掘转型发展潜力。在经历了 2009 年、2010 年阶段性营业收入收缩后，深粮集团迎来了企业转型发展的高速增长期。"十二五"期间，深粮集团实现利润总额 5.02 亿元，较"十一五"期间增长 4.26 亿元，增幅达 560%。"十三五"时期，深粮集团以"打造粮食供应链优质服务商"为战略目标，持续优化和创新粮油贸易加工、技术

服务和仓储物流、配送对接模式，夯实发展基础，凭借行之有效的商业模式和快速提升的运营能力，实现了经济效益和社会效益双丰收。2016年，深粮集团粮油购销量达770万吨，营业收入90.8亿元，同比增长126%，市场竞争力、调控力明显增强，粮油供应主渠道优势进一步稳固。2017年上半年实现营业收入54.91亿元，夯实了"百亿"目标基础；利润总额2.25亿元，同比增幅92.83%。

二、"做加法"持续创新，提质增效精准发力

（一）完善粮食供应链体系建设，加强产业集聚。2013年，深粮集团布局东莞粮食物流节点建设，项目落户中国粮油物流加工第一镇东莞市麻涌镇，占地700余亩，将建成为集粮油码头、中转储备、检测加工、配送保税、市场交易五大功能于一身的粮食流通服务综合体，充分发挥对东莞麻涌及周边粮油产业的集聚能力，吸引优势企业、先进技术、高

现代化物流设施

端人才和资金集中，成为华南地区粮食产业综合服务平台。

（二）推动品牌建设，巩固品牌核心竞争力。深粮集团以"质量"作为树立企业品牌的基石，不断革新技术、加强质量管控，提高服务水平，打造品牌的核心价值，巩固和提高"深粮"品牌在深圳的知名度，搭建"多喜米网"全国配送渠道，把品牌效应向全国扩大，提高产品的综合竞争力。通过"粮库开放日""粮食宣传日"等公益活动，邀请市民参观粮库，提高"深粮"品牌认知度。"质量保证、服务优良、保障民生"成为集团社会形象的精神内核，获得良好社会效应。

（三）运用信息化手段，保障产品供应安全。深粮集团以信息化为手段，深耕细分市场，持续完善"三位一体"粮油供应服务网络体系。一是深化粮油配送服务，打造连锁餐饮和万人食堂的一站式"厨房管家"。建立粮油产品配送服务订单平台，为180多家大型企事业单位、学校、医疗卫生机构、餐饮连锁企业提供厨房食品供应链服务，为客户提供专用粉定制服务。二是创新粮油电子商务，领跑"智能生活"。积极探索"线上＋线下"融合，陆续开发了微信商城、手机APP商城等，在深圳50多个社区推广以粮油自动售卖机为核心的社区粮站，实现24小时粮油产品供应。深粮"多喜米网"现已拥有20万个家庭用户。三是推动大宗贸易服务创新。以中国粮食交易网为基础平台，发展大宗贸易购销对接业务，并以仓单管理系统开发为突破口，进一步打造粮油大宗贸易的公共服务平台。

（四）应用"云"技术，创新落实"粮安工程"。深粮集团重点关注"北粮南运""食品安全追溯""应急保障调度"以及"公共信息平台建设"等领域，结合改革创新和自身转型发展需要，通过对云计算、大数据、移动互联网等高新技术的综合运用，研发了粮食物流信息系统（以下简称"深粮GLS"）、RFID（射频识别）粮食仓储物流管理系统、粮食仓储可视物流系统、广东省储备粮管理系统、深粮手机APP等30个信息系统，实现了对粮食全产业链各环节数据的有效采集、传输、管控、分析和展示，提升粮食仓储管理水平和粮油产品应急保障能力，强化粮情监测预警，

粮食堆砌作业

以信息技术成果的创新转化推进"粮安工程"建设。

（五）推进"优质粮食工程"建设，完善粮食质量安全管控体系。一是开展"中国好粮油"行动，大力加强与国内外优质粮源产区的对接合作，完善优质粮源保障体系，做好产销对接。扩展深加工能力，加大好粮油产品市场供应。目前深粮集团小麦加工能力10万吨，大米加工能力10万吨，小包装食用油生产能力1万吨。二是完善粮食质量安全检验监测体系，切实维护流通环节粮食质量安全。积极健全质量考核和责任追究机制，建立储备粮分级管理制度、质量总监制度等，构建起全面粮食质量安全管控体系。

（六）引入社会资本，推进混合所有制改革。2013年，深粮集团以东莞粮食物流节点为切入点，引入社会资本，合作成立东莞市深粮物流有限公司，投资建设物流节点，灵活有效的融资、管理模式加速了项目建设进展。2014 年和 2015 年，深粮集团相继与社会资本合作成立合资公司，推进粮油供应链建设。下一步将通过引入战略投资者和资金管理经验，进一步完善企业法人治理结构。

三、"做乘法"模式外延，拓展粮食产业发展空间

（一）搭建新型资本运作平台，构建投资链。深粮集团拟成立粮食产业投资基金，以资本为纽带，通过兼并、收购、联合等方式壮大集团业务和资产规模。依托信息化和园区建设，创新投融资模式，引进战略投资者、社会资本共同参与项目建设，构建具有深粮特色的投资链。此外，2017 年将择期发行 3 亿元短期企业债，优化资债结构，降低融资成本。

（二）探索从"深粮物流节点模式"到"深粮品牌"，延伸产业链。粮食流通网络一体化将是未来发展的趋势。深粮东莞粮食物流节点融入了大数据、云平台、移动互联网等技术，规划建设粮油总部基地和创新服务平台，将打造真正意义上的"粮食智慧物流园"，成为粮食物流园区的高端示范品牌。未来将探索输出项目建设、管理经验等，进行模式复制，持续引领粮食流通产业转型升级，延伸产业链。

（三）拓宽品牌服务区域，深挖价值链。深粮集团将"多喜米模式"进行复制推广，进军广州市场，通过加盟店、形象店、中高端客户大宗团购业务，不断提升"深粮"品牌影响力。下一步深粮集团将通过社区粮站的输出、配送中心的建立以及区域差异化服务，打造独具特色的"多喜米模式"，深挖价值链。

调结构　做高端　创品牌

西王集团有限公司

　　西王集团有限公司（以下简称"西王集团"）始建于 1986 年，是以玉米深加工和特钢生产为主业，兼项投资运动营养食品、物流、金融、国际贸易等产业的大型民营企业，拥有西王食品、西王特钢、西王置业三家上市公司。2016 年位居中国企业 500 强第 404 位，中国制造业 500 强第 199 位，总资产 500 亿元，职工 16000 余人。2016 年实现销售收入340 亿元，利税 14.6 亿元，上交税金 7.3 亿元。2017 年上半年，实现销售收入 216.9 亿元，利税 11.68 亿元，上交税金 5.63 亿元，同比分别增长34.5%、72.0% 和 57.4%。

一、大力发展循环经济，打造玉米加工全产业链

　　西王集团立足当地玉米资源优势，发展循环经济，推广农业产业化经营，建立了玉米从种植到收储，到初加工，再到精深加工的完整产业链，实现了"由田间到餐桌"的全产业链覆盖。通过对玉米产品梯次开发，原料循环利用，促进产业链延伸、价值链提升，实现了玉米精深加工再到高附加值加工的再增值，实现了由传统产业向工业化、信息化、现代化的转变。西王集团的玉米深加工延伸出了两条产品线路，一是主产品线路，包括食用葡萄糖、药用葡萄糖、果糖、玉米绵白糖、玉米油

等几十种产品；二是副产品线路，包括蛋白粉、蛋黄粉、胚芽粕、饲料等，原料总利用率达到了 99% 以上，产品总收率达到了 97.5% 以上。每一次产业链的循环延伸，都是产品升值的过程。

　　玉米精深加工过程中运用循环经济理念，实现能源、资源的综合循环利用，实现了玉米深加工与特钢产业的互补利用，构建了轻、重工业综合发展、协调发展的循环体系。目前，西王集团年加工玉米 300 万吨，集约化规模为全国单体最大，年产淀粉糖 180 万吨，玉米油 30 万吨，建有全球最大的注射用葡萄糖生产基地、亚洲最大的淀粉糖生产基地、中国最大的玉米油生产基地，拥有 5 个药字号产品、1 个健字号产品，6 个产品国内市场占有率排名第一。

智能化生产车间

二、坚持科技创新和人才驱动，引领行业发展和技术进步

　　西王集团广泛吸纳 100 余名国内外高学历人才，分职于研发中心、实验室、智能控制、规划设计、企业管理、财会运营等关键岗位，在领军攻关、科学管理、趋势研判、质量控制、产品升级、资金运转等方面发挥关键作用，有效保障了西王集团科技领先、管理领先、产品领先、

质量领先、市场领先、效率领先。技术中心配备了国际先进的检测设备，拥有国内淀粉糖、食用油行业领先的科研开发能力及分析检测能力，并与中国生物发酵产业协会、中国粮油学会在产学研方面进行了深入探索研究，促进了科技成果的产业化应用。目前，西王集团拥有 100 多项自主知识产权，30 多项科研成果通过了省部级科技成果鉴定。通过了 GMP（良好生产规范）认证、《食品安全全球标准》体系认证，以药品的标准生产食品，实现了产品质量管理的全过程控制。与上海宝信合作实施智能智造提升项目，实现了产销一体化、管控一体化、业财一体化，达到人机一体化，打造数字工厂。

三、实施创新发展，增强企业竞争优势

企业通过运作玉米期货、加强资本运作、开拓国际市场，不断转变赢利模式，增强发展新优势。建立了全省最大的玉米交割库，实施套期保值，促进了实体经济与虚拟经济的结合。加大资本运营，西王食品于 2011 年在深圳 A 股主板上市，成为国内第一家在 A 股上市的玉米油企业。"引进来"与"走出去"相结合，与世界 500 强企业日本住友战略合作组建合资公司，共同运作粮食贸易，扩大了西王产品国际市场竞争力，西王产品还出口韩国、日本、泰国、俄罗斯等 40 多个国家和地区。2016 年，集团以 7.3 亿美元成功并购全球最大的运动营养保健品公司——加拿大科尔公司，并与阿里健康签署战略合作协议，共同构建中国健康领域新蓝图。

四、建设优质粮油工程，带动品牌产业经济

依托玉米深加工优势，集团积极建设精品粮油工程。从 2008 年开始，西王集团实施了以小包装玉米油为主体的品牌建设，实现由中间产品向终端消费品的转变。2010 年在北京设立了运营中心，立足北京，建立辐射全国的销售网络体系，打造中国高端食用油的第一品牌、中国健康食品的第一品牌。目前，西王集团全国销售网点超过 12 万家，西王品牌认知度达 60%，西王品牌在 2015 年度、2016 年度蝉联"消费者最喜爱的食

全自动生产线

品品牌"，荣登"中国品牌价值评价榜"。西王玉米油国内市场份额达到30%以上，淀粉糖产品占据国内行业份额50%以上，无水葡萄糖国内市场份额达到85%以上，结晶果糖占到95%以上，辐射带动了玉米油、淀粉糖行业的发展。目前，全国60%以上的玉米油、50%以上的葡萄糖集中在邹平，西王被誉为"创造玉米神话的地方"。

五、一二三产业融合发展，促进新型城镇化建设

西王集团在发展玉米深加工的同时，配套了物流、国贸、金融等三产服务业，形成了主业突出、多元并进的发展格局。依托玉米深加工及特钢加工所需的原料采购和产品销售所产生的1500万吨/年的运量，公司大力发展现代物流产业，建设了集信息、运输、存货、仓储、包装为一体的全产业链现代智慧物流项目，2009年被国家发展和改革委员会和国家税务总局确定为"国家试点物流企业"。积极拓展金融行业，设立

的西王集团财务公司，成为滨州市第一家企业集团财务公司，其资金归集、融资服务等优势为玉米深加工发展提供了资金保障，带动西王集团跨入以融促产、以产助融、产融结合发展的新阶段。不断革新农业发展模式，建设农业生态文化产业园，实现农业对第二、第三产业优势吸收，结合西王产业特色，打造集生态农业、观光旅游、文化娱乐、影视拍摄于一体的综合文化产业园，实现三次产业融合发展。以农业产业化为支撑，扩大玉米深加工规模，促进农业种植结构优化，带动周边玉米种植300万亩，有近60万农户间接参与产业链，同时带动山东玉米价格每斤增值0.02～0.03元，每年带动山东农民增收近1亿元。坚持以工兴农，以企兴村，形成了西王城乡一体化发展新格局，西王村实现了农业产业化、乡村城市化、土地集约化、村企一体化、生活福利化、管理社区化，社会主义新农村建设走在了全国的前列，被授予"中国经济10强村"。在西王集团的带动下，西王集团所在的韩店镇成为全省新型城镇建设典范。

多维拓展　做大做强玉米油产业

山东三星集团有限公司

山东三星集团有限公司始建于 1989 年，是一家集油脂加工精炼、高端装备制造、高端铝型材研发与生产、国际贸易于一体的综合型民营企业集团。近年来，集团公司紧跟市场需求，着力打造"长寿花"玉米油生产加工全产业链，做好转型发展大文章，努力增加优质高端安全粮油产品供给。2016 年，全集团实现销售收入 114.97 亿元，利税 8.05 亿元；其中，玉米油产业实现销售收入 63 亿元，利税 5.5 亿元。

一、建基地，扩规模，着力打造玉米油生产企业"第一家"

山东三星集团是全国第一家在全国布局、规模化运作、链条式发展的玉米油生产加工特大型企业。自 2004 年起，先后在山东邹平、惠民，辽宁铁岭，内蒙古鄂尔多斯、通辽等地建设原料生产基地，在山东及长三角、珠三角地区陆续投建精炼、灌装生产基地，完成了南北交错、纵横全国的基地网络布局，实现了生产原料的基地化源头建设和加工、精炼、灌装集约化发展，形成了年加工玉米胚芽 120 万吨，年产精炼玉米油 45 万吨，年灌装小包装油 45 万吨、葵花籽油 8 万吨，稻米油 10 万吨的生产规模。通过全国布局、原产地建设，降低了运输成本，从源头上保证了玉米油品质，在提高玉米原料资源转化率、消化玉米资源、油脂增产及提高食用油自给率上，起到了积极的促进作用。

机器人自动化作业

二、聚优势，强创新，全面释放企业发展活力

多年来，山东三星集团投入人力、物力、财力，积极创办国家级科研机构、引进完善科研设备、打造高素质科研团队，成功将多项自主研发科技项目融入原料、生产、包装、质检品控、副产品转化利用等各环节，形成了独具特色的粮油精深加工绿色产业链。目前，集团拥有授权专利120余项，参与制定玉米油国家标准8项、行业标准2项，通过省级科研成果鉴定15项，整体技术达到国家领先或国际先进水平，集团被命名为国家玉米油产业研发基地、玉米油系列国家标准制修订基地等，并推动"中国玉米油之乡"落户山东邹平。以"适度、营养、健康"为方向自主研发的"金胚12道""零反式酸玉米油工业化生产技术""营养玉米油节能低耗创新技术及产业化""无皂精炼"等专利生产工艺，最大限度保留了玉米油中的原生营养成分，同时使油脂得率提高了0.7～1.2个百分点。长寿花玉米油为中国粮油学会监制产品，采用在线智能检测体系，根据条码"身份证"，可直接追溯每批产品的生产日期及第一责任人，

从源头上遏制了质量隐患，保障消费安全。

三、树品牌，创特色，努力提高品牌市场竞争力

作为国内第一家玉米油研发生产及销售企业，长寿花是中国玉米油品类的开创者。企业从品牌定位、品牌规划、品牌形象、品牌扩张等方面入手，积极布局，以质量创品牌，以管理促效益，努力提高产业及品牌核心竞争力。通过严格规范生产流程，贯彻落实质量体系标准，完善质量安全检验监测体系，严格把好三个关口：原辅料的进口关、过程控制关和出厂检验关，出厂产品合格率达到100%。伴随"健康当家油""一桶好油 健康全家"到"金胚胚芽做好油"等每一个品建阶段主题的广泛传播，长寿花金胚玉米油亮相《厨王争霸》《美味星婆媳》《中国味道——味道博物馆》等电视栏目。全国范围内开展的"健康长寿花、最懂妈妈味""婆媳厨艺大比拼""金胚源头探访之旅"等线下活动，以及微信、微博等公众交流平台、电商暖心活动等线上活动的持续进行，使长寿花"绿色、健康、安全、真情"的品牌形象深入人心，市场销售网络遍布全国30多个省市区。

四、拓链条，增效益，大力做好产业拓展新文章

从1997年"变玉米淀粉加工辅料玉米胚芽为食用油"实现玉米油零的突破，到走上"产业链丰富拓展"的探索发展之路，山东三星集团多领域多方位激活发展潜力，积极培育发展新动能，多元推动转型升级。以玉米油加工为核心多维拓展，相继推出了稻米油、橄榄油、葵花籽油、菜籽油、花生油等多样高端健康食用油品类，拉长了油脂加工产业链。为了适应市场及消费需求，集团实施大健康厨房战略，先后研制开发了金胚至尊玉米油、共轭亚油酸玉米油、DNA玉米油等多款功能性玉米油产品，有效改善了玉米加工产业链上的短板和不足。努力打破食用油品类局限，推出了米、杂粮、调味品等优质绿色厨房产品，在更广领域整合、优化、转化粮食资源，提高了粮食产品附加值和有效利用率。

坚持创新驱动发展
打造粮油产业新标杆

香驰控股有限公司

香驰控股有限公司建于 1989 年，经过 28 年的发展，资产由 270 万元增至 100 亿元，员工由 80 余人增至 3000 人，经营范围涉及大豆、玉米深加工两大主业和污水处理、热能动力、收储物流等基础服务产业，形成占地 1200 亩的香驰循环经济园区和规划面积 2700 亩的物流园区两大园区。公司下设一个事业部、13 家子公司。目前，企业年加工大豆 300 万吨、玉米 50 万吨，年产大豆油 50 万吨、大豆蛋白 10 万吨、玉米果葡糖浆 45 万吨，年供气 350 万吨，供电 4.65 亿度，日处理污水 2 万立方米。香驰控股公司坚持创新驱动、转型升级、市场开拓，取得较好经营业绩。2016 年实现销售收入 251 亿元，利税 9.6 亿元。2017 年上半年实现销售收入 123 亿元，利税 3.9 亿元。

一、坚持发展创新，实现转型升级

从 1989 年建厂至今，香驰公司发展经历了三个时期。一是从建厂到 2000 年，坚持先做实、后逐步做大的发展思路。大豆日加工能力由 50 吨到 130 吨、270 吨，再到 750 吨，2000 年投资 6500 万元，建成日加工大豆 1500 吨生产线，日生产能力达到 3000 吨，这个时期的重点是夯实基础管理，扩大大豆初加工产能。二是 2001 年至 2008 年，推动产业延伸。从 2001 年开始，建设投产 2 万吨大豆分离蛋白生产线，同期配套建设

生产控制中心

了热电项目和污水处理项目，在大豆产业链延伸上迈出坚实的第一步。2006 年，开工建设年加工 50 万吨玉米淀粉生产线和年产 10 万吨果糖一期项目，逐步形成了大豆、玉米两大主业链条和一个基础产业的战略格局。三是 2009 年至今，进一步壮大企业规模。提出"三年再造一个新香驰"的规划目标，规划到 2020 年的两个五年发展战略，并明确确立项目建设"四个高起点"定位的要求，即工艺、技术、设备、产品等立足高端、接轨国际。2012 年到 2016 年，先后建成龙口年加工 150 万吨大豆项目，10 万吨大豆分离蛋白一、二期项目，果糖二、三期项目，日加工 1000 吨大豆低温粕项目、日处理 2 万立方米工艺废水项目，实现并保持了果糖行业标杆。2017 年与日本合作，投资 5 亿元建设国际一流蛋白生产线，实现蛋白行业全国新标杆。香驰逐步建成原料、副产品、水、废弃物、能量五大循环利用圈，该"循环经济发展模式"通过吃干榨尽每一粒大豆玉米，原料利用率提高 2%，年创造效益 5230 万元，减排 COD（化学需氧量）总量 5 万吨，污水处理每年盈利 1000 多万元。

二、坚持管理创新，夯实发展基础

香驰公司在发展过程中先后实施了单元式管理法、净化意识教育、启发式管理法、四岗并存、动态转换、末位淘汰管理法等，形成了"严、细、实"的管理文化。自2014年以来，在总结多年管理经验的基础上，创新全面预算管理，提出"三大预算主题"管理体系。一是满足客户需求。以满足客户需求为目标，有针对性地开发差异化产品。果糖类产品实现了产品和服务的差异化，产品价格在市场上比其他厂家每吨高出100～200元，2016年果糖出口占到全国出口总量的49%；分离蛋白高端产品单价卖到2.5万元，比普通产品高6000多元，打开了汤臣倍健、美国凯瑞、日本不二等高端客户的市场。二是划小核算单位。结合香驰实际，划小核算和考核单位，层层分解任务目标，逐级负责。2015年实现提质增效1.18亿元，2016年实现6400余万元。三是建立信息平台服务决策。信息库涵盖行业内近10年的产业发展数据，包括全产业链供求数据，合作客户和目标市场、目标客户的数据，对国家宏观经济政策有了深入研究和分析，降低了市场风险。在紧紧抓住"满足客户需求"基础上，提出"借智借力借势"和"聚焦满足客户需求、应用技术研发、差异化、打造行业标杆"的"三借""四聚焦"理念，推动管理水平提升和产业转型升级。

三、坚持理念创新，培育民族品牌

产品质量是品牌塑造的关键因素，香驰公司把打造优质粮油产品及品牌作为核心目标，把质量控制的着力点贯穿整个产业链，建立起跨区域、覆盖全产业链的种植、收储、加工和营销体系，从源头加强质量控制，建立起优质非转基因大豆种植基地，为产业发展夯实原料基础。果糖类产品连续多年荣获可口可乐公司大中华区唯一最佳供应商质量奖，被美国可口可乐总部确定为"全球战略供应商"。

葡萄糖浆膜过滤系统

四、坚持技术创新，培育发展新动能

香驰重视技术创新，不断加强技术研发基础建设，近年来技术改造和创新项目近 400 项，先后投资 4000 余万元建成了大豆分离蛋白、果葡糖浆技术研发中心，组建研发团队 6 个，取得国家专利 60 项，获得了全国果葡糖浆研究检测中心、山东省企业技术中心、山东省大豆蛋白工程实验室的认定。加强产学研交流与合作，与中国农业大学、江南大学、华南理工大学、河南工业大学、山东省农业科学院等单位保持了良好的合作关系，聘请多名专家教授为技术顾问，参与多项国家和行业标准的起草和修订，取得各项技术创新成果 170 余项，获得授权专利 111 项。大力实施技术改造，每年用于改造的投资在 3000 万～5000 万元，不断使用新技术、新工艺、新设备，培育发展新动能，确保企业工艺技术和装备水平行业领先。

持续创新助企业腾飞

克明面业股份有限公司

克明面业创办于 1984 年，是一家从手工作坊逐步发展起来的上市公司。30 多年来，公司始终坚持把技术创新战略放在行业最前沿，致力于对制面设备、制面工艺的不断改造和新产品的研发。近年来，公司把创新作为发展的核心驱动力，实现了企业的持续高速发展，每年兴建 1～2 个生产基地，实现了产值税收年年快速递增。2016 年，公司生产挂面近 45 万吨，实现营业总收入 21.63 亿元，同比增长 18.6%；实现净利润 1.37 亿元，同比增长 26.98%，保持了中国挂面行业的主导地位。目前，公司资产规模达到 24.8 亿元，员工 3000 余人，在湖南南县、湖南长沙、湖北武汉、河南延津和遂平等地建设了大规模的标准化生产加工基地。

一、持续加大科技投入，着力搭建一流创新平台

挂面生产看似简单，门槛很低，但要真正做好、做精，科技创新必不可少。面对竞争异常激烈的面制品市场，为了让挂面这一传统产品满足消费者不断变化的口味和不断提升的品质要求，公司从科技创新入手，不断改进工艺流程和设备，提高产品的科技含量。近年来，每年投入的研发费用高达 3000 万元，均占年销售收入的 3% 以上，挂面研发达到了国际领先水平。根据社会各层次的不同消费需求，不断

推进面制品的精深加工，不断丰富挂面健康、营养的新内涵。目前，"陈克明"品牌已形成如意、高筋、强力、营养、礼品、儿童6大系列，共300多个规格品种。公司还成立了"湖南省振华食品检测研究院"，下设"四个中心三部一基地"，即食品检测中心、粮油食品工程技术研发中心、湘菜产业化工程技术研发中心、食品技术应用中心和科技部、质量部、业务部及中试基地，配备了设备齐全的检验室和产品实验室，拥有国际先进的检测、实验设备。各生产基地凡有新上项目，一律选用国内最前沿、最先进的装备和工艺。2015年公司共配置自动包面机134台(套)，机械包面占到了总产量的70%以上。包面机的推广运用，大大减轻了使用员工的人数及劳动强度，降低了生产成本，使吨面综合成本下降了约8%。

面条生产车间

二、持续加强人才培养，着力打造一流创新团队

企业之强在强人，创新人才是企业发展的根本与力量源泉。为此，公司制订了系统的人才培养计划和员工培训制度，每年都分期分批选派优秀人才到高等院校和专业培训机构进行培训，邀请专家教授来企业讲

座，使科技人员及时掌握新知识、新信息。同时，与人才市场联合举办专场招聘会，广纳贤才。近年来，公司先后从广东、浙江、深圳等地共招聘40多名优秀技术与管理人才。目前拥有大专以上学历的科技人员293人，从事研发的89人，打造了一支高效的研发团队。

公司深入开展产学研合作，克明面业技术研发中心长期与湖南省农产品加工研究所、中国农业科学院作物科学研究所、农业部谷物品质监督检测测试中心、湖南农业大学等科研机构和院校联合进行技术开发、应用，取得了良好成果。

为了规范科研团队的管理，公司制定了《科研课题管理规定》《研发费用管理办法》《科研人员绩效考核规定》等项制度，对研发投入费用进行预算、控制，保证研发工作有效进行，大大激励了科研人员创新潜能与创新热情，增强了公司的自主创新能力。近三年来，公司科研团队共完成29个科研项目，获得专利39项。其中：发明专利12项，外观设计专利15项。如干蒸挂面生产技术、全自动纸包装机升级技术、新型自动化挂面烘干工艺技术改造、设备节能降耗升级改造等项目通过成果转化，给企业带来了良好的经济效益。

新熟化带

全力打造龙头企业与种植基地命运共同体

九三集团

　　九三集团是集贸、工、农为一体的大型大豆加工企业集团。总部位于哈尔滨高新经济技术开发区，拥有十三个生产子公司和中国香港、美国芝加哥、马来西亚吉隆坡三个海外经贸公司。年加工大豆总能力已达 1200 万吨，大豆加工总量位居全国第一，油脂加工总量位居全国第三，销售收入超过 450 亿元。"九三"品牌价值突破 206 亿元，成为非转基因食用油第一品牌。九三集团积极发挥龙头企业的示范和带动作用，在构建龙头企业与种植基地命运共同体上做了大胆的尝试和有益的探索。

一、牵头土地流转，构建原料"大基地"

　　2013 年，九三集团在铁岭成立农业科技公司，牵头土地流转，探索龙头企业与种植基地合作新模式。本着"利企惠农"的原则，与种植大户、农民合作社对接合作，探索科学合理的土地流转模式。

　　一是自种。适用于土地连片区域、大规模机械化作业。该模式特点是标准化、规模化种植。严格按黑龙江农垦种植标准操作，沈阳农业大学全过程参与，打造的是样板田、示范田。

　　二是转租。适用于难以机械化的小块土地。该模式由公司提供免

九三粮油品牌

费培训和技术指导，对其种植全过程监控，产品高于市场价格回收。

三是联合、联营。适用于风险敏感的农民和合作社。该模式特点是实行反租倒包，企业按市场价流转土地，再以低于市场价格承包给按企业需求种植的农民与合作社，高价收购原料，以此提高农民种植的积极性。

通过以上几种土地流转模式，提高了土地利用率和生产效率，辐射带动周边区域规模化、标准化、专业化发展生产油料基地规模，有利于掌控油料核心供应区，保证了供给安全。

二、引入"期货＋保险"，带动农民提智增收

2016 年，中央一号文件提出："探索开展重要农产品目标价格保险……探索建立农业补贴、涉农信贷、农产品期货和农业保险联动机制……稳步扩大'保险＋期货'试点。鼓励和支持保险资金开展支农

融资业务创新试点。"九三集团主动对接大连商品交易所、农场，联合期货公司、保险公司，率先在北安农垦管理局赵光农场开展了"保险＋期货"试点。在"保险＋期货"这道"防火墙"的保护下，农民种植大豆的积极性显著提高，使企业与农户建立了命运共同体，实现了互惠共赢的良好局面。2017 年，集团还将继续联合南华期货、大连商品交易所、农场和种植合作社不断扩大试点范围，带领更多的农民提质增收。

三、瞄准"舌尖上的安全"构建质量可追溯体系

打造从"田间到餐桌"的全产业链是粮食企业在市场搏击中取胜的必由之路。纵观国际市场，大型粮食企业的竞争是全产业链的竞争。ABCD 四大国际粮商的产业链条涉及生产资料、种子研发、土地流转、仓储物流、国际海运、终端销售等各环节。2013 年，九三集团全面开展产业链条延伸，具体包括：流转土地开展规模化种植，大规模改造仓储设施，合资合作成立了海、铁、陆物流公司，掌控了产业链条中的仓储物流环节；强化品牌建设，使品牌价值突破 200 亿元，市场知名度和美誉度极大提高。目前，集团正与俄罗斯波罗的海公司、重庆物流园区、渝新欧铁路等公司洽谈，计划进军俄罗斯农业种植和农产品贸易领域，寻找俄罗斯农业种植、仓储物流及粮油贸易合作机会。

未来，九三集团将以土地流转为依托，建立工业基地、农业种植示范基地、仓储物流基地、休闲生态基地等境内外"四位一体"全方位发展的空间体系，打造集土地流转、标准化种植、农产品加工、食品加工、农资经营、仓储物流、资本运作、品牌营销为一体的新型农业产业化发展模式。建立农产品供应链信息库，对全产业链环节进行详细的数据收集和记录，应用现代信息技术对信息库数据进行管理，真正实现正可追、反可溯的责任平台，打造从"田间到舌尖"的全过程可追溯质量体系。

循环经济发展模式

发展循环经济　打造粮油全产业链

中兴洪湖浪米业公司

近年来，中兴洪湖浪米业公司主动适应新常态，着力打造循环经济核心竞争力，经营状况逆势而上，稳健发展，企业排名不断升级。

一、科学定位多轮驱动，打造循环发展全产业链

一是以县域可再生的特色农产品资源为依托，以农产品加工科技产业园建设为载体，把农产品精深加工技术、产业链条在一个园区科学集成，打造绿色农业、智慧工业、循环产业。

二是以产业园区建设为龙头，带动基地建设、带动农产品优质高产、带动农民增产增收，实现工业反哺农业。用粮食体制改革催生的加工科技产业园带来的红利，让利于农民、让利于农业；由公司循环经济发展的小循环，带动农业经济良性发展的大循环。

三是优质基地是循环经济产业链活力之源。中兴洪湖浪米业公司开展粮油原料基地建设、发展订单农业，探索组建以公司为主体，以农业专业合作社、经纪人、村组干部和种粮大户等为成员的粮食专业合作组织，

逐步实现规模化种植、标准化生产、优质化服务，通过订单及基地收购，每年收购优质粮油原料达到 80 多万吨。

四是粮油物联网新技术为循环经济插上科技翅膀。中兴洪湖浪米业公司与中兴通讯旗下的长天公司合作，将物联网新技术应用到收购、储存、生产及设备等环节的管理。在收购环节，应用物联网技术，检测稻谷杂质、水分等，严把质量关；在储存环节，通过温湿度远程无线监控系统产品，随时掌握分散在各乡镇仓库的粮食储存状态；在生产环节，通过无线远程监控系统，随时监督员工的工作状态和工作质量；在设备管理方面，通过自动报警系统，随时掌握设备运行状况，保证安全生产。

二、深度拉伸产业链条，充分利用粮油资源

一是稻谷综合利用产业链。稻谷加工成优质大米，副产品米糠用于生产高谷维素米糠保健油，其中高酸价米糠油制取生物柴油。中兴洪湖

中兴洪湖浪米业公司全景

浪米业公司和武汉轻工大学共同开发保健米糠油，汲取德国的先进生产工艺，用物理的方法制取谷物保健油，为米糠产业化找到解决办法。稻壳全部变废为宝，用于锅炉燃烧，节约能源，减少污染，降低了生产成本。全年少消耗煤炭 1.5 万吨，节约生产成本 800 多万元。

二是生物能源和化工产业链。利用高酸价植物油、餐厨垃圾地沟油废弃原料，以固体酸作催化，甲酯化制取生物柴油。近几年成为公司产业链发展的最大亮点。生物柴油从生产产量到市场销售，实现快速提升。2016 年生物柴油实现销售 8 万多吨，比上年同期增长 160%，实现综合产

值10亿多元。生物柴油全面进入中石油、中石化销售平台及加油站销售终端，并且与中南石化深圳分公司等多家企业签订了长期战略合作协议。同时还直销星级酒店、饭店及大型企业，用于这些企业的炉、灶热能电能的燃料。

国内一流的智能化注塑车间

三是加工副产品综合利用产业链。新建年产30万吨特种膨化饲料厂，利用油料加工的副产品菜粕、棉粕，以及提炼过谷物保健油的糠粕等副产品，科学配制特种鱼类膨化饲料，满足公司水产养殖基地自身需要和洪湖水产养殖优质鱼饲料供应。饲料厂原料在园区内就地取材，节约物流成本、采购成本，达到综合利用效益最大化，将农产品资源"吃干榨尽"；建设年产5万吨甘油厂，利用生物柴油提炼后的剩余物——粗甘油，分离精甘油，每吨市场售价达到4500多元，广泛用于医药、食品和化工领域，既延长了生物柴油产业链，又提高了加工附加值。

三、大循环推动大跨越，两个效益比翼齐飞

中兴洪湖浪米业公司实施循环经济、全产业链的科学发展战略，大大促进了企业效益和社会效益的增长，2016年公司实现加工产值116亿元，是合资公司合作之初的18.7倍。

一是成为推动当地"三农"经济发展的重要力量。公司先后在洪湖、枣阳、荆门三地建设高标准的粮油产业园，有效推动了农村土地流转的规模和速度，促进了粮食生产规模化、集约化。

二是促进了当地传统的国有粮食企业优化整合，转型升级。公司在洪湖、枣阳、荆门三地的运作方式实践，在全省"复制洪湖浪"的战略，为当地粮食企业改革注入了活力，盘活了大量闲置的国有资产，既确保了国有资产保值增值，又创造了大量就业机会。

三是有效促进节能减排。公司开展粮食综合加工循环利用，不仅推动粮油加工业向食品、医药、饲料、生物化工、有机肥料等领域发展，而且实现了生产过程中的排放物资源化、减量化、无害化处理，达到了产品增值和环保产品开发的双赢效果。

用情怀做农业　以创新做企业

江西圣牛米业有限公司

　　江西圣牛米业有限公司从传统大米加工行业起步，前身是敖山精制米厂，为适应粮食产业化发展，2004 年更名为江西圣牛米业有限公司，开创发展企业自主品牌。圣牛米业把对农业情怀运用到企业的发展、管理上，使企业在现行经济形势下稳定快速地发展，是企业创新转型发展的源泉所在，是圣牛文化的重要组成部分。

一、变废为宝，创粮企发展新模式

　　一是进行科学调查。2007 年年底，圣牛米业启动稻壳气化发电项目，多次进行调研考察，不断拓展产业链，向纵深方向发展。

　　二是多措并举，争取实验调试。在产业形势逐渐下行的情况下，圣牛米业先后投资 300 余万元进行实验前期准备，对工艺路线进行不断更换，

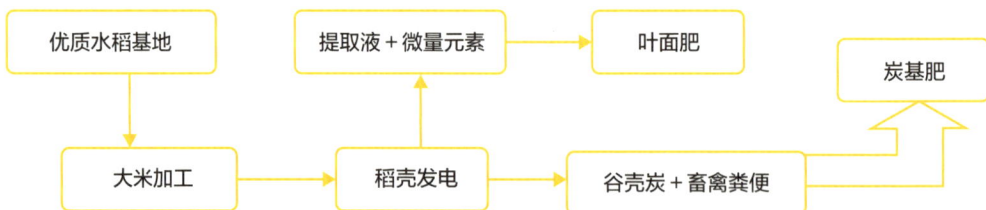

企业发展模式图

2009 年得到南京林业大学的研发支持，项目获得江西省发展和改革委员会批复，同意公司开展前期试验工作。

三是变废为宝，创新粮企发展新模式。2016 年 2MW 稻壳气化发电项目建成投产，年发电量 1200 万度，实现变废为宝，解决大米加工废弃物即稻壳堆积的问题，同时产出稻壳炭、提取液，制成炭基肥、叶面肥返回农田。

四是带动相关企业共同发展。圣牛米业稻壳气化发电项目成功运营后，圣牛米业与南京林业大学等相关单位商讨成立生物质多联产综合利用产业联盟，在江西省内 50 ～ 100 家大米加工企业建设生物质多联产项目，推动江西省乃至全国生物质资源利用的发展。

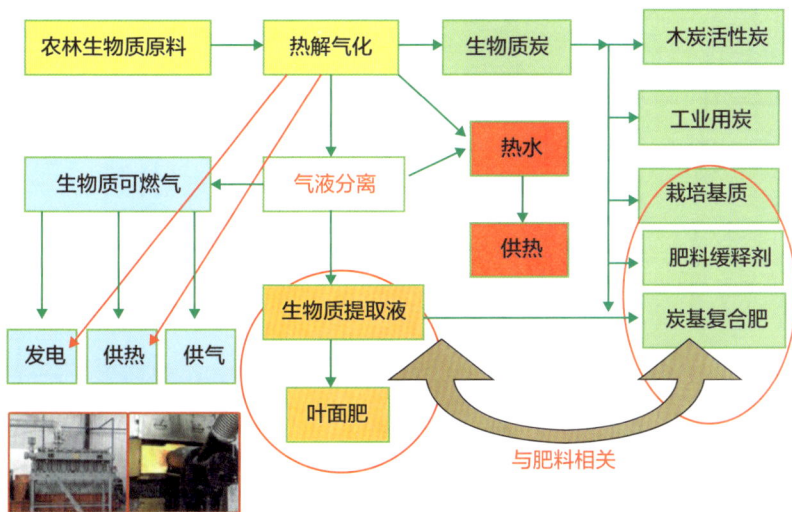

稻壳气化多联产综合利用流程

二、独辟蹊径，发展富硒功能农业

圣牛米业在农业生产加工一线多年经营发展，不断探索农业发展的模式，传统的农民专业合作社已难以满足现代农业产业发展的需要。2013 年 4 月，由圣牛米业牵头，通过整合优势资源，抱团发展，按照入社自愿、退社自由的原则，创办了全省第一家冠省名的农民专业合作联社——江西绿万佳种养专业合作联社。联社本着"以农民为主体、以市场为导向、以科技为依托、以服务为根本、以增加农民收入为目的"的宗旨，为社员和农户构建优质服务平台，发展富硒功能农业，努力保证从田间到餐桌食品安全。联社生产经营范围基本包括农业的主要产业，服务环节涵盖农业产前、产中、产后的各个环节，为农民提供全产业链的社会化服务平台，凸显出联社在管理、服务、人才、资金等方面的优势，为农业生产的规模化、集约化、产业化和机械化探索出了一条新途径。

为促进上高县富硒农业产业化的发展，做好产前、产中、产后服务，公司还联合成立了稻谷烘干中心，成立生态功能农业营销公司，主要从事富硒农产品的市场开拓和营销，2016年富硒功能农产品的销售收入1500万元。建设富硒水稻、菊花等达7000亩富硒功能农业生产基地，开发生产富硒大米、富硒鲜鸡蛋和卤蛋、富硒菊花、富硒上高紫皮大蒜4个富硒功能农产品。

做好大米循环经济产业

益海嘉里（哈尔滨）粮油食品工业有限公司

　　益海嘉里（哈尔滨）粮油食品工业有限公司（以下简称"公司"）是益海嘉里集团全资子公司，是一家集粮食收购、粮食加工、仓储物流、贸易经营于一体的大型粮油食品加工企业，主要产品包含金龙鱼、元宝、香满园等品牌小包装食用油、小包装米。公司成立后，建立了发展循环经济的理念，通过现代化的大米综合加工项目，实现了集大米加工、米糠油、稻壳综合利用的水稻"循环经济"的产业模式。

一、将粮食加工副产物"吃干榨尽"

　　益海嘉里（哈尔滨）粮油食品工业有限公司是稻米循环经济新兴产业成果转化的载体，以副产品的综合利用和对稻谷"吃干榨尽"为目标，对稻米加工产出的副产品米糠、稻壳进行深加工，米糠用于榨油，稻壳用于生产蒸汽或发电，稻壳灰生产白炭黑和活性炭、硅胶、多晶硅等产品，实现稻谷加工无废料、无污染、全利用，具有较好的经济效益、社会效益和生态效益。益海嘉里水稻循环经济的应用，引领了传统农业产业的创新与发展，使传统农产品加工走上科技创新发展之路，极大地利用资源，促进基础农产品的升值，引领了农业产业的进步与发展。

　　近年来，水稻循环经济产业模式产生了可观的经济效益和社会效益，米糠加工实现 300 吨 / 日的米糠加工量，年获得米糠油 1.35 万吨，创造经济效益 8100 万元。若全国约 1.9 亿吨水稻加工产生的米糠都用于榨油，可生产约 220 万吨稻米油，相当于为国家节省耕地 1.1 亿亩。按照公司水稻 40 万吨 / 年的加工能力，可以产生稻壳 7.2 万吨，若稻壳燃烧发电达到 5000 万度，可以创造经济效益 3600 万元，并减少二氧化硫排放 200 吨。

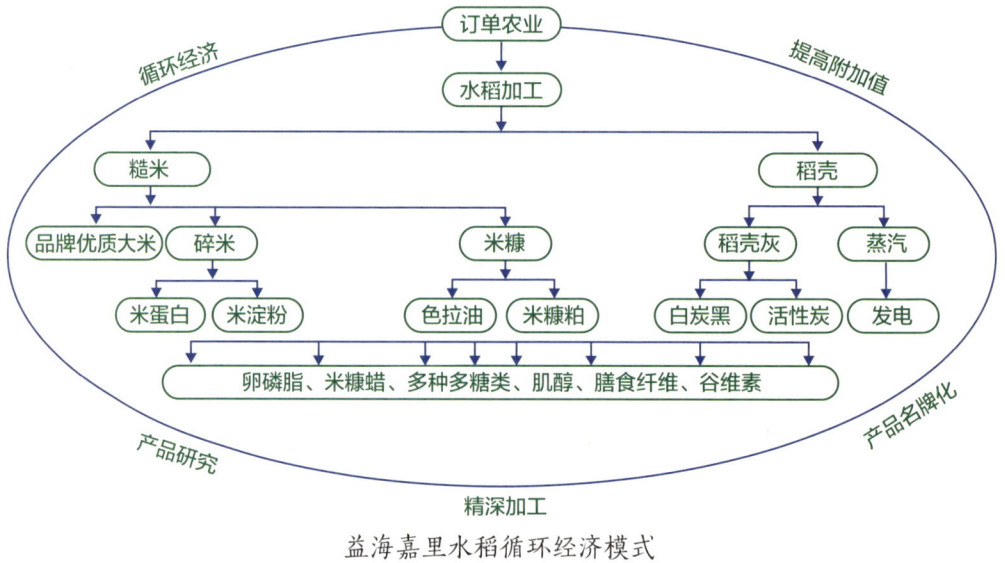

益海嘉里水稻循环经济模式

二、将粮食原产地的资源优势转化为产品优势

结合黑龙江大豆原产地的地理资源优势，公司将黑龙江大豆的非转基因优势、高蛋白优势，转化为产品的独特优势，并利用国际先进的工艺技术和管理手段，加工生产高品质的高温蛋白、低温蛋白，应用于高端酱油、蛋白粉、组织蛋白的产品中，为黑龙江大豆加工产业的发展开创出一个全新的途径。公司秉承益海嘉里集团"诚信廉洁、勤奋创新、健康安全、和谐共享"的价值观，按照《京都议定书》，于 2010 年 11 月 18 日顺利通过 VCS（Voluntary Carbon Standard，温室气体自愿减量认证标准）审核。截至目前，公司已向碳减排市场提报碳信用 8 万吨左右，其中，已通过审核并可以进行交易额度为 44266 吨。

益海嘉里（哈尔滨）粮油食品工业有限公司厂景

三、发展订单农业

公司充分利用黑龙江丰富的原料资源就地加工，在五常、方正、讷河等地设立原材料基地，利用"订单农业"的经营模式将黑龙江农业优势升值、转化为优质水稻产业经济优势。益海嘉里的订单农业，以保证农业产品的品种与地域优势，保护原生态品种的种植，促进农业产业健康发展的宗旨，以企业、种子公司、农民三方面紧密结合的方式，采用封闭式的管理模式，保证农产品的种植与产出在良性的环境中发展。2016年公司签订水稻订单11.17万亩，签约农户1500余户，惠及农民金额达300余万元。

搭建仓顶阳光新平台

浙江省储备粮管理有限公司

　　近年来，浙江省储备粮管理有限公司（以下简称"公司"）牢记使命，全面落实科技兴粮战略，积极研究探索和推广应用新能源、新材料、新工艺、新装备。自 2013 年开始，公司在直属库 P17 号仓开展仓顶建筑太阳能光伏发电专项示范工程（以下简称"仓顶阳光工程"）建设，把"仓顶阳光工程"与"恒准低温"储粮相结合，进行了实仓应用的研究与测试，实现了储粮技术的绿色生态、仓储作业的节能增效、库存粮食的保质减损等目标，经济效益和社会效益都取得了明显成效。

一、功能特点

　　在粮食储备仓库屋顶，建设建筑一体化的光伏电站，是新时期我们实施科技兴粮的一项重要举措，也是推动粮食仓储企业转型发展的有效手段。具有以下功能特点：

　　（一）光电建筑一体化，观感时尚靓丽。目前，在粮库应用的太阳能光伏建筑材料主要有陶瓷瓦和光伏板瓦两种产品，均具有无色差的外观、平滑细腻的色泽、均匀一致的材质。"仓顶阳光工程"建设，使整个屋面既保持传统瓦的建筑风格，又增加了建筑的视觉美感，较好地实现了光电建筑的一体化，改变了传统的粮食仓库建筑风貌，融入了新型工业化、城镇化的现代元素，美化了整体建筑形象，提升了生态文明环境，整体观感时尚靓丽。

（二）光伏屋顶驱动，打造"恒准低温"标准仓。光伏屋顶建成后，有效降低太阳光对原屋顶的直接照射，减少了热量的积聚传导，特别是老仓光伏屋顶改造后，光伏屋顶与原屋顶之间新增一个隔热层，屋顶隔热效果改善明显。通过在直属库实仓改造测试表明，原屋顶隔热层温度降低 12℃ ~ 14℃，仓温同比降低 6℃ ~ 7℃，上层平均粮温同比降低 2℃ ~ 3℃。同时在直属库 P17 号仓以光伏为驱动能源，通过智能温控将平均粮温控制在 15℃ ~ 20℃，已连续 3 年未进行冬季机械通风，实现了"恒

粮库仓顶光伏发电

准低温"储粮，能耗低于 1.0 千瓦时 / 吨，大大低于常规准低温仓，库存粮食品质稳定可靠。因此，"仓顶阳光工程"及其"恒准低温"标准仓的建设，是建得好用得好的新平台，已成为浙江省储备粮管理有限公司实现粮食保鲜储藏的新途径。

在试验仓取得成功经验的基础上，浙江省储备粮管理有限公司利用

旧仓改造，实施"仓顶阳光工程"，建成"恒准低温"标准仓容 3 万吨；利用新库建设，实施"仓顶阳光工程"，建成"恒准低温"标准仓容 3 万吨，并着手研究制定相应操作规程和技术标准。

（三）利用光伏能源，打造"零能耗"粮库。以一个 10 万吨仓容的粮食储备库为例，全部仓库屋面建设"仓顶阳光工程"，其光伏电站总装机容量可达 2.8 兆瓦，设计年发电量最高可达 300 万千瓦时，完全超过粮库每年正常生产、办公及生活用电需要，达到狭义上的"零能耗"粮库。

（四）防台风防渗漏，运行维护费用低。光伏陶瓷瓦和光伏板瓦具有普通瓦属性，结构坚固，致密性高，雨水无法渗透，使用寿命长达 30 年以上；构造设计合理，安装搭接牢固，可有效抵抗台风及暴雨的侵袭；光伏电站有关技术及其工艺设备成熟可靠，自动化、信息化程度高，日常运行和维护保养费用较低。

（五）加快产业融合，推动"中国好粮油"行动。粮库拥有丰富的闲置屋面，开发建设"仓顶阳光工程"，可以节省大量土地资源，并通过相关应用技术开发，改造升级传统储粮工艺及技术，延伸粮食仓储行业产业链，增加企业经济效益，促进光伏制造业与粮食仓储业的深度融合。同时，开发建设"仓顶阳光工程"与"恒准低温"标准仓，有效实现粮食保鲜储藏，对增加绿色优质粮食产品供应，推动"中国好粮油"行动，对加快粮油仓储业转型升级、绿色发展、提质增效都将具有十分重要的现实意义。

二、光伏电站建设方案

（一）总体设计思路。"仓顶阳光工程"按照"自发自用、余电上网、就近消纳、电网调节"的运营模式进行设计，突出驱动低温储粮功能，达到"多位一体"效果，实现经济效益和社会效益的最大化。

（二）系统构建方式。光伏电站包括仓库屋顶、光伏组件、逆变设备、避雷设施、气象站、监测系统等。目前，光伏组件形式多样，公司主要采用光伏陶瓷瓦和光伏板瓦两种；在安装形式上，采用屋顶南铺和南北均铺两种方式；同时，做好相应的信息化建设工作。

三、经济和社会效益分析

以一个仓容量 10 万吨平房仓的储备粮库，37000 平方米屋面全部使用光伏陶瓷瓦或光伏板瓦建设光伏电站，按发电 30 年分析计算其经济和社会效益。

（一）投资额

平均投资 3320 万元。

（二）综合经济效益 16214 万元（30 年）

综合经济效益计算方法：节省费用 + 直接收益 – 费用支出 = 综合经济效益

1. 节省费用 7720 万元

（1）减少屋顶维修费用 2220 万元。铺设光伏屋顶 30 年免维修，如果按旧仓 5 年维修一次屋顶，维修单价 100 元 / 平方米计算，30 年可以减少屋顶维修费用 2220 万元。

（2）减少粮食轮换出入库费用 5500 万元。低温储粮延长粮食轮换。按储备粮在 30 年内减少轮换 2.5 个周期，调拨费用按 140 元 / 吨，出入库费标准各按 40 元 / 吨计算，可节省轮换出入库费用 5500 万元。

2. 直接收益 10300 万元

按现行补贴政策，企业用电市价 1.0 元 / 千瓦时、上网电价 0.41 元 / 千瓦时、企业年用电量 30 万千瓦时计算，前 5 年自用电价收益为 1.82 元 / 千瓦时；上网电价收益为 1.23 元 / 千瓦时，后 25 年自用电价收益为 1.52 元 / 千瓦时，上网电价收益为 0.93 元 / 千瓦时。

安装陶瓷瓦：装机容量约为 1600 千瓦，预计平均年发电量 160 万千瓦时，前 5 年发电效益 1072.5 万元，后 25 年发电效益 4162.5 万元，合计 5235 万元。

安装光伏板瓦：装机容量约为 2800 千瓦，预计平均年发电量 280 万千瓦时，前 5 年发电效益 1810.5 万元，第 6 ～ 25 年发电效益 6952.5 万元，合计 8763 万元。

平均发电收益为 7000 万元。考虑到太阳能光伏发电年衰减量，在 30 年内约衰减 20%，平均发电收益约为 6300 万元。

品牌引领发展模式

实施"品牌+"　培育稻米发展新动能

松原粮食集团有限公司

　　松原粮食集团（以下简称"松粮集团"）坐落在吉林省松原市，粮食常年产量 800 万吨，品类齐全、品质上乘。2012 年 6 月，松原市委、市政府为加快品牌农业发展，组建松原粮食集团有限公司。松粮集团从组建之日起，探索实施"品牌+"发展战略，确定"查干湖"地域名片，作为区域稻米企业发展的旗帜和统领，整合区域中小企业和合作社，共同走上一条产前、产中、产后相互依托、优势互补、协调发展、共同提升的产、购、储、加、销一体化的全产业链发展之路。

一、品牌引领，凝神聚力树形象

　　面对区域内品牌多而杂、杂而小的局面，松粮集团提出"共举一杆旗、同打一张牌"整合理念，以"吉林大米"为旗帜，以"查干湖"品牌为核心，集中力量，形成拳头，全力打造"查干湖"这张金字招牌。在企业整合上，松粮集团坚持"小而美"的理念，采用小群体、大规模，分散布局、集中管理的方法，5～10 公里布局一个联盟企业，每个企业辐射 30000 亩以上的水田。这种网格式布局的"群狼战术"，有效降低运输成本，提高辐射效率，优化资源配置。通过品牌的带动力量和溢价能力，搭建平台经济载体，让更多认同"查干湖"品牌的加工类企业、商贸类企业在平台上交易，松粮集团提供服务，让商家创造并分享品牌带来的成果和红利。

查干湖大米

二、资本驱动，知难而进破症结

资本是经济的血液，更是中小粮食企业的命脉。松原市域内稻米加工企业多为民营企业，普遍存在资金短缺和贷款难、贷款贵的现象。为此，松粮集团成立三农小额贷款公司，合作社成员以水田为质押物，每公顷水田贷款 3 万元，平均年化利率仅 7.2%，切实解决稻农资金方面的难题。同时，松粮集团以"查干湖"品牌为统领，组建"查干湖大米产业联盟"。在联盟的基础上，集团大胆提出"1+1+N"金融模式，即"集团 + 银行 + 联盟企业"的粮食供应链金融服务模式。突破单纯就粮食研究粮食的传统思维，将粮食转变为金融的载体，相互作用。"1+1+N"金融模式的思路是充分挖掘粮食金融属性，提升粮食的金融价值。"1+1+N"金融

模式中，平均年贷款利率仅为 6.9%，联盟企业每千万元贷款节约资金 30
万～40 万元。三年来，通过多种渠道，累计为联盟企业解决资金近 5 亿元，
有效撬动近 20 亿元当量的周转金，切实为联盟企业输入血液和活力。目
前，加盟企业已经覆盖松原、白城、四平三个地区，加盟户数达到 22 户，
年加工能力 100 万吨。

三、科技支撑，豁出血本抓根本

品牌建设是一项系统工程，特别是大米品牌，没有好的品质，无从
打造好的品牌，而好品质来自好品种。松粮集团做大米品牌的逻辑关系
是"品种决定品质、品质决定品牌"。为引进和研发适时、适地的好品种，
松粮集团成立松农高科公司，打造试验示范基地。2017 年，松粮集团继
续打造"中国北方粳稻种子硅谷"基地，引进黑吉辽及宁夏、山西、河北、
天津、新疆等 8 省区市 18 个水稻科研院所，以及我国台湾、日本等 200
个新品种，从大长粒、中长粒、小长粒到大圆粒、小圆粒、椭圆粒，再
到浓香、清香、自然香型等各类品种均落户松农高科试验田，进行实验
和繁育，全力打造首个"中国北方粳稻种子硅谷"。在品种引进、研发
方面，松粮走在同行业的前列。松粮集团不同于一般产品创新和商业模
式创新的企业，笃信只有种子科技创新才拥有真正改变格局的力量。

四、标准统一，追根溯源保质量

做品牌的本质是做一种标准。松原粮食集团坚持标准引领，在种植
环节、仓储环节、加工环节加强标准的制定。在种植环节，坚持"五统一"
和"六安模式"，打造出具有"查干湖"血统的系列产品，树立米中贵
族的高端形象。在仓储方面，为确保"查干湖大米"的高端品质，松粮
集团采用建设光伏低温库和雪冷技术，使原粮保管始终处于低于 15℃的
准低温状态，达到"绿色储粮""环保储粮"标准，确保水稻的脂肪酸
值控制在鲜米的指数范围，保证消费者一年四季吃新鲜大米，保护了"查
干湖大米，流淌着乳汁的口粮"的佳品形象。在加工环节，每一款、每

一规格的大米，都有自己的标准，不达标准，绝不出厂。松粮集团精益求精的"工匠精神"，为消费者带来了"口感记忆"。

五、基地保障，规模经营出效益

农产品的第一属性为地域性，名特农产品都具有鲜明的地域特征。保护好地域环境，是保证大米"母体健康"的前提。为保护好种植区域和珍贵的黑土地，松粮集团首先联合前郭灌区，设立全国第一家水稻种植区域保护区，即"查干湖大米生态群落保护区"，米保区规划面积120

秋收节

万亩，核心区面积50万亩，保区内聘请100多名专兼职技术人员和稻农，对保护区进行专门管护。

松粮集团的联盟企业基本上都在米保区，每个加盟企业组建和带领1～2个合作社，每个合作社发展社员300户以上。松粮集团鼓励合作社适度规模经营，在农机、种肥、收割、收购等方面提供补贴和优先政策。目前，已组建和带动合作社 26 个，成员发展到 8000 多户，产品全部由联盟企业收购，每斤水稻价格高于市场价格 1 角钱，可以直接兑付现金，合作社成员人均增收 1200 元，真正实现产、加、销一体化的循环体系建设。

六、集群发展，产业融合促升级

松原粮食集团实施"品牌＋"战略，上连第一产业、下接服务业，中间做好加工业，是典型的一二三产业相融合的经济体系。松原粮食集团"公司＋工厂＋合作社"的经营模式，促使产、加、销每个环节都是相互依存、相互支撑的关系。每个环节都做出创新和提升，促进供给结构和需求结构升级，促动生产要素优化配置，实现价值链升级。在实践中，品牌建设实现农业供给端提质、销售端增效，为传统农业转型发展提供了抓手。同时，也打通向中小企业和农民输送政策红利的通道，更好地放大国家农业和粮食政策的引导效应。

让黄小米成为大产业

山西沁州黄小米（集团）有限公司

山西沁州黄小米（集团）有限公司是以沁州黄小米为基础产业，以小米深加工产品为主导方向，集良种繁育、基地种植、科研开发、产品加工、市场营销于一体的省级农业产业化经营重点龙头企业。集团下设5个控股子公司，主要产品有沁州黄小米、谷之爱婴幼儿营养小米粉和三甄谷味杂粮三大系列。

一、强化基地建设，打造优质安全绿色农产品

山西沁州黄小米（集团）有限公司以提升沁州黄小米品质为核心，采取有效措施，夯实沁州黄谷子种植基地建设。

一是坚持开展科研育种攻关，与山西省农业科学院谷子研究所、山西农业大学、山西省农业厅土肥站和技术站等科研机构、高校密切合作，常年开展良种繁育试验等一系列科研活动，有效解决谷子品种退化、易倒伏、颗粒不饱、色泽不均等问题，提高了谷子抗病、抗旱性能。其中山西沁州黄小米（集团）有限公司自主选育的沁07012谷子品种，各项营养指标均高于国家标准，特别是蛋白质含量达到13.1%，小米品质实现了历史性突破，2011年经山西省农作物品种鉴定委员会审定通过，正式命名为"沁黄2号"。

二是严格实行标准化种植生产。山西沁州黄小米（集团）有限公司制定了一整套以技术标准为核心的有机、绿色沁州黄谷子种植管理规程和标准体系，主要有种植基地标准、种植技术规程、良种繁育技术规程、施肥标准、病虫害防治标准和田间管理标准等；同时，对沁州黄种植基地严格实行"五统一"基地管理，即统一规划地块、统一种植品种、统一技术规程、统一配方施肥、统一订单收购。坚持公司、乡、村三级管理，基地管理员划区分片，包乡镇、包农户、包地块，明确任务，责任到人，从种到收严格把控基地生产的全过程。公司与基地农民通过合同约定双方的权利和义务，做到种植管理有标准，企业经营有计划，产品质量有保证。

沁州黄小米充氮包装流水生产线

三是建立了一整套严密规范的质量管理体系和二维码质量追溯制度。修建大型恒温储藏库，确保谷子原料常年保持在 0～5℃ 的恒温环境。利用信息化手段对全县种植沁州黄谷子的地块、品种、施肥、收割、轮作以及加工、储藏、运输、销售，实现从农田到餐桌360度全程质量管控，从源头上确保了沁州牌沁州黄小米产品质量有机绿色、安全可靠。

四是为沁州黄种植农户提供"六免费"服务，即聘请专家教授对农户免费开展种植、管理技术和病虫害防治业务培训；免费向基地农户提供播种机、脱粒机、割晒机、烘干机、无人遥控飞机等农业机械化设备使用；免费提供基地农户运送沁州黄谷子专用肥；免费为交谷农民提供午餐，并全额补贴农民交售谷运输费用；对有机轮作基地种植农户每亩每年补助 300 元；对建档立卡贫困户，在享受上述"五免费"的同时，又增加免费提供并运送沁州黄优质谷种和谷子专用肥、免费喷施富硒肥和农药、免费上门脱粒收购谷子等特惠政策，为基地农户提供产前、产中、产后一条龙服务。企业和农户结成了经济利益共同体，极大地调动了基地农民种谷积极性，2017 年发展沁州黄有机、绿色标准化基地 6 万亩，年产优质沁州黄谷子 15000 吨，带动 26000 多农户户均年收入 4500 元。

二、坚持科技创新，引领全国小米产业转型升级

从 2007 年开始，山西沁州黄小米（集团）有限公司启动了《沁州黄小米深加工产品综合开发项目》，联合中国农业大学食品科学与营养工程学院，成功研发了谷之爱婴幼儿营养小米粉，该产品按照国家婴幼儿一级辅食标准，经过数十道工序精制加工而成，获得国家两项专利，被专家誉为"全价植物营养"。同时投资 1.07 亿元，建成全国第一条全自动现代化的谷之爱婴幼儿营养小米粉生产线。2011 年成功推向全国市场，受到广大消费者青睐，成为全国唯一一家以小米为主要原料加工生产的婴幼儿营养小米粉企业，延伸了小米产业链，提高了产品附加值，填补了我国婴童辅食食品市场的空白。2014 年起又投资 1.5 亿元，建设年产20000 吨谷之爱中老年营养小米粉和特殊医学用途配方食品生产线，并与多家高等院校、科研机构研制产品配方，预计投产后年加工转化谷子 2 万吨，可带动 4 万农户新发展沁州黄谷子基地 8 万亩，为实现农民增收、企业增效、产业升级，促进县域经济发展做出新贡献。

渗水地膜谷子标准化基地

三、实施品牌战略，完善产品营销网络体系

山西沁州黄小米（集团）有限公司坚持品牌强企战略，实现了由卖产品向卖品牌、由卖价格向卖价值的转变。一是深度挖掘沁州黄小米历史文化和生态原产地保护产品的内在价值，彰显品牌差异性。二是开展营销策划和品牌宣传，聘请全国知名的品牌策划机构，策划营销策略，改进包装设计，提升产品档次；借助中央和省市电视台、网络、报刊等主流媒体，宣传报道沁州黄产品；参加国内外农产品博览会、展销会等，极大提升了品牌的知名度和美誉度。三是不断加强营销团队建设，在全国建立了完善的市场营销网络体系；扎实盘稳北方市场，深入开发南方市场；大力发展电商业务，线上线下同步推进；沁州黄小米享誉国内外，产品远销美国、加拿大；谷之爱婴幼儿营养小米粉终端销售店超过 10000 个，营销市场覆盖全国 28 个省、自治区、直辖市。

完美融合"种植 + 加工 + 品牌"

重庆红蜻蜓油脂有限责任公司

重庆红蜻蜓油脂有限责任公司（以下简称"公司"）是重庆粮食集团的骨干核心子企业，是集粮油购销、仓储保管、物流加工、投资贸易、进出口业务、商业信息咨询为一体的大型国有粮食企业，是西南地区经

"红蜻蜓"品牌食用油

营、生产植物油脂油料最大的国有独资企业。公司大力实施品牌战略，打造的"红蜻蜓"品牌涵盖食用油及粕类，拥有菜籽油、大豆油、芝麻油、花生油及调和油系列五个品类共计四十多个单品。

一、强化产学研支撑，提高企业发展水平

构建产学研合作的有效模式和长效机制，是提高产品市场竞争力的基础。公司采取多种方式，与相关科研院校的科技人才合作。通过与西南大学、江南大学、武汉轻工大学合作，公司成功研发了具有保健功能的红蜻蜓调和油系列产品、红蜻蜓调味品系列产品，目前正在进行牡丹籽油、抗氧化大豆油以及养生花生油的开发研究。公司还计划与国家粮食局无锡科学研究设计院进行合作，加快科技成果转化，提高产品市场竞争力。

二、设立产品技术中心、加强技术研发

公司依靠技术进步和技术创新，不断提升生产规模与产品品质。自2002年公司成立产品技术研发中心以来，公司不断加大创新投入，累计已投入上千万元，并制定了技术创新发展规划。公司还注重培养、引进高级技术人才。不仅高薪聘请经验丰富的业内专家作为课题技术带头人和主研究人，邀请高校专家教授作为技术中心常年顾问，每年还派出技术骨干进行培训、进修。公司现有科技人员53人，其中大学本科以上学历的40人。未来的研发计划将坚持"多样化、优质化、绿色化、营养化和方便化"方向，完善技术中心硬件设施，围绕市场需求改善食物结构和营养结构。

三、实现"种植＋加工＋品牌"的完美结合

近年来，公司以生产加工红蜻蜓食用油为引擎，实现"种植＋加工＋品牌"的完美结合，重点打造从田间到餐桌的全产业链，支持地方经济发展，带动当地农户增收。

"红蜻蜓"万人广场舞大赛

一是建立利益共同体带动农户增收。公司于 2012 年在潼南县建成日压榨油菜籽 150 吨的菜籽压榨生产厂，并建设了约 15 万亩油菜籽种植基地，与当地农户和专业合作社以订单农业或"基地＋农户（专业合作社）＋贸易"等方式建立利益共同体，开展油菜籽种植基地建设，促进农业种植向集约化发展，提升农业产业化水平和机械化水平，带动 15 万户农民增收。以高于保护价 400 元/吨收购基地油菜籽，每年直接让利农户 1800 万元。

二是产业融合促进品牌知名度提升。公司通过举办"菜花节"等乡村旅游，为当地农民带来高额的附加服务收入，带动了农村土特产销售和当地经济，又为公司产品宣传提供了平台，进一步提高了红蜻蜓食用油品牌的知名度和美誉度，提高了产品的市场占有率。2016 年，"红蜻蜓"食用油获得"消费者最喜爱的重庆品牌"称号，同年荣获"2016 年度中国十大食用油品牌"第 4 名，销售收入近 50 亿元。2017 年公司成功申报了"中国好粮油示范企业"和"中国绿色制造"示范企业，成为全国第一批获此殊荣的油脂加工企业。

坚持品牌创新　引领企业发展

道道全粮油股份有限公司

　　道道全粮油股份有限公司（以下简称"公司"）是一家集食用植物油及其相关副产品生产、科研、贸易、仓储、物流于一体的大型综合性油脂加工企业，是国内第一家以菜籽油加工为主的上市公司。2016年，公司实现主营业务收入269099万元，上缴各类税收12426万元，其各项经济指标居国内菜籽油加工企业前列。

　　做精做专产品，率先在细分市场中走上品牌发展之路，是公司实现多年高速发展的核心举措。在外资垄断资源、大品牌垄断市场的激烈竞争环境下，公司以争创国内食用油民族第一品牌为目标，坚持品质至上、消费者至上的产品理念，通过品牌与技术创新，使品牌知名度与产品美誉度迅速提升，创造了良好的经济效益与社会效益。

一、致力信息技术应用，开辟企业未来发展之道

　　2015年9月，为生产高品质的道道全菜籽油，公司组建专业化信息团队，对新工厂进行布局和规划，致力于将新工厂建设成为全国智能化水平最高，信息化程度最高，质量管控最严格的粮油生产加工基地。公司引进了制造执行系统（MES）和用友ERP-NC系统，建立了自动化的立体仓库，实现生产系统信息化和业务系统信息化的整合。智能化工厂

全自动生产线

在保证工艺稳定，全过程检验的同时，运用信息化手段，对生产过程中每一瓶油的关键质量节点，进行在线监控。据测算，新工厂实现智能化质量管控后，质量检测效率将比现有工厂提升30%以上，成为国内食用油质量管理的标杆企业。

为杜绝食品安全问题，2016年，公司率先在油脂加工企业中应用物联网技术，引进的二维码追溯系统负责采集记录产品生产、流通、消费等环节信息，实现来源可查、去向可追、责任可究，保障产品从生产到市场端的可追溯性，通过二维码，强化了全过程质量安全管理与风险控制，提升产品的质量，降低消费者购买到假货的风险，促进道道全品牌不断向上发展。

二、进行品牌形象与理念创新，引领品牌发展之道

2015年，为适应市场变化及满足消费者日益增长的消费需求，公司与知名品牌战略机构开展深度合作，历经两年的市场调研和专业研究，完成对原有品牌理念、商标、包装和广告设计等品牌形象的全面设计。

这些 VIS（视觉识别系统）设计精美特独、别具一格，既体现传统产品形象特色，又表现名牌产品的美感与活力，生动演绎"让饮食更养生"的品牌新形象。

"道道全，让饮食更养生"，包含了道道全人的大智慧和对未来的憧憬。随着新广告片在央视的不断播出，"让饮食更养生"被越来越多的人知晓和认可。道道全从最开始的聚焦产品"天然纯正无腥味"独特差异化，在食用油一片红海里杀出重围，到开创压榨油新品类新概念，再到如今聚焦品牌内在价值重生，倡导推出"让饮食更养生"的新理念。

在 2015 年 IAI 国际广告大赛中，道道全作为唯一一家油脂行业企业斩获 IAI 国际广告银奖（金奖空缺）。2016 年，道道全建立了一套运行科学规范的品牌培育管理体系。经过品牌形象与理念升级以及品牌管理体系的建立完善，公司高端产品市场占比迅速提升至 30% 以上，创造了良好的经济效益。

三、加快传统技术创新升级，引领品质发展之道

产品差异化是品牌制胜的法宝，实现产品差异化必然要依靠技术创新。近年来，公司加大了技术创新工作力度，研发投入逐年增加。应用行业首创的冷冻脱蜡专利技术不断优化产品品质，改善油品外观；菜籽脱皮冷榨工艺技术为开发营养型菜籽油产品奠定基础；菜籽油氮气保鲜技术开创了油脂抗氧化技术新渠道。公司组建企业院士工作站、岳阳市工程技术研究中心、省级企业技术中心、国家油菜籽加工技术分中心等科研平台，通过科研合作以及自主创新先后获得 20 余项专利，是国内油脂行业中为数不多的具备对食用油的质量、卫生指标全面自行检测技术的企业。

四、强化品牌融合发展，引领产业发展之道

为了实现生产与需求的有效对接，更好地发挥龙头企业的引领示范作用，公司先后在湖南岳阳华容、湖南岳阳君山、重庆涪陵以及南京高

机器人分拣作业

淳建立了油菜籽原料基地，在岳阳君山建立了千亩油菜科技示范种植基地；沿长江流域上中下游进行生产布局，先后在南京、重庆、岳阳设立了三个生产基地；利用长江岸线资源，投资 1.8 亿元建设了年吞吐量 300 万吨的湖南城陵矶新港区粮油公用码头项目，充分发挥了长江黄金水道作用，既大幅降低了企业物流成本，又推动了地方港口经济发展；既促进了企业生产经营发展，也推动了油菜籽产业发展。

产后服务体系建设模式

发挥粮食经纪人桥梁纽带作用

河北柏乡国家粮食储备库

　　河北柏乡国家粮食储备库（以下简称"柏乡粮库"）是一家集粮食收储和经营为一体的国有粮食购销企业。始建于 1963 年，曾是河北省最小的一个基层粮站。如今，柏乡粮库已经发展成为占地 500 亩、员工超百人、仓容量 10 亿斤、年经营量 30 亿斤、享誉全国的地方国有大粮库。在市场多变、经营困难的情况下，柏乡粮库创造了连续 30 年盈利上台阶的优秀业绩，在国家三次清理亏损挂账中，没有报过一分钱经营性亏损挂账，在粮食经营、保管和科学保粮等方面创下 10 项全国之最。2016 年 1 月，国家粮食局作出决定，在全国粮食系统开展向柏乡粮库学习活动，将柏乡粮库确定为全国粮食系统党校教育基地。

　　近年来，随着粮食流通体制改革的不断深化，粮食购销市场化程度越来越高，柏乡粮库积极培育发展粮食经纪人诚信队伍，在推动粮食供给侧改革、服务种粮农民、促进企业发展方面收到了良好效果。

一、粮食经纪人的发展情况

　　目前，柏乡粮库共有粮食经纪人 1956 个，主要分为两种类型：

　　一类是小经纪人，主要走村串户收购粮食，共有 1893 人。这类粮食经纪人主要是种粮农民，农忙时在田间耕作，农闲时走村串户收购粮食送到粮库、加工企业或出售给个体粮点。大多由父子、夫妻或兄弟搭档组成，也有的由邻里朋友合伙组成，拥有三轮车或拖拉机等农用运输车、磅秤以及水分测定仪等常规检验设备，活动范围以所在村为中心方圆 30 ～ 50 千米。提供搬运、过秤、装车一条龙服务，有的还帮助售粮户脱粒，每辆车平均每天可收购粮食 2000 ～ 2500 千克，毛收入一般在 2 ～ 4 分 / 斤。

　　另一类是大经纪人，有固定的收购场所和必备的仓储设施，共有 63 人。这类经纪人大多是买断工龄的原粮食企业职工或有一定经济基础的运销专业户，一般拥有 50 万元以上的自有资金，有固定的收购场所和一定的仓储能力，年收购量在 500 万千克以上。

柏粮集团大门

二、发展粮食经纪人的主要做法

为了规范粮食经纪人的行为,柏乡粮库主要从三方面着手,规范管理,提供服务:

(一)加强粮食经纪人的职业道德教育。出于便民、利民、兴企的考虑,柏乡粮库对粮食经纪人进行规范管理,为1956名粮食经纪人发放了诚信经营卡,制订了严格的奖惩办法。根据粮食经纪人交售粮食数量多少给予不同的奖励,奖金可以每月支取,也可数月累积兑现,一年内有效。同时,柏乡粮库还公布了举报电话。凡不讲诚信、坑害群众或有损柏乡粮库声誉的经纪人,发现一次,取消当月交粮奖励;发现两次,取消六个月的交粮奖励;发现三次,取消全年的交粮奖励;对于扰乱市场、坑农害农、影响极坏的经纪人,取消其持卡资格。对取消了诚信经营卡的经纪人,自取消之日不再享受柏乡粮库提供的各种优惠政策。

(二)加强粮食经纪人的业务培训。柏乡粮库培训粮食经纪人,不拘形式,不分场合,利用一切可以利用的机会,帮助粮食经纪人提高政策意识、业务素质和整体水平。一是夏秋两季收购开始前集中培训。每年新粮上市前,分批对粮食经纪人进行粮食质量价格政策的培训,包括如何定等、如何辨认不完善粒、最低收购价小麦的等级价差、品种价差如何规定,等等。二是印发宣传资料。对于国家粮食政策、粮食新标准等重要内容,除了口头讲解外,还印发文字资料。三是现场培训。每个粮库员工都是义务宣讲员、义务培训员。收购现场的入库验质过程,就是对粮食经纪人最直接的培训。通过培训,提高了粮食经纪人的业务素质和政策水平,也增强了他们执行国家质量标准和粮食政策的自觉性。

(三)为粮食经纪人提供信息服务,提高其应对市场的能力,发挥示范带头作用。柏乡粮库为每个粮食经纪人建立了基本情况档案,并保持定期联系,及时将粮库收集到的粮油市场行情告诉他们,帮助他们分析市场走势,增强了粮食经纪人的市场反应能力。再通过粮食经纪人把粮食市场需求和价格信息带到农村,也为粮食企业提供了农民种植意愿;

粮食经纪人根据市场供求调整种植结构，对广大农民起到引领示范作用，成为当前农村粮食市场信息传播的重要载体和粮食种植结构调整的示范户、带头人。

粮食经纪人在收粮现场

三、发展粮食经纪人收到良好效果

通过对粮食经纪人的规范管理和服务，柏乡粮库培育了一支为我所用、诚信经营的粮食经纪人队伍，在企业组织粮源中发挥的作用日益明显，对于柏乡粮库更好地掌握粮源、构建新型粮食收购网络，发挥了十分重要的作用。

一是方便了农民售粮。柏乡粮库通过规范粮食经纪人的行为，树立了粮食经纪人的良好社会形象，农民在家门口或田间地头直接把粮食卖给经纪人，极大地方便了农民售粮。

二是促进了农民增收。粮食经纪人在种植结构调整上的示范作用和在农村市场信息传播中的载体作用，帮助农民更快地认识市场、了解市场，促进农业供给侧结构性改革，增加农民种粮收入。

三是扩大了企业经营。粮食经纪人队伍的发展壮大，有效缓解了粮库人手不够、收购网点不足的矛盾，有利于粮库更好地掌握粮源，扩大经营，已经成为国有粮食购销企业的合作伙伴和依靠力量。

四是提供了就业岗位。仅柏乡粮库1956个农村粮食经纪人，就可以提供3900多个就业岗位，为农民和下岗职工提供了大量就业机会。

创新模式　为农服务

宁夏昊王米业集团有限公司

宁夏昊王米业集团有限公司是一家集种植、养殖、加工、销售、仓储、烘干、物流、研发于一体的中国大米加工行业 50 强现代化企业，辖 7 个分公司和 1 个现代农业综合服务中心，总资产 5.6 亿元，截至 2016 年年底，实现销售收入 7.3 亿元，利润总额 5963 万元。日加工水稻能力 500 吨，年产精米 12 万吨。主要产品有昊王有机米、宁粳 43 号等 20 个系列 80 多个单品。

公司以一二三产业融合为导向，积极创新发展，通过建基地、建平台、联农户，进一步打造宁夏大米品牌，使企业年增收近亿元，带动范围内 2000 多农户，年均增收 18000 元，为社会提供就业岗位 100 多个，季节性用工 400 多个，实现了企业、农户双赢，社会效益、生态效益显著的目的。

一、创新运营模式

公司在谋发展的同时，以农业综合服务为突破口，以服务"三农"为宗旨，以改革创新为动力，建立了"龙头企业 + 粮食银行 + 基地 + 农户""一体、两翼、三平台"的运营模式，即以现代农业社会化综合服务中心为主体，以农业专业合作社联合社、农业龙头企业为两翼，搭建集合土地托管、土地流转、化肥供应、种子供应、农药供应、统防统治、机械化作业、种植技术指导服务的土地托管服务平台，提供粮食交易、烘干、仓储、加工、销售、配送、深加工服务的粮食银行服务平台，联合基金管理公司、投资公司、龙头企业等成立产业基金，为全产业链提供资金保障，为农户、合作社提供贷款担保、农业保险等金融服务的产业金融服务平台，打造"农民靠得住，企业用得上，服务功能全，带动作用好"的现代农业综合服务体系，助推宁夏现代农业、特色优势产业发展。

宁夏昊王米业集团有限公司

依托公司多年的加工和品牌优势，实现了四个创新：一是有机连接龙头企业、服务中心、农户的经营模式创新；二是粮食实物货币化的服务产品创新；三是引入"粮食银行"模式的服务模式创新；四是由简单粮食收存拓展到农业全产业链服务的服务业态创新。形成产、供、销、农、工、贸、科一二三产业融合发展的经营体系，实现"企业创新、农业增效、农民增收、农村变新貌"的目标。

二、组建现代农业综合服务中心，为农民提供全方位服务

公司投资 6.05 亿元组建了永宁现代农业综合服务中心（以下简称"服务中心"），该项目被列入"自治区农业重点示范项目"和"新农村建设改革城乡一体化推广项目"。服务中心围绕宁夏特色优势"1+4"产业，开展产前、产中、产后的全面服务，为农户、合作社、龙头企业提供土地托管、订单收购、农资供应、配方施肥、农机作业、统防统治、低温烘干、冷链储存、市场信息、农产品销售等全程化生产性服务。

（一）建设优质水稻种植基地

公司大力实施"订单农业"，采取自建、共建、订单收购等方式，建立稳定的优质粮原料基地，推广绿色无公害有机稻种植技术，转基因水稻种植技术，以灵武新华桥米业公司为生产核心区，在现有水稻基地基础上，实施倍增计划，形成优质稻原料保障圈和补给圈。在全市范围内推广水稻优良新品种，形成了优质稻原料保障圈。进一步拓展区外资源，将"订单农业"面积扩展到周边地区，形成了涵盖周边县（市）的优质稻原料补给圈，建设万亩优质稻高产稳产基地。在此范围内创建高产示范片，组建一批镇级优质粮油种植协会，成立小型合作社，带动基地农户增收。

一是打造有机水稻生产基地。公司通过流转土地形式，建立以种植专业合作社为主，农业技术人员参与指导的长效协作机制，通过集成组装配套先进技术和装备，按照有机水稻种植规程，统一种子购买、统一种植、统一田间管理、统一采收，积极开展有机水稻种植基地建设，从源头抓质量，确保水稻优质。

二是发展"五优"优质水稻生产基地。采用土地入股形式，与村、队合作，以土地入股模式建设"五优"优质水稻生产基地，原则上谁的地由谁进行水稻的种植管理。同时成立合作社，由全村农户推选有威望的人，任合作社的理事长和常务理事，理事会负责与粮食银行接洽，做

好全队农机服务与农资供应协调组织工作，工作小组只和理事会对接工作。会同农牧部门对验收达标的"五优"优质水稻生产基地，每亩单产500公斤以上，给予200元的补助资金，提高项目资金的使用效率。同时采用订单种植形式，与合作社、大户签订订单，所产的优质水稻统一由昊王米业集团收购。

现代化米业加工基地

（二）充分发挥服务中心的服务职能

按照"政府推动、龙头企业带动、各合作社联动"的市场化运作原则，为农民提供农业生产"产前、产中、产后"3个环节95%以上的生产服务，为农村城镇化后的农户提供生活服务、技能培训、信息服务、劳动就业、金融服务、中小企业农产品服务。

一是土地托管服务。公司发起农民专业合作社组成了昊鑫农业产业化专业合作社联合社，将农户土地集中起来，交由联合社托管，农民按照约定产量或收入取得收益，对耕、种、管、收、售等生产环节提供全程服务，服务中心以优惠的价格向种植合作社和农户提供农业生产资料，实现种植环节"品种、育秧、耕种、灌溉、施肥、植保、收货"的七统一模式。

二是粮食银行服务。农户自愿将粮食存入粮食银行，提高了粮食利用率和储藏品质，规避了市场风险，且存储期间享受 6% 分红。粮食银行每年可为农户提供 5 万吨水稻、2 万吨玉米、1 万吨小麦的绿色储粮服务，可解决 6000 多户农民 12 万亩粮食产出的粮食储藏需要，可节粮减损 8000 吨，为粮食加工企业提供 8 万吨优质粮食原料。同时应用粮食银行信息平台，设立中心村便民服务网点，为农户提供粮食、农资等生产资料的交易、结算服务，以及兑换生活用品、缴纳水电费、充值手机话费等服务，为龙头企业提供优质粮食原料信息、价格信息、质量信息等。

三是产业金融服务。服务中心成立金融服务平台，提供担保贷款服务、农业保险服务、基金平台服务，以宁夏昊御现代农业产业化专业合作社联合社为中心，建立合作信用机制，实施内部小额贷款。将服务中心的每一块土地与保险部门对接，出现自然灾害时，按种植成本赔付。

三、科技引领，技改升级，实现了水稻全产业链开发

公司与国家粮食局科学研究院、宁夏大学、宁夏农林科学院、宁夏粮科技术咨询中心等科研院所、高校合作，开展水稻全产业链技术研发，目前已成功转化出发芽糙米生产工艺技术、胚芽米生产工艺及设备、大米加工的碎米控制技术及年产 2000 吨胚芽生产业化等科技成果，发明 40 项实用新型专利产品，获得发明专利 6 项。依托技术中心和稻米及副产物深加工技术创新，公司加大科技创新研发力度，不断延伸稻谷产品深加工产品。综合利用成品后的副产品开发新产品，2016 年开发出了新品大米酸奶、速溶米粉、特色馒头、昊王米饭等大米深加工产品。实施副产品生产线建设，提高粮食资源的利用率，增加产品附加值，实现了水稻全产业链开发。

四、打造传统与"互联网+"的营销模式

采用传统直销店及商超销售模式与互联网+电商销售模式相结合的方法，实现O2O线上线下相结合商业模式，用新的营销理念和方式，进行市场规划、分类、分级、营销，让客户随时了解企业产品动态，实现线上销售和线下配送的无缝对接。2015年集团公司成立了电子商务平台，入驻阿里巴巴、天猫、京东、苏宁易购等平台。同时与周边加工企业、专业合作社、农户签订电商技术服务、销售服务协议，通过公司电子商务平台以及销售网络，将当地优势特色农产品通过线上线下的模式，销往西北地区及北京、上海等40多个城市，并出口蒙古国，建立了16000多个销售网点。截至2016年，公司电子商务平台，共吸纳合作社、农户300多户，平台涉及30个系列120多个单品，全年实现交易次数2000余次，销售收入达到3000余万元。

战略研究

粮食产业经济发展战略研究

中国粮食研究培训中心

粮食产业经济是指生产、加工和开发利用粮食，及与之相关联的各类产业经济活动的总和。其主要包括粮食种植业、加工业、仓储与物流业、科技与信息服务业、粮机装备制造等门类的经济活动。本课题研究的粮食产业经济发展，主要是以粮食加工转化为引擎，以体制、机制、科技、模式、业态创新为动力，促进"产购储加销"一体化，推动一二三产业融合发展，培育产业新业态，激活产业发展新活力，形成链条完整、效益良好的产业体系，实现粮食产业从价值链的中低端向中高端提升，为深入推进粮食供给侧结构性改革、消化库存粮食、促进经济发展和农民增收提供新动能，为构建更高层次、更高质量、更高效率、更可持续的粮食安全保障体系提供重要支撑。

一、粮食产业经济发展现状

（一）粮食产业经济发展取得的成绩

1. 粮食产业经济效益增长

据国家粮食局统计，"十二五"期间，粮食工业总产值平均增速达10.8%，高于 GDP 年均 7.8% 的增速。2016 年，全国纳入粮食产业经济统计范围的各类企业（包括成品粮油加工企业、粮油食品加工企业、饲料加工企业、粮食深加工企业和粮油机械制造企业）达 1.8 万家，实现工业总产值 2.8 万亿元、利润 1321 亿元，同比分别增长 13.3% 和 68.7%；各类企业年处理粮食能力 10.4 亿吨，实际加工转化粮食 4.8 亿吨，粮食加工转化率达 77.8%。山东、湖北、江苏、安徽、广东、河南、湖南、四川 8 省粮油加工业主营业务收入超过千亿元，山东、湖北、安徽、江苏、广东 5 省粮油加工业总产值超过了 2000 亿元，其中山东、湖北两省粮油加工业总产值突破 3000 亿元。

2. 龙头企业规模质量提升

2016 年，全国粮食产业化龙头企业 2558 家（其中国家级 409 家），建立优质原粮基地 6546 万亩，涉及农户数量 1385 万户；主营业务收入达到 100 亿元以上的粮食企业集团有 16 家，其中达千亿元以上的有中粮集团、益海嘉里两家。跨区域龙头企业产业融合、产业与资本融合发展趋势加快，竞争力显著提升。湖南省积极推动和重点扶持有规模、有实力、有潜力的企业与金融资本全方位、宽领域深度对接，全省已有 9 家粮油类企业成功上市融资，创造了全省单一行业上市企业数量第一的奇迹，其中包括大米第一股金健米业、挂面第一股克明面业、茶油第一股贵太太、杂粮第一股浏阳河、菜籽油第一股道道全等，万福生科、精为天米填补了湖南粮油精深加工、综合发展方面的空白。安徽省的粮油类国家级农业产业化龙头企业达到 23 家，省级 279 家，加工年产值超 10 亿元的 42 家。中粮集团、江苏牧羊、西安爱菊、天津聚龙、上海良友等一批大型粮食企业集团"走出去"，积极拓展国际发展空间，向跨国粮食企业方向发展。

3. 科技创新和自主研发能力增强

近年来，中央和各省级财政部门都加大了对粮食科技创新的投入力度，各级粮食部门和有关企业认真落实创新驱动战略，完成一批粮食公益性行业科研专项，建成一批粮食产后领域国家工程实验室，推广一批先进适用技术，促进了粮食产业持续发展。各地大力推动粮食科技发展，湖北省安排专项资金推进粮食科技创新和成果转化应用，两年来支持项目 164 个，涵盖粮油加工、储藏、质检、粮机制造、信息化建设等环节；在全国首届粮食科技成果转化对接推介活动中，湖北省展示成果 93 项，签约总金额近 3.5 亿元。山西省成立主食技术标准研究中心，开展主食标准、面粉复配改良等技术研究。上海市推进良友集团技术中心和光明米业农业技术中心建设。山东省滨州市建设 8 个国家级粮油加工研发平台，各家龙头企业连续多年拿出销售收入的 3% 以上用于科研，承担 863 计划、火炬计划等国家级科研项目 17 个，促进了滨州市粮食产业的崛起和发展。江苏省搭建平台引导科技成果产权单位向粮食企业转让技术，创建江苏大米产业技术创新战略联盟，为深入实施"好粮油行动计划"打好基础。以企业为主体的自主研发能力显著提高，装备自主化、自动化水平大幅提升，稻谷、小麦和玉米深加工等转化增值技术、油菜籽膨化压榨节能技术等实现了产业化。一批具有自主知识产权的淀粉加工成套装备、数字化色选机等装备达到国际先进水平。

4. 产业布局有所优化

粮食产业布局进一步向粮食主产区和物流通道节点集中。小麦粉产能和产量向黄淮海地区集中，其中河南、山东、河北、安徽和江苏五省小麦粉产量占全国总量的 79.6%。大米加工业产能和产量向东北地区和长江中下游地区集中，其中黑龙江、安徽、湖北、江苏、江西的大米产量占全国总量的 63%。山东、江苏、黑龙江、广西和广东食用植物油年产能占全国总量的 60%。湖北、江苏、四川、安徽和湖南的菜籽油年产能占全国总量的 69%[1]。珠三角、长三角和环渤海等地区一批重要的粮油产业集群初步形成，在产业发展以及推动当地经济发展中发挥着重要作用。

5. 现代物流业持续发展

北京市沿"一环两港三线"优化物流节点布局，推动环京 4 小时粮食物流圈建设。山东省抓住 12 个市纳入国家"北粮南运"主通道和"大运河走廊"通道物流节点的重要机遇，在重要节点城市建设一批粮食现代物流园区，着力构建布局合理、功能完善、系统高效、衔接配套、运行顺畅的现代粮食仓储物流体系。广东省东莞市依托大港口、引进大项目、培育大市场，建成珠三角区域最大的成品粮交易市场，发展粮油产业集聚区，园

---

[1] 2015 年粮食行业统计资料. 国家粮食局调控司 2017 年 1 月。

区年产值 220 亿元、贸易额 100 亿元，成为华南地区重要的粮油集散地。粮食物流体系的建设发展，有利于解决我国粮食产销区域不平衡问题，促进了粮食从产区向销区流动，满足了进口粮食需求，带动了粮食产业经济发展。

6. 产销合作对接增强

各地通过举办粮油产销洽谈会、网上交易会、产品推介会和展销会等活动，为产销区之间粮食企业的粮食购销、技术交流、项目对接、产业延伸搭建了平台，逐步形成了清晰的产销区合作思路，加快了粮食产业转移承接与产加销一体化发展，推动了跨区协作交流和信息共享，实现了优势互补。粮食产销协作福建洽谈会、黑龙江金秋粮食交易暨产业合作洽谈会均已举办十三届，合作领域逐步拓宽，规模层次不断提高，成为有全国影响的重要合作对接平台。内蒙古、吉林、山西、湖北、云南、宁夏等省、自治区举办的洽谈会，也都在产销协作中起到了重要推进作用。通过产销协作，产区的粮食品牌知名度不断得到提升，如"吉林大米""荆楚大地""广西香米"等一批公共品牌影响不断扩大，有助于主产区提升粮食产业经济发展质量，推动传统的产品经营向品牌营销转变、市场营销从数量扩张型向质量效益提高型转变，实现优质优价、好粮好价。

（二）粮食产业经济发展探索的模式

近年来，各地高度重视粮食产业经济发展，探索了一批推进产业经济发展的模式。

1. 全产业链发展模式

粮食经营主体通过发展"产购储加销"一体化经营，构建从"田间"到"餐桌"的全产业链发展模式。比如，黑龙江象屿集团在饲料原料贸易的基础上，发展成为集种子繁育、合作联社、农业种植、粮食仓储、现代物流、贸易销售、金融服务和粮食深加工于一体、一二三产业有机联动的现代农业全产业链综合服务企业。通过打造专业化种植服务平台，承担农村金融、农资商店、农业技术推广、粮食收储等多个职能，构建了农作物从种到收全过程、全产业链的配套服务体系。四川省安岳县鑫粮仓粮食专业合作社联合一批专业合作社、家庭农场形成联合社，已拥有粮食专业合作社 47 个，带动农户 10 万户，订单、流转及托管粮食种植面积达 1800 万亩。联合社组建了鑫粮仓现代农业科技开发有限责任公司、鑫经纬电子商务有限公司、鑫粮仓粮油配送有限责任公司 3 个子公司，建有"放心粮油"配送中心 1 个、电子商务体验店 5 个、川粮便民连锁网点 50 个。按照"民办、民管、民收益"的原则，以服务社员、助农增收为目的，联合社发展成为集粮食生产、收购、加工、储藏、销售、电子商务、产后服务于一体的综合企业。

2. 循环经济发展模式

粮食企业（或产业园区）按照"吃干榨尽、循环发展"的原则，对粮食及资源进行高效利用、产品梯次开发、能量循环利用，形成粮食产业大循环、全利用、可持续发展模式，实现生态效益、经济效益双赢。比如，山东省滨州中裕食品有限公司[①]2003 年成立以来，经过十余年的发展，从一家单纯的小麦粉加工企业发展成为集良种繁育、种植、收储、精深加工、食品加工、快餐连锁经营、便利店连锁经营、畜牧养殖、有机肥生产、废弃物综合利用于一体的大型粮食加工企业，实现了从"育种→种植→收储→精深加工→废弃物转化→畜牧养殖→肉制品加工→沼气利用→小麦种植"的资源循环利用、全产业链发展。其主要做法：一是从加工环节向前延伸。建立优质小麦良种繁育基地和订单种植基地，并在基地附近配套设立收购网点，不限期敞开收购，依托企业自有的规模化仓储和物流系统，实现了基地小麦专收、专存和专运。二是加工环节做大做深做精。通过产品创新拓宽延长产业链，不仅生产高档面粉产品，还通过技术创新提升价值链，生产小麦蛋白粉、小麦变性淀粉以及特优级食用酒精等高附加值精深加工产品。三是从加工环节向后延伸。建立快餐连锁店和连锁超市，将产品直接送到了市民的厨房、餐桌。四是废弃物资源化利用。将小麦筛下物的杂质作为优质"林下饲养"的鸡饲料，开展畜禽养殖；其他废弃物进行发酵，产生污泥和沼气，污泥经过处理后加工成生物有机肥，输送到企业的优质小麦基地进行土地改良和培肥，

---

① 滨州中裕食品有限公司. "中裕"——打造世界领先的优质小麦循环经济的先锋品牌，2016 年 9 月。

沼气经过企业自有的沼气锅炉生产蒸汽，为深加工环节的生产提供热能。五是构建农牧循环发展模式。小麦加工产生的酒糟，加工成液体蛋白饲料，用于绿色生态猪的养殖；养殖环节产生的粪污和种植产生的秸秆用于生产生物有机肥，有机肥用于企业的种植基地，形成了农牧结合的循环模式。在制备生物有机肥时产生的沼气，企业进行高值化利用，提取出生物天然气，不仅作为清洁能源供企业自用，还销售给周边的企业。中裕公司把每一粒小麦，从里至皮，榨干吃尽；从基地到餐桌，食品健康美味；从低端到高端，提高附加值；从头到尾，形成循环不浪费，实现了生态高效、绿色循环的全面发展。山东省香驰集团建成原料、副产品、水、废弃物、能源五大循环圈，实现"吃干榨尽"、循环利用，资源综合利用率达99%，废弃物实现100%利用，能源资源单位消耗低于同行业水平10%左右。

3. 产业融合发展模式

该模式是指依托新型经营主体，推进粮食生产、加工和服务业之间的深度融合，"重点发展二产、前伸一产，后延三产"，推动传统粮食产业的结构优化与转型升级。比如，四川省根据"品牌区域化、粮源基地化、基地观光化"的工作思路，近年来大力实施"川粮产后服务工程"，以粮食加工为基础，向产前、产后延伸，积极推动一二三产业融合发展，努力做大做强"川粮"品牌经济。四川省崇州市按照"一三互动、产村融合"的发展思路，将种植业、精深加工和旅游休闲结合起来，实现产业增效、农民增收。湖北省福娃集团以市场需求为导向，以完善利益联结机制为核心，以制度、技术、商业模式创新为动力，着力构建农业与二三产业交叉融合的产业格局，2015年实现销售收入过百亿元。在继续做大做强大米产业，夯实休闲食品产业的基础上，福娃集团进军水产业，全面推行"稻虾共育模式"，还依托华中农业大学、武汉轻工大学、中国科学院水生生物研究所、长江大学等高校院所强大的科研实力，进一步探索"稻虾鳖""稻鱼莲""稻鳅鳖"等生态高效种养模式，实现了水稻与水产融合发展。

4. 产业园区发展模式

产业园区发展模式是指以粮食产业园区为载体，发挥区域和资源优势，形成产业集群和规模效应，促进粮食产业经济快速发展的模式。比如，四川省成都青白江现代粮食物流加工园区，发挥地理区位、交通物流优势，依托成都国际铁路港，吸引了益海嘉里米面加工、九三集团食用油包装、成都粮油储备（物流）中心等工贸项目入驻，现已有40个园区完工并投入使用，初步形成了龙头企业带动、产业集聚联动发展的良好态势，对带动区域经济和现代粮食产业集约、集群发展，确保四川乃至西南地区粮食安全有着重要的战略意义。山东省按照"打通五大通道、抓好七个节点、发展十大园区"的目标，着力打造具有山东特色的粮食现代物流体系，重点建设集电子商务、现货交易、储存加工于一体的仓储物流园区。其中，滨州市精确对接国家政策，仅黄河三角洲粮食仓储物流经济园区、滨城区粮食经济园区两大园区四个项目，就落实国家专项建设基金及政策性银行贷款30多亿元，项目总投资40多亿元，带动了一批相关产业的发展。

5. 主食产业化发展模式

主食产业化发展模式是指米、面、玉米、杂粮及薯类主食制品的工业化生产、社会化供应的产业化经营发展模式。比如，河南省把推进主食产业化作为突破粮食产业经济发展瓶颈的有效手段，采取贷款贴息等方式，对主食产业化企业给予扶持，有力地撬动社会资本投入，全省主食产业化率从2010年的不足15%提高到2016年的35%，粮油加工转化率由70%提高到82%。安徽青松食品有限公司[1]是专业从事政府早餐工程，主食产品加工、检测、仓储、配送、销售为一体的综合型食品公司。该公司在坚持主业做精做专的基础上不断拓展，现已涉及种植、早餐工程、主食加工、冷链配送等多个板块，由一个传统的食品加工餐饮服务企业转型发展成为现代化的综合性商贸企业，在全省已建成主食连锁专卖店80多家，大型连锁超市主食专柜200多个，早餐网点1500多个，形成日供应100多个品种、50万份主食的产品规模，发展成为安徽省最大的综合型主食供应基地。天津利达粮油公司推行主食工业化生产、专业化配送、产业

---

[1] 安徽青松食品有限公司汇报材料。

化经营，仅馒头一项日产能达 200 万个，把小馒头做成了惠民生的大产业。

6. "互联网 + 粮食"发展模式

"互联网 + 粮食"发展模式是指以互联网为主要载体，依托现代信息技术和物流手段，将粮食的生产者、经营者和消费者直接对接，大幅度减少产品流通中间环节和交易成本的发展模式。比如，吉林省打破传统的粮食经营方式，创新品牌营销模式，构建线上线下互动、省内省外互联、直营分销互补的吉林大米销售体系。通过搭建"吉林大米网"电商平台，开展网上信息查询、线上销售、网络结算业务，全面推广"线上注册发展会员，线下体验配送大米"的"O2O"营销模式，鼓励企业利用现代营销手段，拓宽销售渠道。目前，全省已有 63 户大米加工企业在淘宝吉林大米馆等各类电商平台开设网店 161 个，线上导入会员 140 余万人，线下开设大米体验店 220 家。河南想念食品有限公司借"一带一路"和"互联网 +"东风，积极拓展电子商务，入驻天猫、京东、壹号店等十几个网络平台，基本实现了电商平台全球布局、全国覆盖。2016 年前 7 个月，想念挂面以日均 116 单的速度，通过阿里巴巴等电商平台，出口意大利、美国等 34 个国家。黑龙江省方正县组织种粮大户、加工企业等建立了 2 万亩优质大米种植、仓储、加工一体化的优质大米全产业链经营基地，引入第三方权威机构对基地的土地质量和大米品质进行科学检测，采用远程互联网信息技术对优质大米的种植、收购、仓储、加工等各个环节进行全程化监控、透明化管理，建立集优质大米的信息发布、产品交易和产品质量追溯于一体的综合信息平台系统，直接为消费者提供全方位、权威可靠的信息服务，打造了绿色优质"方正大米"这一国家地理标志产品品牌。

（三）存在的主要问题

1. 企业经营机制不灵活，产业发展内生动力不足

一是市场化购销不畅。对实行政策性收储的品种和地区，由于国家统一制定的收购价格较高，大部分粮食进入了"国库"，粮食企业特别是加工企业市场化采购原粮较难、成本较高，"稻强米弱""麦强粉弱"长期存在，严重影响了企业正常经营发展。

二是收储企业政策依赖性过强。目前，我国粮食仓储量达到1.2万亿斤以上，其中80%以上的库存是政策性粮食。大多数国有粮食购销企业以政策性粮食保管费为主要收入来源，没有走出"收原粮、储原粮、卖原粮"的经营模式，在政策性收购"高地板价"和国际市场"低天花板价"的双重挤压下，缺乏市场经营能力和赢利能力。一些企业探索开展集粮食收购、仓储、加工、供应等于一体的"粮食银行"业务，但发展较缓慢。

三是创新驱动能力不强。粮食行业研发经费占销售收入的比重仅为0.3%，远低于发达国家2%~3%的平均水平。粮食行业基础研究薄弱，国家工程中心、工程实验室等创新平台建设滞后，产学研结合不够紧密，创新人才和开拓型经营管理人才不足，一些关键技术装备的开发还处于仿制阶段，核心技术和装备的研发落后于世界先进水平。缺少技术含量高的新产品，产品附加值低，发展后劲不足。在制度创新方面，国有粮食企业产权制度改革缓慢，现代企业制度建设和混合所有制经济发展不足，企业发展活力和市场竞争能力不强；民营企业中的家族式企业、作坊式企业较多，制度建设不健全，制度创新驱动企业发展的作用不强。

2. 粮食产能结构失衡，绿色优质产品不足

一是低端产品生产能力过剩。粮食初级加工能力严重过剩，全行业平均产能利用率仅为46%。面粉、大米等成品粮油加工企业数量占比超过70%，深加工企业数量不到2%，精深加工能力不足。中高端和多元化、个性化产品供给缺口较大，难以满足居民消费提档升级的新要求。

二是绿色优质粮食发展不足。政策性收购难以体现品种和品质差价，对普通粮食定价过高，缩小了与优质粮食的价差，加上仓储环节混收混储，严重影响了绿色优质粮食发展。

三是加工副产品综合利用率低。玉米、稻谷、小麦加工副产品大部分仅作为初级原料或饲料使用，没有有效深度开发利用。稻谷加工产生的稻壳年总量达4000万吨左右，发电和直接填烧锅炉比例仅为25%；米糠1000多万吨，利用率不到20%，用于制油和深加工的不

足 10%。

3. 粮食产业链各环节联系不紧密，产业集聚度不高

一是生产与流通发展不平衡。 粮食工作重"生产"轻"流通"没有根本转变，粮食生产方面投入较多，仓储、物流与精深加工等方面投入相对较少，收储精细化和精深加工发展不够，产业发展不平衡、不协调。

二是产业化经营水平较低。 粮食生产、购销、仓储、加工各环节结合不紧密，一二三产业关联度不强、融合度不高、产业链不长，特别是加工业向前后两端延伸不够，对粮食产业经济发展的带动作用未得到充分体现。

三是产业集聚化水平不高。 绝大多数的粮食企业规模小、实力弱，粮食产业布局分散、集中度低，总体上尚未形成产业集群。龙头企业数量较少，难以起到集聚带动作用。龙头企业与基地农户往往是松散的合同订单关系，缺乏紧密型的利益连接机制。

4. 产业发展环境需要优化，基础条件亟待夯实

一是粮食产业政策不健全。 粮食产业发展缺乏顶层规划，产业政策系统性、针对性和协调性不强，财税、金融、保险、土地等支持政策不足。实行大豆、玉米收储制度改革后，生产结构调整、收购资金信贷、信息服务等方面的措施配套不足。小麦、稻谷收储制度有待完善，存在收购价格与市场价格脱节等问题，抑制了粮食市场化流通和企业经营活动，影响了粮食产业有序发展。

二是流通成本较高。 铁路运输、港口装运和海运基础设施不能完全满足粮食物流的需要，大型综合货运枢纽、物流基地、物流中心等粮食现代物流设施缺乏；各种运输方式之间装备标准不统一，物流包装标准与物流设施设备标准之间缺乏有效衔接，物流信息化、自动化、智能化水平较低，影响了粮食物流集散和运输效率的提高。粮食流通成本占整个销售价格的 1/3 左右，是发达国家流通成本的两倍。

三是粮食产业发展服务能力较弱。 粮食企业自有资金少，融资难、融资贵问题突出，难以满足粮食收购、仓储等大规模资金用量的需求。产业链各环节信息整合不足，第三方技术服务机构较少，粮食科技服务

的专业性和针对性较差，难以实现信息的互联互通共享。

二、大力发展粮食产业经济的意义与面临的机遇、挑战

（一）大力发展粮食产业经济的重大意义

1. 深入推进粮食供给侧结构性改革的重要抓手

推进粮食供给侧结构性改革，是当前和今后一个时期粮食工作的主线。大力发展粮食产业经济，实现粮食全产业链经营，有利于形成"为消费而加工""为加工而种植"的引导机制，解决粮食加工与收储、种植环节脱节和产业发展不协调等问题，促进粮食生产经营者根据市场需求，调整粮食产品结构，为消费者提供营养健康、绿色优质粮食产品供给，加速实现从"吃得饱"到"吃得好""吃得健康"的转变，更好地服务"健康中国"建设。当前，我国粮食高仓满储，玉米、稻谷结构性过剩问题突出，安全储粮压力巨大，通过大力发展粮食产业经济，拓宽粮食加工转化渠道，可以为加快消化政策性粮食库存提供有效途径。

2. 培育粮食行业发展新动能的必然选择

随着经济发展增速和居民收入增速放缓，粮食消费需求增长也相应放缓；随着粮食收储制度市场化改革的推进，国有粮食企业多年来形成的"买原粮、储原粮、卖原粮"的传统经营模式难以为继，支撑粮食行业发展的传统动能的边际效应不断弱化，亟须培育新动能。只有发展粮食产业经济，以改革为重要手段，激活市场、要素和主体，加快推动制度、机制、科技、模式、业态的创新突破，才能不断积累创新优势、培植新动能，拓展粮食产业价值链。

3. 拓宽农民增收渠道的重要途径

发展粮食产业经济，有利于延伸产业链、打通供应链、形成全产业链，推进粮食一二三产业融合发展，让农民共享产业融合增值收益。有利于吸引资本回乡、人才返乡、科技下乡，发挥龙头企业对生产的引领、协调、服务作用，拓宽农民就业渠道和增收渠道，服务"三农"大局，最大限度释放粮食内部的增收潜力和产业活力，打造脱贫致富的新支柱。比如，

山东滨州中裕食品有限公司，建立 150 万亩订单基地，为 35 万农户提供小麦产销全程服务，每年带动农民增收 5 亿多元。

4. 激发粮食主产区经济发展活力的有效措施

粮食主产区对保障国家粮食安全作出了巨大贡献，但是大部分粮食主产区的发展主要依靠财政转移支付和各项政策性资金、项目支持，难以摆脱"粮食大省、经济弱省、财政穷省"的怪圈。主产区通过大力发展粮食产业经济，统筹布局粮食初加工、主食加工、精深加工发展及副产品综合利用，把资源优势转变为产业优势和经济优势，有利于形成新的经济增长点和内生发展机制，形成粮食兴、产业旺、经济强的良性循环，实现粮食生产发展和经济实力增强的有机统一。比如，黑龙江抓住玉米收储制度改革的有利机遇，积极推进玉米深加工产业发展，仅 2017 年上半年，全省加工原粮 241 亿斤，实现产值 362 亿元，增幅分别达到 29% 和 19%，利润增长 7 倍，税收增长 73%。

5. 提升粮食产业国际竞争力的必由之路

欧美等发达国家的跨国粮食企业在国际贸易中拥有很强的竞争优势，基本控制了全球粮食流通和贸易体系，我国粮食进出口在国际市场上还缺乏应有的话语权。通过大力发展粮食产业经济，增加优质粮食产品有效供给，有利于打造国内外知名粮食品牌，提高产品竞争力；有利于培育大型跨国粮食集团，打通跨国粮食物流通道，推动粮食产业链向国外延伸，培育粮食产业竞争力；有利于推进发展粮食产业集群，形成规模集聚优势，降低粮食生产、仓储、加工和流通成本，提升我国粮食价格国际竞争力。中粮集团积极"走出去"，在国内外开展产业布局，在上游发展农业服务和物流贸易，中游发展精深加工，下游培育"大品牌、大市场"，粮油加工能力达到 9000 万吨，国际贸易量达到 8000 万吨，规模优势和国际影响力、竞争力逐步增强。

（二）大力发展粮食产业经济面临的机遇

1. 全面建成小康社会对绿色优质粮油消费的需求潜力巨大

随着居民生活水平的不断提高和消费层次的不断升级，多元化、个性化、定制化的营养健康粮油产品需求快速增加，为粮食企业创造了极大的经营发展空间，为推进粮食全产业链发展、推动产业经济转型升级提供了强大动力，产业结构调整、转型升级的空间巨大。

2. 收储制度和价格形成机制改革激发产业活力

粮食市场化收储制度改革不断深化，改革成效显著。玉米、大豆价格逐步与市场价格接轨，逐步理顺了产业上下游关系，多元主体入市收购活跃，激活了产业链，为粮食产业发展创造了较好的市场环境。

3. 供给侧结构性改革促进粮食产业提质增效

贯彻落实中央关于深化农业供给侧结构性改革的决策部署，有利于推动粮食行业调结构、去库存、降成本、补短板，促进产业转型升级。通过调整粮食生产结构，增加绿色优质粮食发展，可以满足中高档产品消费需求；加快消化粮食库存，为加工转化提供充足的粮源；降低企业经营成本，为企业发展减轻了负担；补齐制度、机制、技术等短板，有利于增强产业内生发展动力。

4. 充裕的粮食供给为发展产业经济提供了资源基础

近年来，粮食连年丰收、库存充裕、供应充足，为发展粮食产业经济提供了丰富、多样化的原粮。特别是玉米收储制度和价格形成机制改革，对主产区加工、饲料企业的相关补贴政策，以及大力推进粮食"去库存"，粮食价格降低，增大了粮食加工转化的利润空间，为发展粮食产业经济提供了难得的历史机遇。

5. "一带一路"战略拓宽了粮食产业经济的发展空间

"一带一路"是世界上最长、最具发展潜力的经济大走廊，沿线涉及俄罗斯、蒙古和中亚、东南亚、南亚、中东欧、西亚、北非等区域的65个国家或地区。这些国家或地区粮食、农业资源比较丰富，乌克兰是玉米进口的主要来源国，泰国、越南、巴基斯坦是大米进口的主要来源国；俄罗斯、印度尼西亚、泰国、吉尔吉斯斯坦、马来西亚、缅甸等国家是粮食企业"走出去"的主要地区。我国与"一带一路"沿线国家具有较好的粮食合作基础，这些国家既能为我国粮食产业经济发展提供丰富的粮源，也可为我国粮食技术、装备、产能、产品"走出去"，实现产业链向外延伸提供广阔市场。

（三）大力发展粮食产业经济面临的挑战

1. 粮食供求形势和市场走势复杂多变

当前粮食产量、库存量阶段性"双高叠加"，但从长远看我国粮食供求仍然偏紧平衡。发展粮食产业经济，要处理好当前与长远的关系。既要立足当前，破解粮食供求阶段性结构性失衡问题；更要着眼长远，从战略高度谋划偏紧平衡状态下国家粮食可持续安全。要增强前瞻性和预见性，加强对未来国际国内粮食供求形势的研判，在建立可持续的国家粮食安全保障体系与稳定健康发展粮食产业经济之间精准把握，取得平衡。

2. 宏观经济换挡减速对粮食产业主体转型发展带来压力

传统的粮油流通、加工企业产品科技含量低、附加值低、人工成本高、赢利能力弱，迫切需要转变经营方式，调整产品结构，实现转型发展。但当前我国经济发展换挡减速，将在较长时间内保持中高速增长，粮食需求增长放缓，对粮食企业经营发展、盈利水平带来不利影响，也将制约企业技术创新、设施改造、经营方式转换。

3. 优化产能和产品结构任重道远

粮食加工业进入门槛低，大多数企业技术含量不高，初加工产能、中低档加工产能严重过剩与优质加工能力严重不足并存，要在短期内解决这些历史形成的问题，实现产能结构优化，增加绿色优质、中高端、多元化、个性化粮食产品供给，提高产品质量和产业综合效益，难度大、任务艰巨。

4. 粮食收储制度改革既迫切又艰难

大豆、玉米已经实行"价补分离、市场化收购"新机制，小麦和稻谷的收储制度改革还在探索，价格形成机制需要进一步完善，但小麦和稻谷是主要口粮品种，为实现确保"口粮绝对安全"的战略目标，需要加快探索积极稳妥的方式，既要保护农民种粮利益和生产积极性，又要有利于理顺产业上下游关系，促进一二三产业融合发展。

三、推进粮食产业经济发展的指导思想、基本原则、发展目标和主要任务

（一）指导思想

全面贯彻党的十八大和十八届三中、四中、五中、六中全会精神，深入贯彻习近平总书记系列重要讲话精神和治国理政新理念新思想新战略，认真落实党中央国务院决策部署，统筹推进"五位一体"总体布局和协调推进"四个全面"战略布局，牢固树立创新、协调、绿色、开放、共享的发展理念，全面落实国家粮食安全战略，满足城乡居民消费需求结构升级，适应从"吃得饱"向"吃得好""吃得健康"转变，以农业供给侧结构性改革为主线，以增加绿色优质粮油产品供给、有效解决市场化形势下农民卖粮问题、促进农民持续增收和保障粮食质量安全为重点，大力实施"优质粮食工程"，推动粮食产业创新发展、转型升级和提质增效，为构建更高层次、更高质量、更有效率、更可持续的粮食安全保障体系夯实产业基础。

（二）基本原则

1. 坚持市场主导，政府引导

发挥市场在资源配置中的决定性作用，突出企业市场主体地位，激发主体活力、创造力和市场竞争力。更好地发挥政府在规划引导、宏观调控、政策扶持、标准引领、监管服务等方面的作用，营造产业发展良好环境。

2. 坚持融合发展，统筹协调

正确处理粮食产业经济发展中的数量与质量、产区与销区、生产与消费、市场化改革与保护种粮农民利益等重大关系。树立"大粮食""大产业""大市场""大流通"理念，充分发挥粮食加工转化引擎作用，推动粮食生产与流通、粮食仓储与加工之间的有机衔接，以紧密型利益联结机制为纽带，推进"产购储加销"一体化全产业链经营，促进一二三产业融合发展。补齐粮食行业优质精深加工能力不足、流通效率较低、信息化滞后等突出短板，推动粮食产业经济协调发展。

3. 坚持因地制宜，分类指导

结合不同区域、不同领域、不同主体的实际情况，选择适合自身特点的产业经济发展模式。加强统筹协调和政策引导，推进产业经济发展方式转变，及时总结推广典型经验，注重典型引领和整体推进，促进可持续发展。

4. 坚持创新驱动，增强内力

围绕提高粮食产业经济发展质量效益和增强粮食安全保障能力，不断推进体制机制、关键技术、产业模式、经营业态等方面创新。改革完善粮食流通体制，转变企业管理、经营方式和投融资模式；深化国有粮食企业改革，鼓励发展混合所有制经济；在研发应用新技术、新装备等方面实现新突破，促进粮食科技创新成果大量涌现，发挥推动产业经济发展的支撑作用；积极探索产业经济发展有效模式，培育与"互联网+"、信息化融合发展的新业态，推动经营方式和发展动能转变，激发和释放粮食产业经济发展新活力。

5. 坚持优势互补，开放发展

积极融入"一带一路"建设，主动顺应我国经济深度融入世界经济的趋势，既要立足国内，不断提高粮食产能水平和产业经济发展质量，确保谷物基本自给、口粮绝对安全；又要注重发挥比较优势，引导粮食企业有序"走出去"，完善粮食产业对外发展战略布局，推动粮食产业链向国外延伸，逐步形成内外相连、产销衔接、优势互补、相互促进的粮食产业经济发展新格局。

6. 坚持安全底线，加快发展

发展粮食产业经济必须服从服务于国家粮食安全战略，出发点和落脚点是在更高层次上保障国家粮食安全。要坚持发展和安全一起抓，把粮食安全意识贯穿于粮食产业经济发展全过程，在发展中促安全、在安全中谋发展，决不能以牺牲粮食安全为代价换取经济效益。

（三）发展目标

到 2020 年，初步建成适应我国国情粮情、高端高质高效的现代粮食产业体系，各类市场主体的活力、实力和竞争力不断提高，新产品新业态新模式加速成长，科技贡献率和劳动生产率大幅提升，绿色优质粮食产品有效供给稳定增加，粮食质量安全保障能力和集约集聚集群发展水平明显提高，实现粮食产业经济发展由以政策支持和要素支撑为主向创新主导转变，由注重规模扩张向提质增效转变，由价值链中低端向中高端转变。

1.市场主体竞争力明显提升

做强做大做优一批骨干国有粮食企业，有效发挥稳市场、保供应、促发展、保安全的重要载体作用。培育一批主营业务年收入过百亿元的大型粮食企业集团，打造一批具有较强辐射带动能力的大型粮食产业化龙头企业，扶持一批成长性好、特色鲜明的中小企业，引领粮食产业健康持续发展。培育规模大、实力强、效益好的国际大粮商，开展粮食生产、加工、仓储、物流、装备制造等跨国经营，提升我国利用国际资源、市场的能力水平。

2.科技创新能力进一步增强

健全以市场为导向的粮食产业创新体系，建设一批粮食科技成果集成示范基地、科技协同创新共同体和技术创新联盟，推动科技创新能力进一步提升。建立粮食产业科技成果转化信息平台，健全定期发布制度。增强科研投入对产业经济发展的支撑能力，深入推进科技兴粮和人才兴粮工程。

3.产品结构更加合理

加快淘汰低端落后产能，增强中高端、绿色安全、优质营养、特色鲜明粮食产品的供给能力和市场占有率，着力增加精深加工产品供给，打造一批拥有自主知识产权、核心技术和较强市场竞争力的全球性、全国性、区域性粮食品牌，提高粮食综合利用率和产品附加值。

4.粮食产业经济活力全面释放

加快形成一批行之有效的产业发展新模式，加快推动产业融合发展新业态，培育粮食产业新增长点。建设一批国家现代粮食产业发展示范园区（基地），打造一批优势粮食产业集群，充分释放粮食产业发展整体效应，显著提高粮食产业经济发展质量效益，辐射带动周边区域经济发展。

（四）主要任务

发展粮食产业经济的重点任务是"育主体""构模式""提质量""增动力""新业态""促开放""固基础"。即培育壮大引领产业发展的市场主体，探索构建产业发展的有效模式，实施"三品"战略着力提高粮食供给质量和效率，依靠科技创新驱动产业经济转型升级，实施"互联网＋"战略促进粮食产业信息化发展，利用"两个市场、两种资源"拓展产业发展空间，大力推进"粮安工程""优质粮食工程"建设夯实产业发展基础，推动粮食产业经济发展走集聚化、规模化、产业化、精深化、品牌化、信息化和循环化之路，推进粮食产业链、创新链、价值链"三链"对接融合发展。

1. 大力培育壮大产业主体，引领粮食产业经济发展

培育和发展多元粮食市场主体，大力发展粮食企业集团和产业联盟，促进粮食企业开展适度规模化经营，转换机制、增强活力，做强做优做大。

一是加快国有粮食企业改革。对国有粮食企业功能进行界定与分类，对于继续执行政府储备和军粮供应等政策性业务的国有粮食企业，理顺多头管理体制，整合优质资源，提升服从服务于政府宏观调控、维护粮食安全的能力和水平。对于不再执行政策性业务的国有粮食企业，继续深化政企分开改革，积极探索以多种方式入股非国有粮食企业和非国有资本参与国有企业的混合所有制改革，健全法人治理结构，建立健全现代企业制度，加快转换经营机制，确保国有资产保值增值，放大国有资本功能，增强企业竞争力、影响力、控制力。鼓励国有粮食企业依托现有收储网点，主动与新型粮食经营主体等开展合作，盘活国有资产，增强国有资产的活力，提高赢利能力。

二是培育壮大粮食产业化龙头企业。组织开展粮食产业化国家重点龙头企业认定，认定和扶持一批具有核心竞争力和行业带动力的粮食产业化重点龙头企业，促进资产、资源向优势企业集中，做强做优做大一批骨干龙头企业，增强带动辐射能力，使之成为粮食产业发展的"领军者"。引导支持龙头企业通过多种方式与种粮大户、家庭农场、农民合作社结成经

营联合体和利益共同体，引导优质粮食种植，带动农民增收、农村发展。

三是发展大型粮食集团。以资本、资产、资源、品牌和市场为纽带，通过产权置换、股权转让、品牌整合、兼并重组等方式，发展跨所有制、跨行业、跨区域的大型粮食企业集团，延长、拓宽从田间到餐桌的粮食产业链，提升粮食产业链价值，发挥对粮食产业经济发展的示范、引领、带动作用，推动粮食产业转型升级。

四是支持多元主体协同发展。鼓励多元主体开展多种形式的合作与融合，大力培育和发展粮食产业化联合体。鼓励龙头企业与产业链上下游各类市场主体按照"资源集结、业务对接、收益共享"的原则成立粮食产业联盟，共同制订标准、创建品牌、开发市场、攻关技术、扩大融资等，促进产业联盟内各企业建立密切的战略合作关系，实现粮食产业资源优化配置、优势互补。支持符合条件的多元主体积极参与政策性粮食收储、仓储物流设施建设、产后服务体系建设等；在确保区域粮食安全和风险可控的条件下，探索创新多元主体龙头企业参与地方粮食储备机制。

2. 构建有效发展模式，提升粮食产业经济发展质效

探索不同类型的粮食产业经济发展模式，有效对接和整合上下游资源，推进粮食产业由传统发展方式向现代发展方式转变、由粗放经营向集约经营转变，实现粮食产业高效、协调、健康、持续发展。

一是发展全产业链模式。鼓励支持粮食企业积极参与粮食生产功能区建设，推动粮食企业向上游与新型农业经营主体开展产销对接和协作，通过定向投入、专项服务、良种培育、订单收购、代储加工等方式，探索开展绿色优质特色粮油种植、收购、烘干、储存、专用化加工试点；向下游延伸建设物流营销和服务网络，实现粮源基地化、加工规模化、产品优质化、服务多样化。开展粮食全产业链信息监测和分析预警，加大供需信息发布力度，促进粮食产业链上下游对接、产前产中产后连接，形成各环节贯通、各主体和谐共生发展的良好产业生态，构建从种到收全过程、全产业链的配套服务体系。大力实施"建链、补链、强链"工程，粮源优势突出的地方，要积极培植和引进龙头企业，带动发展配套企业，高起点建立粮食加工流

通产业链；产业链条缺失的地方，要大力发展粮食深加工产品及副产品综合利用，加快向高端和终端延伸；产业初具规模但层次较低的地方，要通过注入技术、管理、资本、品牌、服务等要素，提高产品附加值和竞争力。

二是发展粮食产业园区模式。依托粮食主产区、特色粮油产品和关键粮食物流通道、节点，按照集仓储、加工、物流、贸易、质检、信息服务等功能为一体的模式，建设一批产能集聚、技术领先、功能配套、关联度高的国家现代粮食产业发展示范园区（基地），推进产业向优势产区、关键物流节点集中布局。完善基础设施、公共服务和配套政策，引导关联产业、配套产业、相关服务业向园区集聚，采取园中园、共建园、特色园等方式，对接开发区、高新区、综合保税区、"双创"平台、科技孵化器等，形成项目集中、资源集约、功能集成区，提升园区现代化、规模化、集约化、专业化、标准化、智能化水平，建设成为推动粮食产业经济发展的重要载体。

三是发展循环经济模式。鼓励粮食企业建立低碳、环保、绿色的循环经济系统，加大粮食开发利用深度，探索多元化利用途径，降低单位产品能耗和物耗水平，实现粮油加工副产物循环、全值和梯次利用，提高粮食综合利用率和产品附加值。以绿色粮源、绿色仓储、绿色工厂、绿色园区为重点，构建绿色粮食产业体系。推广"仓顶阳光工程""稻壳发电"等新能源项目，大力开展米糠、碎米、麦麸、麦胚、玉米芯、饼粕等副产物综合利用示范，促进产业提质增效。

四是发展粮食产后服务模式。顺应粮食收储制度改革和农业适度规模经营发展新形势，整合仓储设施资源，以粮食收储加工企业为主体，建设一批集收购、储存、烘干、加工、销售、质量检测、信息服务等功能于一体的粮食产后服务中心，为农户提供粮食"代清理、代干燥、代储存、代加工、代销售"等全方位、多元化优质服务，打通收储的"最后一公里"，推进农户科学储粮行动，促进粮食提质减损。

五是发展主食产业化模式。适应新型城镇化发展和居民生活方式转变的需要，大力发展方便食品、速冻食品，推进主食工业化、产业化、社会化发展。开展主食产业化示范工程建设，认定一批放心主食示范单位，推广"生产基地＋中央厨房＋餐饮门店""生产基地＋加工企业＋商超销售""作坊置换、联合发展"等新模式。保护并挖掘传统主食产品，加大主食产品与其他食品的融合创新，鼓励和支持开发个性化功能性主食产品。

六是发展产业融合模式。支持粮食生产者与经营者以产品为依托，发展订单粮食和产业链金融，开展共同营销，强化对种粮农户的技术培训、信贷担保等服务。以产业为依托，发展粮食产业化，建设一批粮食一二三产业融合先导区和粮食产业化示范基地，推动农民合作社、家庭农场、种粮大户与粮食龙头企业、配套服务组织集群集聚。以产权为依托，推动农民以土地经营权入股企业，通过"保底＋分红"等形式增加农民种粮收入。以产城融合为依托，引导粮食加工业向县域重点乡镇及产业园区集中，推动粮食产业发展与新型城镇化建设相结合。

3. 实施"三品"战略，着力提高粮食产品供给质量和效率

以市场需求为导向，依托"优质粮食工程"，建立"优质优价"的粮食生产、分类收储和交易机制，增加优质品种、提升品质、创建品牌，推进绿色优质粮食产业体系建设。

一是提高粮食产品品质。推进"优质粮食工程"建设，积极引导和支持各地发展绿色优质粮食生产，重点发展有机小麦、水稻和杂粮。支持鼓励粮食企业按照"公司＋中介＋基地＋农户"的产业化模式，建立绿色优质粮源基地，引导农户按照市场需求进行规模化、标准化生产，为发展优质、高端、高附加值的粮油加工提供充足的优质粮源。鼓励有条件的粮食企业开展专收专储、定点加工、专营专供，大力发展绿色优质粮食产业链。鼓励企业推行更高质量标准，建立粮食产业企业标准领跑者激励机制，提高产品质量水平。

二是增加精深加工产品供给。支持粮食主产区依托粮食资源优势，积极发展粮食精深加工，完善粮食精深加工转化产品链条和产业体系。按照安全、优质、营养、健康等要求，增加专用米、专用粉、专用油、功能性淀粉糖、功能性蛋白等食品，以及化工、医药、保健等领域的有效供给，逐步补齐产品短板，减少相关产品进口依赖。

三是创建知名品牌。认真落实习近平总书记关于"粮食也要打出品牌，这样效应好，价格高"的重要指示精神，加强粮食品牌建设顶层设计，通过质量提升、自主创新、品牌创建、特色产品认定等手段，多方宣传推介，创建一批特色鲜明、质量过硬、知名度高、信誉良好的区域品牌、企业品牌和产品品牌。把品牌建设与粮食生产功能区、产业园区等建设相结合，整合财政、金融、土地、环保、水利等方面的政策资源，建立激活民间投资的机制，加强园区优势项目建设，形成园区出品牌、品牌带园区的格局。加强绿色优质粮食品牌宣传、发布、人员培训、市场营销、评价标准体系、展示展销信息平台建设，开展品牌创建和产销对接推介活动、品牌产品交易会等，挖掘区域性粮食文化元素，联合打造区域品牌，促进品牌整合，提高品牌社会影响力，充分发挥品牌对产业发展的引领作用。

四是开展"中国好粮油"行动。开展标准引领、质量测评、品牌培育、营销渠道和平台建设及试点示范，打造消费者认可的"中国好粮油"。完善优质粮油质量标准，建立"中国好粮油"系列标准，不断提高国产粮油产品的美誉度。加强高于"国标"和"行标"的优质粮油产品的研发，开发生产优质粮食新产品和功能性食品，进一步引导粮食种植、加工等环节的提质升级。建立"中国好粮油"产品及品牌遴选、信息发布和动态调整等机制，引导和推介优质专用粮食进入平台交易。鼓励支持发展"全谷物"等新型营养健康食品，建立"谷类健康消费指南"，促进消费升级，为"中国好粮油"产品培育市场。

4. 依靠科技创新，驱动粮食产业经济转型升级

以科技创新为核心的全面创新是推动粮食产业发展的内生动力，要把创新摆在粮食产业发展的核心位置，把增强技术实力作为构建产业新体系的战略支点，健全以市场为导向的粮食产业创新体系，努力提高粮食行业创新发展能力。

一是加快推动科技创新突破。大力推进信息、生物、新材料等高新技术在粮食产业中的应用，开展粮油安全储存、现代物流、质量安全、精深加工与营养健康的基础研究，加快在节粮减损、加工转化、现代物流、

"智慧粮食"等关键核心技术和新产品方面取得突破。认定一批工程技术研发中心，重点支持在粮油加工业关键设备、创新产品等方面的研发，提高粮机及仪器设备制造水平和自主创新能力。加强功能性粮油和食品研发、推广，满足城乡居民多元化、个性化、定制化食品消费需求。

二是加强科技成果转化应用。深入实施"科技兴粮"工程，建立粮食产业科技成果转化信息平台，健全定期发布制度，开展粮食科技创新供与需、科研机构与粮油企业、科技人才与用人单位"三个对接"，推动科技成果产业化。发挥粮食行业国家工程实验室、重点实验室成果推广示范作用，支持骨干企业与科研机构、高校，共同建设一批粮食科技成果集成示范基地、科技协同创新共同体和技术创新联盟，设立研发基金、成果推广工作站，推动科技资源开放共享。紧跟国际粮食科技发展趋势，紧贴国内粮食产业发展对科技的需求，不断更新技术改造项目储备库，支持重点企业全面实施技术改造升级。

三是强化企业技术创新能力。落实国家鼓励和支持企业自主创新的政策，用好研发费用加计扣除等优惠政策，支持企业建设技术中心，鼓励企业加大研发投入，引导创新要素向企业集聚，增强企业创新动力、创新活力、创新能力。鼓励有条件的粮食龙头企业建立研发机构，依托大型粮食企业，培育壮大一批科技创新型实体和产业技术创新联盟。着力构建以企业为主体、市场为导向、产学研用结合、科技资源共享、技术优势互补的粮食企业科技创新体系。

5. **实施"互联网＋粮食"战略，支持粮食产业信息化发展**

依托云计算、大数据、物联网等先进理念和技术，着力提升粮食仓储物流信息化水平，加快建立粮食行业大数据，推动粮食电商平台建设，为粮食产业经济发展提供重要支撑。

一是发展信息化粮食仓储物流。利用互联网技术，构建区域性粮食物流信息服务平台，积极推广应用绿色生态智能储粮技术，推进智能烘干、智能仓储物流和中转体系建设，提升粮食物流信息化、自动化、智能化水平和运转效率。

二是建立国家级粮食行业大数据库。制订行业数据标准，建立粮食行业信息资源目录体系和数据交换共享机制，形成粮食行业统一、公共的数据资源池，实现全行业各系统、各类数据来源的集中整合和统一存储。利用行业大数据资源提升粮食宏观调控、行业监管以及公共服务的精准性和有效性。

三是发展粮食电子商务。完善国家粮食电子交易平台体系，拓展物流运输、金融服务等功能，发挥其服务种粮农民、购粮企业的积极作用。运用好综合性电商平台和垂直电商平台，鼓励企业通过自建电子商务平台或借助现有电子商务平台，大力发展"网上粮店"，积极推广粮食网络交易会、"O2O"电商、众筹电商等零售新业态、新模式，促进线上线下融合发展，推进粮食网络经济发展。

6. **利用国内国际"两种资源、两个市场"，推动粮食产业经济开放发展**

随着居民生活水平的提升，仅依靠国内自然禀赋全面解决粮食供给问题难度较大。保障国家粮食安全，必须要有全球视野和战略布局，重点是搞好进出口调节和实施粮食产业"走出去"战略，拓展粮食产业经济发展空间。

一是制定并实施明确的粮食进口战略。合理确定粮食进口规模，积极实施进口多元化战略，以签订中长期贸易协议等方式，释放稳定的粮食进口需求信号，引导国际市场，避免出现国际市场不利于我国粮食进口的乱象。在巩固现有粮食进口渠道的同时，积极拓展新的进口来源，合理分散进口风险。鼓励粮食企业通过多种方式进入国际粮食贸易主渠道，增强在国际贸易中的话语权和定价权。加快与主要出口国签订粮食产品进口检验检疫协议，合理运用非关税壁垒等措施，维护国内产业和生态安全。加大打击粮食产品走私力度，规范边民互市管理。

二是推动粮食企业"走出去"。按照加强周边、拓展美洲、发展非洲的思路，坚持企业运作、政府扶持的原则，鼓励和支持有条件的粮食企业"走出去"，开展粮食生产、加工、仓储、物流、装备制造等跨国经营与合作。以发展粮食仓储物流为主要切入点，以种植、加工和国际贸易为补充，加快与所在国当地政府和粮食企业投资合作，逐步建立境外"产销加储运"基地。鼓励在"一带一路"沿线以及非洲、拉美等区域和国家，建立一批境外粮食产业合作园区，奠定我国与这些国家粮食发展战略合作的基础。

三是培育国际大粮商。培育具有国际竞争力和品牌知名度的生产商、贸易商和跨国粮食企业集团，支持企业在粮食生产、加工、仓储、港口和物流等环节开展跨国战略布局。按照"扶优扶强"原则，重点扶持大型涉粮企业完善国内外产业布局，提升其在国际市场上的资源掌控能力、经营能力及市场竞争力。

7. 依托"粮安工程"和"优质粮食工程"，加强粮食产业基础设施建设

扎实推进"粮安工程"建设，大力实施"优质粮食工程"，加强粮食仓储设施建设与利用、加工设施技改、现代物流设施建设和质量安全检验检测体系建设的力度，夯实粮食产业经济发展的物质基础。

一是统筹粮食仓储设施建设和资源利用。根据粮食收储、物流和产业经济发展需要，不断优化仓储设施布局，重点支持仓容不足地区仓储设施建设。按照"绿色、生态、智能、高效"储粮要求，改造提升仓储设施，提高仓储设施机械化、自动化水平，实现粮食进出库管理、库存管理信息化，粮食装卸和中转智能化。以仓储设施为资本，通过参股、控股、融资等多种形式放大国有资本功能，扩展粮食仓储业服务范围。多渠道开发现有国有粮食企业仓储设施用途，为粮食新型生产经营主体和种粮农户提供产后服务，为加工企业提供原粮仓储保管服务，为期货市场提供交割服务，为"互联网＋粮食"经营模式提供"公共仓"交割服务，为城乡居民提供粮食产品配送服务。

二是加快粮食加工设施技改。适应粮食消费提档升级和产业发展转型升级要求，强化食品质量安全、环保、能耗、安全生产等约束，倒逼一批低效率、小规模的粮食加工厂关停并转，加快淘汰粮食加工落后产能与设施。要把技术改造作为粮食产业转型升级的"牛鼻子"，紧密对接市场需求、先进技术、绿色发展，加快改造粮食加工生产线或设施，

建设科技含量高、智能化程度高、资源利用效率高的生产线，发展高效节粮节能成套粮油加工装备。引入机器人技术，建设粮食智能工厂。

三是加快粮食现代物流设施建设。落实《粮食物流业"十三五"发展规划》要求，加强粮食物流基础设施和应急供应体系建设，优化物流节点布局，完善物流通道。支持铁路班列运输，降低全产业链物流成本。建设以港口码头、铁路枢纽站、汽运集散地、中心城市为节点，以大型国家储备粮直属库为基础的粮食物流体系。鼓励产销区企业通过合资、重组等方式组成联合体，提高粮食物流组织化水平。加快粮食物流与信息化融合发展，促进粮食物流信息共享，提高粮食流通效率。加大物流基础设施改造力度，推动粮食物流标准化建设，原粮物流推广"四散化"、集装化、标准化。

四是完善粮食质量安全检验检测体系。按照"机构成网络、监测全覆盖、监管无盲区"的原则，建立与完善由国家、省、市、县四级粮食质检机构构成的粮食质量安全检验检测体系。加强优质、特色粮油产品标准和相关检测方法标准的制修订。开展全国收获粮食质量调查、品质测报和安全风险监测，加强进口粮食质量安全监管，建立进口粮食疫情监测和联防联控机制。积极推广应用粮食物联网等技术，建立覆盖从产地到餐桌全过程的粮食质量安全追溯体系和平台，进一步健全质量安全监管衔接协作机制，形成上下联动、横向互通的粮食质量安全检验检测体系。

四、推进粮食产业经济发展的措施建议

粮食产业经济的发展需要政府加强顶层设计和指导、扶持，要采取强化财税支持力度、健全完善金融保险政策、健全产业发展用地制度、深化粮食流通领域改革、强化公共服务能力等措施，促进粮食产业经济加快发展。

（一）加强财税支持

1. 增强财政资金支持力度

充分利用好现有资金渠道，支持粮食仓储物流设施、国家现代粮食产业发展示范园区（基地）建设和粮食产业转型升级。统筹利用商品粮大省奖励资金、产粮产油大县奖励资金、粮食风险基金等支持粮食产业发展，对粮食产业龙头企业、承担粮食安全应急任务和纳入优质粮食工程的企业新增仓储与加工能力，以及进行技术改造升级等方面给予大力支持。新型农业经营主体购置仓储、烘干设备，应享受农机购置补贴政策。农业综合开发资金要重点支持粮食产业化经营企业发展优质粮品种选育、新品种推广和粮食生产功能区建设。将粮油加工纳入民生工程，对粮油运输按蔬菜等鲜活农产品给予免收过路费政策，降低粮食企业的生产经营成本，支持粮食收储制度改革和产业经济发展。建立国家级粮食产业经济发展财政专项资金长期投入和增长机制，将专项资金列入财政预算予以保障；省级地方政府配套财政专项资金，在固定资产购置、装备技术升级改造、技术引进等方面给予贷款贴息扶持。充分发挥财政资金优化配置和引导功能，撬动金融资本和社会资本加大对粮食产业的投入。

2.加大税收优惠支持力度

粮油加工龙头企业从事粮食深加工所得，按规定减免企业所得税。落实国家简并增值税税率有关政策，扩大现行优惠增值税的实施范围，将粮食加工企业纳入农产品增值税进项税额核定扣除试点行业范围，给予更多粮食加工企业即征即退的优惠。进一步完善国有粮食企业土地出让、税收减免等优惠政策，加大对重组改制后的国有粮食企业税收优惠政策支持力度。对符合国家高新技术目录并经国家有关部门批准引进的粮食相关技术与设备，减免进口关税和进口环节增值税。大力支持主产区发展粮食加工，明确粮食初加工企业用电执行农业生产用电优惠政策。

（二）完善金融保险支持政策

1.鼓励金融机构加强资金支持

政策性、商业性金融机构要在风险可控的前提下加大对粮食产业发展和产业化重点龙头企业的信贷支持。国家开发银行和农业发展银行要发挥政策性银行支持粮食产业发展的主渠道作用，加大对订单粮食生产基地、粮食物流项目、国家现代粮食产业发展示范园区（基地）建设、仓储基础设施和技术改造项目等贷款支持力度；对资信状况好、抗风险能力强的优质企业，提供差别化的优质服务，开辟办贷绿色通道，降低贷款利率。鼓励引导商业性金融机构对有市场前景和经营效益的粮食产业化龙头企业，进一步加大信贷支持，为粮食产业化龙头企业科技创新、转型升级、开发新产品与拓展市场提供新的金融产品和服务。探索建立涉粮贷款担保中心，总结推广东北玉米收购贷款信用保证基金的做法，建立健全粮食收购贷款信用保证基金融资担保机制，采取企业互联互保和国家、省级农业信贷担保机构托底等方式为企业贷款提供担保，切实缓解粮食企业"融资难"问题。

2. 建立多元化投融资机制

高度重视粮食产业资本与金融资本融合，鼓励社会资本、金融资本参与粮食产业经济发展，拓宽企业融资渠道，为粮食收购、加工、仓储、物流等多环节提供多元化金融服务。积极引导私募股权投资基金、创业投资基金及各类投资机构投资粮食产业项目，支持符合条件的粮油企业上市融资或在新三板挂牌，以及发行公司债券、企业债券、并购重组等。在做好风险防范的前提下积极开展厂房抵押和存单、订单、应收账款质押等融资业务，创新产业链金融等服务模式。

3. 建立粮食产业发展投资基金

在每年的财政增量收入和国家土地出让金收入中提取一定比例，同时吸收社会资本，建立粮食产业发展投资基金，实行封闭运行、市场化运作方式，以股权投资等形式带动社会资本投向粮食产业领域。鼓励地方政府建立区域性粮食产业发展投资基金。

4. 加大对农业保险的补贴力度

加大各级财政对粮食保险保费补贴力度，提高保险赔偿标准和保险服务水平。鼓励保险机构扩大粮食保险品种和范围，支持企业开展对外粮食合作和"走出去"保险服务。引导粮食企业合理利用农产品期货市场管理价格风险。推进粮食专业合作社开展互助保险试点，探索开展村集体代保等粮食保险新形式，进一步完善包括再保险、巨灾基金、巨灾风险证券化、保险融资等多种方式的巨灾风险转移分摊机制。

（三）健全用地支持制度

1. 支持和引导土地经营权有序流转

扎实做好农村土地确权登记颁证工作，鼓励采用土地股份合作、土地托管、代耕代种等多种经营方式，探索更多搞活土地经营权的有效途径，引导土地经营权流向种粮能手和新型经营主体，开展土地适度规模化经营，为发展粮食全产业链经营和增加绿色优质粮食产品供给创造条件。

2. 对粮食产业经济发展项目建设用地给予倾斜

在土地利用总体规划和年度计划中，对粮食行业发展重点项目建设用地予以统筹安排和重点支持。结合本地区土地总体规划修编，将建设用地规模和年度计划指标向粮食产业发展项目倾斜。支持和加快国有粮食企业土地变性确权登记，减免或返还土地出让金，增强企业融资功能。改制重组后的粮食企业，可依法处置土地资产，用于企业改革发展和解决历史遗留问题。对粮油加工企业用地要统筹考虑，积极支持粮油企业退城进郊，优先安排粮油产业园区建设用地需求。

（四）加大粮食流通领域改革力度

1. 深化收储制度改革

按照"市场定价、价补分离"的原则，进一步深化和完善粮食收储制度改革，合理调整小麦、稻谷政策性收储的价格水平和执行区域，在价格上逐步与市场接轨，在执行区域上重点保护品种具有种植优势的集中产区，引导发展绿色优质、适应消费需求的粮食生产，真正发挥市场在粮食价格形成中的主导作用，防止出现新的粮食库存积压。鼓励和引导加工、贸易等各类市场主体积极入市收购粮食，充分发挥各类市场主体对粮食供求的调节作用。

2. 健全完善粮食主产区利益补偿机制

进一步加大对粮食主产区奖励补助力度，逐步增加产粮大县奖励资金规模，保护产粮大县重农抓粮的积极性。比照重点生态功能区转移支付政策，制定粮食主产区转移支付政策。加大对主产区的政策和项目扶持，提高粮食加工转化率和产品附加值，推动一二三产业融合发展，将主产区的粮食库存、粮食资源转化为经济发展优势，促进主产区扩大就业、发展经济。

3. 将粮食产业发展纳入粮食安全省长责任制考核范围

建立粮食产业发展监督考核机制，加大在粮食安全省长责任制考核中的权重，形成上下联动的氛围，全面推进粮食产业加快发展。

（五）强化公共服务能力

1. 加强粮食产后服务

充分发挥国家财政专项资金的引导和支持作用，推动各地结合实际建设粮食产后服务体系，充分发挥粮食企业一头连着加工和市场、另一头连着农民的优势，服务新型粮食生产经营主体和农户需要。

2. 提升行业服务水平

发挥各类粮食行业协会（商会）在标准、信息、人才、机制等方面优势，创新粮食行业协会运作理念，以客户需求为抓手和突破方向，积极开展网络信息、科技创新、人才培养、品牌创建、区域合作、国际交流等多元化全方位综合性服务，不断提升为企业服务能力和水平，推进粮食产业经济健康发展。

3. 强化行业监管

完善粮食流通监管的各项规章制度，加快部门之间、上下层级监管信息互联互通。强化粮食流通服务监管，加强市场准入、政策执行、流通统计、质量卫生监管、仓储备案管理等重点环节的行政执法监管。加强行业诚信体系建设，为粮食产业经济发展创造公平公正、规范有序的市场环境。

4. 加强行业人才培养

发展粮食高等教育和职业教育，支持高等院校和职业学校开设粮食产业相关专业和课程，完善"政产学研用"相结合的协同育人模式，加快培养行业短缺的适用型人才。加强职业技能培训，举办职业技能竞赛活动，培育"粮工巧匠"，提升粮食行业职工的技能水平。

（执笔人：颜波　胡文国　周竹君　姜明伦　曾伟）

媒体关注

新华社：

国务院办公厅印发《关于加快推进农业供给侧结构性改革大力发展粮食产业经济的意见》

新华社北京9月8日电　国务院办公厅日前印发《关于加快推进农业供给侧结构性改革大力发展粮食产业经济的意见》（以下简称《意见》），明确了大力发展粮食产业经济的总体要求、重点任务和保障措施。

《意见》提出，要全面落实国家粮食安全战略，以加快推进农业供给侧结构性改革为主线，以增加绿色优质粮食产品供给、有效解决市场化形势下农民卖粮问题、促进农民持续增收和保障粮食质量安全为重点，大力实施优质粮食工程，推动粮食产业创新发展、转型升级和提质增效，为构建更高层次、更高质量、更有效率、更可持续的粮食安全保障体系夯实产业基础。

《意见》明确，到2020年，初步建成适应我国国情和粮情的现代粮食产业体系，全国粮食优质品率提高10个百分点左右，粮食产业增加值年均增长7%左右，粮食加工转化率达到88%，主食品工业化率提高到25%以上，主营业务收入过百亿元的粮食企业数量达到50个以上，大型粮食产业化龙头企业和粮食产业集群辐射带动能力持续增强，粮食科技创新能力和粮食质量安全保障能力进一步提升。

《意见》明确了发展粮食产业经济的重点任务。一是培育壮大粮食产业主体，增强粮食企业发展活力，培育壮大粮食产业化龙头企业，支持多元主体协同发展。二是创新粮食产业发展方式，促进全产业链发展，推动产业集聚发展，发展粮食循环经济，积极发展新业态，发挥品牌引领作用。三是加快粮食产业转型升级，增加绿色优质粮油产品供给，大力促进主食产业化，加快发展粮食精深加工与转化，统筹利用粮食仓储设施资源。四是强化粮食科技创新和人才支撑，加快推动粮食科技创新突破，加快科技成果转化推广，促进粮油机械制造自主创新，健全人才保障机制。五是夯实粮食产业发展基础，建设粮食产后服务体系，完善现代粮食物流体系，健全粮食质量安全保障体系。

《意见》强调，要加大发展粮食产业经济的财税扶持力度，健全金融保险支持政策，落实用地用电等优惠政策。地方各级人民政府要因地制宜制定推进本地区粮食产业经济发展的实施意见、规划或方案，加大粮食产业经济发展实绩在粮食安全省长责任制考核中的权重。粮食部门负责协调推进粮食产业发展有关工作，推动产业园区建设，加强粮食产业经济运行监测。发展改革、财政部门要强化对重大政策、重大工程和重大项目的支持，发挥财政投入的引导作用。

新华社:

抓农头工尾粮头食尾　推进农业供给侧改革
——国家粮食局局长张务锋解读粮食产业经济发展问题

（2017 年 9 月 8 日）

国务院办公厅印发的《关于加快推进农业供给侧结构性改革大力发展粮食产业经济的意见》8 日公布。国家粮食局局长张务锋接受新华社记者采访时表示，发展粮食产业经济，目标是以"粮头食尾""农头工尾"为抓手，推动粮食产业创新发展、转型升级、提质增效，推动农业供给侧结构性改革。

建好粮食供求"蓄水池"

记者：粮食产业经济在农业供给侧结构性改革中有何重要作用？

张务锋：确保国家粮食安全，把饭碗牢牢端在自己手上，既需要足够的粮食产量和库存，又离不开相应的加工流通能力和产业链掌控能力。只有经过加工转化和物流配送，把成品粮油及时供应给消费者，才最终真正实现了粮食安全。

粮食产业经济涵盖由原粮到产品、产区到销区、田间到餐桌的全过程，对粮食生产具有反哺激励和反馈引导作用，对粮食消费具有支撑培育和带动引领作用，是粮食供求的"蓄水池""调节器"。

粮食产业经济越发达，产业链条越完善，粮食安全基础就越牢固，抵御风险能力就越强。加快发展粮食产业经济，是落实总体国家安全观和粮食安全战略，进一步筑牢国家粮食安全基础的必然选择。

从国内看，我国初步建立了门类齐全的粮食产业体系，对保障国家粮食安全发挥了积极作用。从国际看，世界粮食强国往往也是加工流通强国。我们只有培育具有全球竞争力的粮食企业，打造国际先进水平的粮食产业链条，才能统筹利用好"两个市场、两种资源"，在国际粮食产业分工中争得主动。

粮食经济迫切需要新旧动能转换

记者：如何以问题导向看待我国粮食产业经济？

张务锋：加快推进农业供给侧结构性改革，大力发展粮食产业经济，是兴粮之策、富农之道、惠民之举，也是行业发展所需、部门责任所系。

就粮食产业而言，当前最突出的矛盾是结构性矛盾：产业结构不合理、产能利用率低。粮食精深加工能力不足，中高端产品缺口较大，低端产能过剩，平均产能利用率仅为46%。

产业链条短、关联度低。存在两个70%，即：70%的粮食加工企业从事米面油等初级产品加工，70%的成品粮油加工企业尚未实现副产物综合利用。加工业向前后两端延伸不够，产业链各环节结合不紧密。

产业布局分散、集中度低。有些地方缺少龙头企业带动，没有形成产业集群，加工流通企业"小散弱"问题突出。

创新投入少能力弱、产品附加值低。粮食行业研发经费占销售收入的比重不足0.5%，远低于发达国家2%～3%的平均水平；中小粮油企业普遍缺少研发平台和技术人才，工艺装备落后，新产品开发滞后，发展后劲不足。

只有坚持问题导向，强化改革创新，加快粮食产业经济转型升级，才能实现结构优化、动能转化、持续发展。同时也要看到，加快发展粮食产业经济，实现加工流通增值，可以把资源优势转变为产业优势、经济优势。目前山东、湖北、安徽、江苏、广东五省粮食产业年工业总产值均超过2000亿元；其中，山东省突破3600亿元，年销售收入过亿元的粮油加工企业达到 523 家，过 100 亿元的 4 家，有力支撑了当地经济发展。

粮食产业转型升级也是民生大计，有利于促进规模化、标准化生产，拓宽种粮农民增收渠道。目前全国粮食产业化龙头企业已发展到 2558 家，建立原粮基地 6546 万亩，涉及农户数量 1385 万户，成为工业反哺农业的有效载体之一。

完善市场机制　激发企业活力

记者：这需要怎样的产业形态和组织形式支持？

张务锋：按意见要求，粮食产业加快创新发展、转型升级、提质增效，需要更加高级的产业形态和组织形式支持。适应粮食收储制度改革要求，深化国有粮食企业改革，发展混合所有制经济，加快转换经营机制，做强做大做优一批骨干国有粮食企业，同时培育发展和壮大多元粮食市场主体，增强产业经济发展活力。

要牢固树立市场意识，尊重市场经济规律和企业主体地位，深化粮食收储制度改革，理顺价格形成机制，推进政企分开，充分发挥市场配置粮食资源的决定性作用。要完善粮食宏观调控方式，综合运用经济、行政、法律等多种手段，打好"组合拳"，提高调控的针对性、精准性和实效性。

国务院办公厅印发的意见，对当前和今后一个时期粮食产业经济发展作出顶层设计。粮食部门要积极适应粮食收储制度改革和库存消化的现实要求，加快发展粮食产业经济。到 2020 年，初步建成适应我国国情粮情的现代粮食产业体系；主营业务收入、工业增加值年均分别增长 9% 和 7% 左右，粮食加工转化率、主食品工业化率分别达到 88% 和 25% 以上，粮食优质品率提高 10 个百分点左右，主营业务收入过百亿元的粮食企业达到 50 个以上。

（新华社记者　王立彬）

人民日报：

国办印发《意见》大力实施"中国好粮油"行动 增加绿色优质粮食供给（政策解读）

（2017 年 9 月 10 日 02 版）

国务院办公厅日前印发《关于加快推进农业供给侧结构性改革大力发展粮食产业经济的意见》（以下简称《意见》），对大力发展粮食产业经济作出战略部署。这是当前和今后一段时期粮食产业经济发展的重要指导性文件。国家粮食局局长张务锋就相关问题进行了解读。

提升粮食加工流通能力和产业链掌控能力

当前，我国粮食连年丰收，供求相对宽松，粮食库存持续高企，粮食价格形成机制和收储体制改革正在深入推进。在这种大背景下，统筹好粮食生产、储备、流通三个能力建设，大力发展粮食产业经济、健全粮食产业体系的重要性日益凸显。

《意见》是国办印发的粮食产业经济方面的第一个专门文件。"确保国家粮食安全，既需要足够的粮食产量和合理库存作前提，又离不开相应的加工流通能力和产业链掌控能力。"张务锋说，《意见》的亮点很多，比如对产业发展亟须突破的重点问题提出了针对性新举措，包括：实施"优质粮食工程"、建设国家现代粮食产业发展示范园区（基地）、建立粮食产业企业标准领跑者激励机制、推动"科技兴粮"工程等重点措施等。

国家粮食局、财政部从 2017 年起启动实施"优质粮食工程"，今年重点支持黑龙江等 16 个省份的相关工作已启动实施，其他重点工作也在有序推进。《意见》对各地在实践中的产业经济新模式作了总结和肯定，提出了全产业链经营、产后服务带动、精深加工主导、商贸物流引领、主食产业化、循环经济等多种模式。这为粮食产业经济发展方向、方式和路径提供了指导和参考。

到 2020 年，粮食优质品率提高 10 个百分点左右

近年来，我国稳步推进粮食收储制度改革和粮价市场形成机制改革，加大粮食库存消化力度，进一步激发粮食产业经济发展活力，粮食产业经济发展面临难得机遇。

加快发展粮食产业经济，是深化农业供给侧结构性改革、促进一二三产业融合、推动粮食经济新旧动能转换的有力举措。2016 年，全国纳入粮食产业经济统计的企业达到 1.8 万家，加工转化粮食 4.8 亿吨，实现工业总产值 2.8 万亿元、利润 1321 亿元。同时也要看到，粮食形势的深刻变化，对粮食流通改革发展提出了更高要求，亟待通过发展粮食产业经济，提高粮食资源配置效率，进一步增强粮食安全保障能力。

《意见》提出，到 2020 年，要初步建成适应我国国情和粮情的现代粮食产业体系，全国粮食优质品率提高 10 个百分点左右，粮食产业增加值年均增长 7% 左右，粮食加工转化率达到 88%，主食品工业化率提高到 25% 以上，主营业务收入过百亿元的粮食企业数量达到 50 个以上。

为实现以上目标，《意见》明确了今后一段时期的五项重点任务：一是培育壮大粮食产业主体，着力增强粮食企业发展活力。二是创新粮食产业发展方式，着力促进全产业链发展，推动产业集聚发展，发展粮食循环经济，积极发展新业态，发挥品牌引领作用。三是加快粮食产业转型升级，着力增加绿色优质粮油产品供给，大力促进主食产业化，加快发展粮食精深加工与转化。四是强化粮食科技创新和人才支撑。五是着力建设粮食产后服务体系，完善现代粮食物流体系，健全粮食质量安

全保障体系。

大力发展全谷物等新型营养健康食品

现阶段，我国粮食综合生产能力稳定在较高水平，粮食库存充裕，农业的主要矛盾由总量不足转变为结构性矛盾。随着居民消费结构升级，必须准确把握消费需求动向，着力增加绿色优质、营养健康粮食及粮食产品供应。

《意见》针对性提出以下措施：大力实施"中国好粮油"行动，增品种、提品质、创品牌，推进绿色优质粮食产业体系建设。调优产品结构，开发绿色优质、营养健康的粮油新产品，增加多元化、定制化、个性化产品供给，促进优质粮食产品的营养升级扩版。推广大米、小麦粉和食用植物油适度加工，大力发展全谷物等新型营养健康食品。推动地方特色粮油食品产业化，加快发展杂粮、杂豆、木本油料等特色产品。

张务锋说，当前，我国玉米等部分粮食品种高仓满储，需要通过发展粮食产业经济带动粮食库存消化。要着力增加功能性淀粉糖以及用于保健、化工、医药等方面的玉米精深加工产品有效供给，减少相关产品进口依赖。发展纤维素等非粮燃料乙醇，在保障粮食供应和质量安全的前提下，着力处置霉变、重金属超标、超期储存粮食等，适度发展粮食燃料乙醇。探索开展淀粉类生物基塑料和生物降解材料试点示范，适应绿色发展新要求，培育战略性新兴产业，释放新兴消费潜力，加快消化政策性粮食库存。同时，要积极支持地方出台有利于精深加工转化的政策，促进玉米深加工业持续健康发展。

（人民日报记者　杜海涛）

经济日报：

夯实粮食安全保障体系产业基础
——国家粮食局局长张务锋解读粮食产业经济发展问题

（2017 年 9 月 10 日 03 版）

国务院办公厅 8 日发布了《关于加快推进农业供给侧结构性改革大力发展粮食产业经济的意见》，对大力发展粮食产业经济作出战略部署，是当前和今后一段时期粮食产业经济发展的重要指导性文件。《经济日报》记者就此专访了国家粮食局局长张务锋。

记者：《意见》是国务院下发的粮食产业经济方面的第一个专门文件，该《意见》是在什么背景下出台的？

张务锋：确保国家粮食安全，既需要足够的粮食产量和合理库存作前提，又离不开相应的加工流通能力和产业链掌控能力。当前，我国粮食连年丰收，供求相对宽松，粮食库存持续高企，粮食价格形成机制和收储体制改革正在深入推进。在这种大背景下，统筹好粮食生产、储备、流通三个能力建设，大力发展粮食产业经济、健全粮食产业体系的重要性日益凸显。

《意见》对当前和今后一个时期粮食产业经济发展的指导思想、基本原则和政策措施进行了顶层设计，有助于统一思想认识、明确发展路径、厘清工作重点、形成支持合力，推动粮食产业经济新旧动能转换，为构建更高质量、更有效率、更可持续的粮食安全保障体系提供强力产业支撑。

记者：《意见》最大的亮点是什么？

　　张务锋：第一大亮点是对产业发展急需突破的重点问题提出了针对性新举措。《意见》提出实施"优质粮食工程"、建设国家现代粮食产业发展示范园区（基地）、建立粮食产业企业标准领跑者激励机制、推动"科技兴粮"工程等重点措施。国家粮食局、财政部从 2017 年起启动实施"优质粮食工程"，今年重点支持黑龙江等 16 个省份的相关工作已启动实施，其他重点工作也都在有序推进。

　　第二大亮点是对各地在实践中的产业经济新模式作了总结和肯定，提出了全产业链经营、产后服务带动、精深加工主导、主食产业化、循环经济、品牌引领、龙头企业带动等多种模式。这为粮食产业经济发展方向、方式和路径提供了指导和参考。

　　第三大亮点是进一步强化和落实好国家已经出台的相关产业政策。《意见》提出"统筹利用粮食仓储设施资源"，即有效盘活粮食仓储设施，扩展粮食仓储服务范围，多渠道开发现有仓储设施用途。《意见》还提出，在农业产业化国家重点龙头企业认定中，大力扶持粮食产业化龙头企业。

　　记者：我国发展粮食产业经济的基础如何？在我国经济发展进入新常态、农业供给侧结构性改革进入攻坚期，粮食产业经济发展面临什么样的机遇和挑战？

　　张务锋：近年来，国家稳步推进粮食收储制度改革和粮价市场形成机制改革，加大粮食库存消化力度，进一步激发粮食产业经济发展活力。特别是 2016 年实行玉米收储制度改革后，玉米价格回归市场，企业生产成本大幅降低，极大地促进了玉米深加工、饲料等行业的发展，产业化龙头企业的引领作用继续增强，粮食产业逐步向优势地区集中，产业创新力度增大，经济效益稳中向好。

　　与此同时，仍有一些深层次问题未得到有效解决。产业结构不合理，粮食精深加工能力不足，中高端产品缺口较大，低端产品生产能力过剩，关联度低。产业布局分散，集中度低，有些地方缺少龙头企业带动，加工流通企业"小散弱"问题突出。创新投入少能力弱、产品附加值低等。

　　记者：发展粮食产业经济，主要目标和重点任务是什么？如何实现？

张务锋：《意见》提出，到 2020 年，要初步建成适应我国国情和粮情的现代粮食产业体系，全国粮食优质品率提高 10 个百分点左右，粮食产业增加值年均增长 7% 左右，粮食加工转化率达到 88%，主食品工业化率提高到 25% 以上，主营业务收入过百亿元的粮食企业数量达到 50 个以上。

为实现以上目标，《意见》明确了今后一段时期的五项重点任务。培育壮大粮食产业主体，着力增强粮食企业发展活力。创新粮食产业发展方式，着力促进全产业链发展，推动产业集聚发展，发展粮食循环经济，积极发展新业态，发挥品牌引领作用。加快粮食产业转型升级，着力增加绿色优质粮油产品供给，大力促进主食产业化，加快发展粮食精深加工与转化。强化粮食科技创新和人才支撑。着力建设粮食产后服务体系，完善现代粮食物流体系，健全粮食质量安全保障体系。

记者：中央经济工作会议提出，要把增加绿色优质农产品供给放在突出位置。请问，《意见》在增加绿色优质粮食产品供给方面有什么具体举措？

张务锋：现阶段，我国粮食综合生产能力稳定在较高水平，粮食库存充裕，农业的主要矛盾由总量不足转变为结构性矛盾，矛盾的主要方面在供给侧。随着居民消费结构升级和经济全球化带来的进口农产品大量涌入国内市场，必须准确把握消费需求动向，着力增加绿色优质、营养健康粮食及粮食产品供应。

《意见》有针对性地提出了以下措施：大力实施"中国好粮油"行动，增品种、提品质、创品牌，推进绿色优质粮食产业体系建设。调优产品结构，开发绿色优质、营养健康的粮油新产品，增加多元化、定制化、个性化产品供给，促进优质粮食产品的营养升级扩版。推广大米、小麦粉和食用植物油适度加工，大力发展全谷物等新型营养健康食品。推动地方特色粮油食品产业化，加快发展杂粮、杂豆、木本油料等特色产品。

记者：玉米等部分粮食品种高仓满储，如何通过发展粮食产业经济带动粮食库存消化？

张务锋：玉米消费主要由食用、饲用、工业消费三部分组成。食用玉米需求相对刚性。饲用玉米消费的主要途径、消费总量相对也是刚性的。近年来，进口低价玉米酒糟（DDGS）、大麦、豆粕等冲击国内市场，一定程度上挤占了国内玉米饲用消费需求。工业用玉米主要指玉米深加工转化的部分，玉米的产业链条比较长，深加工产品达几千种以上，用途非常广泛，是现阶段消化玉米库存的发力点。

要着力增加功能性淀粉糖以及用于保健、化工、医药等方面的玉米精深加工产品有效供给，减少相关产品进口依赖。要发展纤维素等非粮燃料乙醇，在保障粮食供应和质量安全的前提下，着力处置霉变、重金属超标、超期储存粮食等，适度发展粮食燃料乙醇。探索开展淀粉类生物基塑料和生物降解材料试点示范，适应绿色发展新要求，培育战略性新兴产业，释放新兴消费潜力，加快消化政策性粮食库存。同时，要积极支持地方出台有利于精深加工转化的政策，促进玉米深加工业持续健康发展。

（经济日报记者　刘慧）

经济日报：

把资源优势化为产业优势，形成粮食兴、产业旺、经济强的良性循环
——粮食产业向绿色优质转型

（2017 年 9 月 13 日 07 版）

加快发展粮食产业经济，是实现粮食生产发展和经济实力增强有机统一，保护和调动地方重农抓粮积极性的有效途径，能为国家粮食安全保障体系提供强力支撑。

金色九月，秋高气爽。全国粮食行业数百人共聚山东滨州市，共同商讨粮食产业经济发展大计。党的十八大以来，粮食行业以"创新、协调、绿色、开放、共享"发展理念为引领，大力发展粮食产业经济，构建适应我国国情粮情、高端高质高效的现代粮食产业体系，这无疑是兴粮之策、富农之道、惠民之举。

与经济发展实现双赢

滨州北拱京津、南卫齐鲁，被誉为山东省"北大门"。滨州市是传统的农业大市，也是粮食加工转化大市，域内聚集着西王集团、中裕食品有限公司、香驰集团、渤海实业等规模以上粮油加工企业 163 家，其中，国家级农业产业化重点龙头企业 5 家、全国农产品加工示范企业 3 家。2016 年全市粮食总产量 306 万吨，年粮食加工转化量 1379 万吨。

要粮食还是要经济，这个长久以来困扰着粮食主产区的世纪难题，现在被滨州市化解了。国家粮食局局长张务锋认为，加快发展粮食产业

经济，是实现粮食生产发展和经济实力增强有机统一，保护和调动地方重农抓粮积极性的有效途径，为构建更高层次、更高质量、更有效率、更可持续的国家粮食安全保障体系提供强力支撑。

党的十八大以来，各地加快推进粮食产业经济发展，把粮食资源优势转化为产业优势，形成粮食兴、产业旺、经济强的良性循环，实现了由以政策支持和要素支撑为主向创新驱动转变。山东、湖北、安徽、江苏和广东 5 省依托粮源、区位、技术、人才和市场等优势，粮食产业实现工业总产值均超过 2000 亿元，5 省工业总产值合计占全国的 50% 左右。其中，山东粮食工业总产值超过 3500 亿元。

黑龙江是全国重要粮食主产大省，粮食商品率达到 80% 以上，但是粮食加工业发展一直比较滞后。黑龙江抓住粮食收储市场化改革的契机，积极推进玉米深加工产业发展。今年上半年，黑龙江加工原粮 241 亿斤，实现产值 362 亿元，增幅分别达到 29% 和 19%，利润增长 7 倍，税收增长 73%。

从分散经营向一体化转变

收储与加工脱节，产业发展不协调，初级加工产能过剩，优质精深加工能力不足，一直是我国粮食产业经济发展的"短板"。张务锋认为，粮食行业应该树立"大粮食""大产业""大市场""大流通"理念，充分发挥粮食加工转化引擎作用，推动粮食仓储、物流、加工等粮食流通各环节有机衔接，以利益联结为纽带，培育全产业链经营模式，推动一二三产业深度融合发展。

粮食产业发展路径目前正在由分散经营向"产购储加销"一体化转变。中粮集团、上海良友集团、湖南粮食集团、西安爱菊粮油工业集团、内蒙古恒丰集团、湖北福娃等粮食企业通过全产业链经营，走出了"稻强米弱""麦强面弱"行业发展困局，实现了持续较快发展。

在粮食收储市场化条件下，国有粮食收储企业"收原粮、管原粮、卖原粮"的传统经营模式已经难以为继，需要通过大力发展粮食产业经济谋求出路，从偏重收储环节向统筹"产收储加销"各环节发展。山西省风陵渡粮食直属储备库通过土地流转、订单生产，发展 1.1 万亩优质小麦种植，探索依托储备库和基层粮站建立"产购储加销"全产业链新模式。

江南大学食品学院原院长、国家粮食安全专家咨询委员会专家委员姚惠源认为，构建全产业链经营模式，有助于创建优质名牌，通过品牌建设，引起整合种植、收储、加工、销售等环节的资源，引导原粮标准化生产，建立一批规模化优质特色专用原粮生产基地。

从规模扩张到质量提高

随着消费需求的不断升级，消费观念由"吃得饱"向"吃得好、吃得健康"转变，粮食质量受到前所未有的重视。中裕食品有限公司总经理张志军在谈到粮食质量问题时说，质量就是企业的生命，要不惜一切代价、不惜一切血本、不惜一切力量，保证产品质量。

当前粮食产业经济发展正在由注重规模扩张向注重质量提高转变，绿色食品的有效供给能力不断提高，到 2020 年，绿色粮食产品有效供给稳定增加，全国粮食优质品率提高 10% 左右。"粮食品牌化建设是实现粮食由注重规模扩张向注重质量提高转变的重要抓手。"张务锋说。

近年来，吉林省瞄准市场需求，充分挖掘优质粮食资源，集中打造大米核心品牌。仅用 3 年时间，吉林大米已经建设成为全国知名品牌大米。

为了推动粮食产业由注重规模扩张向注重质量提高转变，国家粮食局今年在黑龙江等 16 个省份启动实施"优质粮食工程"，通过粮食产后服务体系建设、国家粮食质量安全检验监测体系建设、"中国好粮油"行动计划，建立"优质优价"的粮食生产和流通机制，提高绿色优质粮油产品供给。

近年来，各地以实施"优质粮食工程"建设为契机，打造优质粮油产品及品牌，增加绿色优质粮食供给，满足城乡居民消费升级的需求，实现粮食行业转型升级。山西盛产小杂粮，大力支持以杂粮为特色的"山西好粮油"行动，以"山西小米"品牌建设，促进"优质杂粮工程"，带动全省杂粮产业发展。山西抓住转型综改试验示范区建设契机，把粮食产业纳入全省开发区建设规划，打造全产业链功能示范区和产业集群。目前，"山西农谷"、忻州、朔州、太原、运城等地粮食产业园正在启动建设。

（经济日报记者　刘慧）

经济日报：

实施优质粮食工程　有效化解结构性矛盾
——从"多产粮"转向"产好粮"

（2017 年 11 月 6 日 10 版）

目前，我国粮食生产能力已达 1.2 万亿斤，但是结构性矛盾十分突出，优质品种供给不足。国家粮食局和财政部今年启动实施了"优质粮食工程"，推动粮食生产由"多产粮"向"产好粮"转变，增加绿色优质粮油产品供给，助推粮食产业提质增效。粮食产后服务体系建设、粮食质检体系建设、"中国好粮油"行动是实施"优质粮食工程"的三个主要内容和重要抓手。

11 月 6 日，国家粮食局、财政部在湖北武汉召开加快推进实施"优质粮食工程"现场经验交流会，粮食行业人士聚集一堂，交流实施"优质粮食工程"的典型经验，研究探讨进一步推进的措施。

目前，我国粮食生产能力已达 1.2 万亿斤，但是结构性矛盾十分突出，优质品种供给不足。国家粮食局和财政部今年启动实施了"优质粮食工程"，释放粮食产业经济活力，拓

展粮食行业发展空间，推动粮食生产从重视产量向重视质量和效益转型，增加绿色优质粮油产品供给，促进城乡居民由"吃得饱"向"吃得好"转变，助推粮食产业经济实现提质增效。

构建促农增收长效机制

粮食产后管理不科学是制约当前粮食产业经济发展和影响农民种粮收益的重要因素之一。建设粮食产后服务体系，是推进实施"优质粮食工程"的重要抓手。

粮食产后服务体系建设，主要是针对市场化收购条件下农民收粮、储粮、卖粮、清理烘干等诸多难题，建立专业化的经营性粮食产后服务中心，打造农民需要的粮食产后服务功能，为农户开展"代清理、代干燥、代储存、代加工、代销售"的"五代"服务。有条件的地方还可以将服务范围扩展到提供市场信息、种子、化肥和融资、担保服务，推广订单农业等，从2017年起开始建设，力争在"十三五"末实现全国产粮大县全覆盖。

位于河北省柏乡县的金谷源粮油贸易有限公司多年来一直从事优质强筋麦收购和销售。该公司总经理常清说，2011年公司依托中粮集团成立了金谷源优质小麦专业合作社，发展优质小麦订单种植。2016年成立了为农综合服务中心，为农民提供大田托管、订单种植、农业技术、粮食银行、庄稼医院、测土配方、农机服务、电商服务、农资配送等多项服务，为订单农户提供农业服务支撑。公司目前仓储能力达20万吨，年贸易量40万吨，订单种植面积由最初的10万亩发展到现在的50万亩，不仅带动了柏乡优质小麦种植，还辐射周边隆尧、宁晋、任县等县市，每年可带动农民增收9000余万元，并培育起了一支三四百人的粮食经纪人队伍。

国家粮食局负责人表示，通过建设粮食产后服务体系，有利于构建促农增收的长效机制。通过为农民提供专业化的清理、干燥、分类等服务，促进粮食提档升级，大幅度提高粮食保质能力；通过向农民提供粮食保管等服务，为农民适时适市适价卖粮创造条件，增强议价能力，促进种粮农民持续增收。通过粮食产后服务中心和农户科学储粮设施建设，大幅降低农户储粮损失率。通过整合产后服务资源，形成完整的服务链，提升农业专业化水平，促进农村第三产业发展，提高服务效率和劳动生产率，增加农民收入。

筑牢粮食质量安全"防火墙"

粮食质量安全事关广大人民群众的一日三餐，责任重于泰山。加强粮食质量安全监管监测能力建设，健全粮食质检体系运行机制，可以有效防止不合格粮食产品流入口粮市场，提高从田间到餐桌全过程的粮食质量安全保障水平，把好食品质量安全源头，让人民群众"吃得安全、吃得放心"，切实保障"舌尖上的安全"。

据了解，经过多年持续不懈努力，我国已初步建立了国家粮食质量安全监测体系，有效保障了口粮质量安全。但是，目前基层粮食质量安全检验能力还比较薄弱，县级国家粮食质量监测机构只有 45 个，覆盖面仅 1.6%，与我国 6 亿多吨粮食产量和消费量严重不匹配。此外，还普遍面临检验设备陈旧落后、食品安全指标检验能力薄弱、监测检验业务经费严重不足等问题。

国家粮食局负责人表示，通过实施"优质粮食工程"，计划在"十三五"期间，建立完善由 6 个国家级、32 个省级、305 个市级和 960 个县级粮食质检机构组成的粮食质量安全检验监测体系，着力解决粮食质量安全预警监测与检验把关能力不足、基层粮食质检机构严重缺失的问题，实现"机构成网络、监测全覆盖、监管无盲区"和国家、省、市、县四级联动，抓好"粮头食尾""农头工尾"全产业链的检验监测，监测覆盖面提升 60% 以上，粮食产品综合合格率提升 5% 以上，为更好地保障国家粮食质量安全提供强有力支撑。

先进的标准体系是保护粮食质量安全的第一道"防火墙"。目前，国家粮食局归口管理 587 项粮食标准（国标 336 项，行业标准 251 项），覆盖收购、储存、加工、运输、销售等环节。在标准制修订过程中，进一步突出了粮食产品的质量安全要求，增加质量安全控制指标，对产品的名称、原料和加工工艺等实行强制标识。研究制定了一批先进的粮油产品检验方法和标准，如真菌毒素、重金属等污染物快速检测方法，粮食制品中过氧化苯甲酰、溴酸钾、吊白块、矿物油等非法添加物的检测方法等。目前，我国粮油产品质量安全检验方法标准与国际标准及发达国家标准已基本一致。

形成"优粮优价"流通机制

实施"中国好粮油"行动计划，推动形成"优粮优价"市场流通机制，通过发挥流通对生产和消费的引导作用，在确保粮食数量安全前提下，促进广大种粮农民和粮食企业生产优质粮油，通过优质优价增加收入，力争到 2020 年全国产粮大县的粮油优质品率提高 30% 以上，农民种植优质粮油的收益显著提升。

"中国好粮油"是指符合"中国好粮油"系列标准要求的优质粮油产品。国家粮食局今年 9 月正式发布了"中国好粮油"系列标准，包括小麦、小麦粉、挂面、稻谷、大米、食用玉米、饲用玉米、大豆、食用植物油、杂粮、杂豆生产质量控制规范等 12 项粮食行业标准。与现行标准相比，"中国好粮油"标准对安全性要求更加严格，注重加强品质评价，倡导适度加工，更加突出营养特性，强调产品质量追溯信息。国家粮食局还着手建设国家级"中国好粮油"线上销售平台，统一制定"好粮油"标准、标识及使用管理规定，经省级粮食行政管理部门认定符合标准的，允许使用国家统一标识。这一系列措施为我国创建国家级粮油品牌创造了条件，奠定了基础。

"增品种、提品质、创品牌"是中国好粮油行动的主要目标。例如，吉林省近年来大力推进吉林大米品牌建设，与品牌建设之初相比，全省水稻播种面积增加了近 100 万亩，达 1300 万亩，优良品种覆盖率超过 80%；中高端大米年产量由 9 亿斤增加到 15 亿斤，增长了 66%。一批有基础、有实力、有品牌、有市场的粮食企业，带动农民扩大优质粮食种植，实现规模化、标准化、品牌化，加快推进产业升级，提升绿色优质粮油产品供给水平。例如，江苏农垦集团100多万亩绿色优质水稻种植基地、山东滨州中裕食品有限公司150万亩优质小麦种植基地、内蒙古恒丰集团60万亩优质小麦种植基地成为增加优质粮食供给、带动农民增收的重要力量。

　　国家粮食局负责人表示，粮食产后服务体系建设、粮食质检体系建设、"中国好粮油"行动是实施"优质粮食工程"的三个主要内容和重要抓手。三者相互依托、相互促进、紧密衔接，共同服务于粮食生产、流通和消费，为更多、更好地向社会提供"优质粮食"保驾护航，推动形成"种粮农民种好粮、收储企业收好粮、加工企业产好粮、人民群众吃好粮"的粮食流通新体系，为保障新时代国家粮食安全奠定了坚实基础。

（经济日报记者　刘慧）

人民网：

加快推进粮食产业经济发展
夯实粮食安全保障体系产业基础
——全国加快推进粮食产业经济发展现场经验交流会在山东滨州召开

（2017 年 9 月 13 日）

9 月 12 日至 13 日，国家粮食局在山东省滨州市召开全国加快推进粮食产业经济发展现场经验交流会。会议深入学习贯彻党中央、国务院关于促进粮食产业经济发展的决策部署，认真分析粮食产业经济发展面临的新形势，研究部署贯彻落实《国务院办公厅关于加快推进农业供给侧结构性改革大力发展粮食产业经济的意见》要求，大力发展粮食产业经济，推动粮食产业创新发展、转型升级、提质增效的思路、任务和举措。国家发展改革委党组成员，国家粮食局党组书记、局长张务锋出席会议并讲话；山东省委常委、常务副省长李群出席会议并致辞；国家粮食局领导徐鸣、卢景波、何毅出席会议。

张务锋指出，加快发展粮食产业经济，是兴粮之策、惠农之道、利民之举，也是行业发展所需、部门责任所系，是落实总体国家安全观和粮食安全战略，进一步筑牢国家粮食安全基础的必然选择；是深化农业供给侧结构性改革和促进一二三产业融合发展，推动粮食经济新旧动能转换的有力举措；是实现粮食生产发展和经济实力增强有机统一，保护和调动地方重农抓粮积极性的有效途径；是落实以人民为中心的发展思想，促进农民持续增收、满足居民消费需求的现实需要。全国粮食系统要深刻理解和准确把握党中央、国务院领导同志重要指示批示的丰富内涵、精神实质，着眼战略全局，深刻认识加快发展粮食产业经济的重大意义，凝聚共识、坚定信心，勇于担当、积极作为，切实把这篇文章做好。

张务锋要求，要立足经济发展新常态，坚决贯彻新发展理念，以提高发展质量和效益为中心，以推进供给侧结构性改革为主线，紧紧围绕保障国家粮食安全战略大局，积极适应粮食收储制度改革和库存消化的现实需要，突出"创新发展、转型升级、提质增效"鲜明主题，加快发展粮食产业经济。一是大力推动"三链协同"。要统筹考虑资源禀赋、基础优势、短板弱项、潜力空间等因素，积极培育和引进龙头企业，有针对性补齐短板，加速延伸产业链。深入实施科技兴粮和人才兴粮工程，突出优化创新链。突出产品提档这个前提，抓住品牌带动这个重点，强化业态升级这个关键，不断提升价值链。二是统筹建设"四大载体"。以示范市县为样板、产业园区为平台、骨干企业为主力、专项工程为抓手，点线面结合、立体式推进，加快粮食产业转型升级。三是准确把握"五个关系"。坚持稳中求进的总基调，科学处理好政府和市场、当前和长远、产区和销区、国际和国内、发展和安全五个方面关系，力求做到协调发展、行稳致远。

张务锋强调，各级粮食部门要提高政治站位，围绕中心、服务大局，抓重点、出亮点，争主动、真落实，务求取得实效。一是加强统筹指导。争取尽早出台贯彻落实意见，将推动粮食产业经济发展情况纳入各级粮食安全责任制考核。二是强化政策扶持。认真研究《意见》明确的优惠政策和扶持措施，创新完善地方配套政策措施，充分调动各类市场主体的积极性，让优惠政策落地生根、发挥效力。三是优化发展环境。按照深化"放管服"改革的要求，进一步转变观念和职能，履行好"为耕者谋利、为食者造福、为业者护航"的使命。四是搞好宣传引领。全面准确地解读政策，及时回应社会关切，营造良好舆论氛围。进一步抓好典型培树，总结先进经验并加以推广。

李群指出，近年来山东省委省政府全面落实习近平总书记关于三农工作和粮食安全的决策部署，始终把三农工作作为重中之重，以落实粮食安全省长责任制为总抓手，构建起省市县政府共同保障粮食安全的制度体系，粮食产业经济持续健康发展，粮食生产流通各项工作成效显著。推进农业供给侧结构性改革，做强现代农业，必须把发展粮食产业经济作为重要抓手。山东将认真学习贯彻中央领导同志关于粮食安全和粮食产业经济发展的重要指示精神，认真贯彻落实本次会议部署安排，在全省总结好、推广好滨州经验，理清发展思路，明确发展方向，加快实现粮食产业由大到强的转变，为更好地保障国家粮食安全做出积极贡献。

会上，国家粮食局授予山东省滨州市"全国粮食产业经济发展示范市"称号。滨州市人民政府，吉林、四川、江苏、安徽、广西等省（区）粮食局及中粮集团有限公司、西安爱菊粮油工业集团作了典型经验交流发言。会议期间，与会代表参观考察了西王集团、三星集团、香驰控股和中裕食品等企业。

山东省政府、滨州市政府有关负责同志，各省、自治区、直辖市及新疆生产建设兵团粮食局主要负责同志，国家粮食局相关司室、单位主要负责同志参加了会议。

（人民网记者　朱一梵）

中国新闻社：

中国粮企各展所长　合力发展粮食产业经济

（2017 年 9 月 14 日）

在保障国家粮食安全战略的大局下，中国粮食产业经济的发展受到各方高度关注。

中国国家粮食局日前在山东省滨州市召开全国加快推进粮食产业经济发展现场经验交流会。一些在发展粮食产业经济过程中表现抢眼的企业分享了自己的经验。

必然选择

国家发展改革委党组成员，国家粮食局党组书记、局长张务锋在会议上指出，加快发展粮食产业经济，是兴粮之策、惠农之道、利民之举，也是行业发展所需、部门责任所系，是落实总体国家安全观和粮食安全战略，进一步筑牢国家粮食安全基础的必然选择。

他要求，要紧紧围绕保障国家粮食安全战略大局，积极适应粮食收储制度改革和库存消化的现实需要，突出"创新发展、转型升级、提质增效"鲜明主题，加快发展粮食产业经济。

全产业链

中粮集团介绍了其率先提出并实践的全产业链模式。在产业链上游，中粮通过在全球和国内粮食主产区和重要物流节点的收储物流设施以及贸易网络，从事稻谷、小麦、大麦、玉米、大豆等粮食国际国内贸易以及进出口；在产业链中游，中粮发展稻谷、小麦、大麦、玉米、油脂油料的初加工与深加工，加工后的米糠、麸皮、酒糟、蛋白粕等副产品和玉米、大麦、高粱等粮食成为饲料加工的原料，饲料产品又满足生猪和奶牛养殖需要，生猪养殖继续发展屠宰和制品营销，奶牛养殖则继续发展各种乳制品生产和营销；在产业链下游，通过品牌营销，发展米面油肉奶等各种食品的销售，不断延长产业链和提升产业链价值。

生态护粮

盘锦鼎翔米业有限公司介绍说，为保证原粮储存过程中品质稳定、健康安全、无二次污染，绿色储粮。企业创造性开展"猫兵"护粮，采用生物防鼠技术，公司每年需投入 10 余万元驯养家猫灭鼠（使用普通鼠药防鼠只需几千元），这么大的投入换来的是整个粮库不用鼠药灭鼠，从而彻底杜绝了使用鼠药对产品的潜在危害。

创新引领

2017 年上半年，西王集团实现销售收入 216.9 亿元，利税 11.68 亿元。发展秘诀之一就是创新。据介绍，集团广泛吸纳 100 余名中外博士、硕士，分职于研发中心、实验室、智能控制、规划设计、企业管理、财会运营等关键岗位。目前，西王拥有 100 多项自主知识产权，30 多项科研成果通过了省部级科技成果鉴定。

主食产业

西安爱菊粮油工业集团介绍说，粮食行业利润微薄，增加产品利润空间，由"粮"向"食"转变势在必行。

该集团介绍说，其自行改造、研发，造就了现如今的国内单机产量最大、智能化大型馒头生产线，可日加工馒头 100 万个；投资 2000 多万元，研发出中国真正无添加剂的豆芽加工工艺，生产出"可以生吃的"的放心豆芽。通过不断丰富主食品、豆制品品种，该集团目前有馒头、面条、烤饼、糕点、速冻食品等总计 60 多个品种规格。

循环利用

中兴洪湖浪米业公司介绍了其稻谷综合利用产业链：稻谷加工成优质大米，副产品米糠用于生产高谷维素米糠保健油，其中高酸价米糠油制取生物柴油。

此外，该公司还利用高酸价植物油、餐厨垃圾地沟油废弃原料，以固体酸作催化，甲酯化制取生物柴油。近几年成为公司产业链发展的最大亮点。生物柴油从生产产量到市场销售，实现惊人一跃。

全球布局

聚龙集团介绍说，目前中国已成为世界第二大棕榈油进口国和消费国，预计到 2020 年我国棕榈油消费量将达到 1200 万吨。由于我国不具备棕榈油上游资源的种植条件，中国企业不"走出去"就不可能有效保障国内市场需求并充分参与全球市场竞争。

该集团表示，在当前棕榈油产业国际定价机制下，是否拥有足够规模的棕榈种植园是决定企业市场话语权的关键因素。企业拥有 20 万公顷种植园，就可以参与国际市场定价；拥有 100 万公顷种植园，将能在国际市场定价中具有决定权。

截至目前，聚龙集团在印度尼西亚已经拥有总面积近 20 万公顷的棕榈种植园，配套建有 3 个压榨厂，2 处河港物流仓储基地，1 处海港深加工基地，海外资产规模超过了 15 亿美元。

（中国新闻社记者　周锐）

中国经济导报：

直面结构性矛盾，产业链向绿色循环延伸，深化供给侧结构性改革

——国家粮食局局长张务锋："滨州模式"值得借鉴推广

（2017 年 9 月 16 日 B01 版）

　　粮食产业关系到国计民生，为了促进各地粮食部门交流先进经验，9 月 12 日至 13 日，国家粮食局在山东省滨州市召开全国加快推进粮食产业经济发展现场经验交流会（以下简称"交流会"）。

　　相关人士指出，对于粮食供给侧结构性改革而言，要从要素驱动转向创新驱动，"滨州模式"值得借鉴推广，除此以外，有效增强国有粮企的市场化能力是关键。

粮食供给侧改革：从要素驱动转向创新驱动

　　2016 年度，全国粮食产业统计数据显示，该年度纳入统计范围的 1.8 万家企业共实现工业总产值 2.8 万亿元，同比增长 13.3%。销售收入 2.8 万亿元，同比增长 14.6%；利润总额 1321 亿元。各类企业年处理粮食能力 10.4 亿吨，实际加工转化粮食 4.8 亿吨。

　　对此，国家发展改革委党组成员，国家粮食局党组书记、局长张务锋将 2016 年全国粮食产业经济发展状况定义为"态势平稳"。但他同时强调称，当前我国粮食产业经济发展存在的重要问题是结构性矛盾突出："一是粮食的精深加工能力不足，产能利用率不高。二是产业链条短、关联度低，加工业向前后两端延伸不够，产业链各环节结合不紧密。三

是产业布局分散、集中度低，加工流通企业'小散弱'问题突出。四是创新投入少能力弱、产品附加值低，发展的后劲不足。"

日前，针对未来我国粮食产业经济发展的布局，国务院办公厅印发了《关于加快推进农业供给侧结构性改革大力发展粮食产业经济的意见》，这也是国务院首次出台关于粮食产业经济发展的指导意见。意见指出，到 2020 年，粮食产业增加值年均增长 7% 左右，粮食加工转化率达到 88%。

对此，张务锋总结了今后粮食产业经济发展的具体举措。"在发展动能上，实现由以政策支持和要素支撑为主向创新驱动主导转变，激发粮食产业技术创新活力；在发展路径上，实现由各环节分散经营向'产购储加销'一体化转变，发挥粮食加工转化引擎作用；在发展目标上，实现由注重规模扩张向注重质量效益提高转变，进一步集约集聚、降本增效、改善服务。"

对于目前粮食产业发展情况，国家粮食局仓储与科技司司长翟江临介绍，一是产业化龙头企业的引领作用继续增强。产业化龙头企业 2558 家，占企业总数的 14.3%，实现工业总产值 1.16 万亿元，占比 41.5%。二是粮食产业逐步向优势地区集中。依托粮源、区位、技术、人才和市场等优势，山东、湖北、安徽、江苏和广东 5 省工业总产值合计占全国的 50% 左右。三是产业创新力度增大。2016 年，企业研发投入 98.6 亿元，同比增长 21.6%，获得专利 2564 件。

翟江临表示，目前我们粮食消费市场变化巨大，城乡居民已经从"吃得饱"转向追求"吃得好，吃得健康"，而我国粮食产业经济发展目标是，到 2020 年，初步建成适应我国国情和粮情的现代粮食产业体系。

滨州模式：产业链向绿色循环延伸

在交流会上，滨州市被国家粮食局授予"全国粮食产业经济发展示范市"称号。张务锋在讲话时指出，粮食产业经济发展滨州典型经验可信可学，"滨州模式"值得借鉴推广。

据介绍，近年来，滨州市坚持把粮食产业发展作为落实"藏粮于地、藏粮于技"战略，助推国家粮食安全的重要举措，以深化农业供给侧结构性改革为主线，积极优化产业布局，完善产业链条，探索形成了"政府引导、市场导向、龙头带动、科技支撑、循环融合、惠民安全"的粮食产业发展"滨州模式"。

2016 年，粮食产业实现主营业务收入 1067 亿元、利税 41.5 亿元，今年上半年实现收入 625.5 亿元、利税 26.9 亿元，分别同比增长 17.1%、31.7%。过去几年，滨州市优化产业布局，完善产业链条，探索形成了"政府引导、市场导向、龙头带动、科技支撑、循环融合、惠民安全"的粮食产业发展"滨州模式"，当地涌现出"西王""三星""中裕"等一批龙头粮油企业。

滨州市市长崔洪刚表示："第一，供应链向上游延伸。鼓励引导粮油加工企业积极参与和主导组建专业合作社。第二，产品链向高端延伸。积极引导各粮油加工企业完善精深加工转化体系。第三，产业链向绿色循环延伸。大力支持各龙头企业加强产品梯次开发。第四，营销链向终端延伸。大力支持各粮油加工企业拓宽营销网络。"

以产业链向绿色循环延伸为例，崔洪刚具体介绍了 4 点经验。

第一，供应链向上游延伸。鼓励引导粮油加工企业积极参与和主导组建专业合作社，以"企业 + 合作社 + 基地 + 订单农户"模式开展土地流转、订单收购，努力掌握优质粮源。香驰控股在山东和东三省等地建立原料基地 85 万亩；中裕食品建立了 6.5 万亩育种基地和 150 万亩优质小麦种植基地，小麦收购价格高出市场 10%~30%，平均每亩带动农民增收 336 元。

第二，产品链向高端延伸。积极引导各粮油加工企业完善精深加工转化体系，西王集团生产的无水药用葡萄糖每吨价格 4700 元，高于普通产品 1000 元左右。香驰控股研发的果葡糖浆，成为国内唯一一家指定出口国外可口可乐公司果糖原料的 A 级供应商，每年供应可口可乐公司 20 万吨。中裕食品生产的小麦蛋白粉最高 1.6 万元 / 吨，高出同类产品 3000

至 5000 元。托福食品研发的高钙馒头，每 100 克中钙含量为 119.7 毫克，是普通馒头的近 20 倍。

第三，产业链向绿色循环延伸。大力支持各龙头企业加强产品梯次开发，中裕食品实现了"独立育种、种植加工、畜牧养殖、沼气利用"的全产业链发展，生产酒精过程中产生的酒糟，加入麦麸、玉米等制成液体饲料，通过管道输送到高效生态农牧园区养猪，猪粪生产沼气，沼渣作为肥料还田，实现了废弃物的有效利用。目前，全市小麦、玉米、大豆原料利用率均达 98% 以上，小麦精深加工形成了覆盖一二三产业的完整循环产业链，玉米、大豆也实现了深度梯次开发。

第四，营销链向终端延伸。大力支持各粮油加工企业拓宽营销网络，中裕食品拥有法兰卡 1876、面食家、中裕食品快餐、麦便利社区超市四大服务业品牌，在市区建设各类店面 150 余家，产品远销日本、韩国、泰国等国家。"中裕"牌产品被国家发展改革委、科技部等 38 个部委餐厅指定为专供产品；阳信玉杰面粉经北京市教委严格评审，直供清华大学、北京大学等 92 所高校。

百花齐放：增强市场化能力是关键

据国家粮食局相关人员介绍，除了"滨州模式"外，全国各地粮食部门还有百花齐放的方式，核心是增强国有粮企的市场化能力。

一是从"小舢板"发展到"大舰队"，着力打造跨区域骨干粮食企业集团。由于历史原因，国有粮食企业多数是按照行政区划建立，隶属于不同层级的政府部门，资产资源流动性不足，管理体制僵化，企业没有活力。近年来，各级粮食部门推动以资本为纽带，实现不同层级的国有粮食企业优势互补、强强联合，打造骨干粮食企业集团。

据介绍，湖南省属粮食企业和长沙市属粮食企业优化整合组建了湖南粮食集团，经过 6 年多的发展，集团总资产从 32 亿元增加到 138 亿元，年销售收入从不到 10 亿元增加到 100 亿元，2013 年控股上市公司金健米业，集团发展后劲和实力不断增强。同时，各地还以骨干国有粮食企业为基础，组建发展了一批跨区域集团公司，承担粮食跨省流通任务，成为落实粮食安全省长责任制、促进粮食产销协作和保障区域粮食安全的重要载体。2014 年，浙江省政府对浙江省农发集团增资 2.5 亿元用于并购黑龙江省一家粮食企业共同组建了绿农集团。目前绿农集团拥有 107.4 万吨仓容。浙江省农发集团代储浙江省级粮食异地储备 30 万吨，建立了年产 10 万吨的大米加工基地，2014 年以来累计完成"北粮南调"稻谷（米）等 150 多万吨。

二是从"开门收粮"到提供"五代服务"，国有粮食企业市场意识不断提升。四川省地处高温高湿地区，粮食收获时常常遭遇阴雨天气，产后损失大，农户常常为烘干、清理粮食发愁。从 2012 年开始，四川省粮食局启动"川粮产后服务工程"，为 105 个县 173 个项目购置烘干设备 1000 多（台）套，帮助烘干清理粮食 115 万吨，挽回晾晒、虫霉等粮食损失 4.7 亿元。这是近年来国家粮食局大力推进"粮安工程"建设的成果。今年，为满足广大人民群众从"吃得饱"向"吃得好"的转变，促进"优粮优价"和农民增收，国家有关部门启动实施以粮食产后服务体系、粮食质量安全检验检测体系、"中国好粮油"行动计划为主要内容的"优质粮食工程"建设。基层国有粮食企业积极发挥仓储和市场渠道优势，参与组建粮食产后服务中心，为新型粮食生产经营主体和种粮农民提供粮食代清理、代干燥、代储存、代加工、代销售等服务，有利于解决粮食产后储存难题，同时也增加了经营收益。

（中国经济导报记者　张洽棠）

瞭望：

粮食产业经济顶层设计出台

（2017 年第 38 期）

近日，国务院办公厅印发的《关于加快推进农业供给侧结构性改革大力发展粮食产业经济的意见》（以下简称《意见》）正式公布，明确了发展粮食产业经济的思路目标和政策措施。

"发展粮食产业经济，目标是以'粮头食尾''农头工尾'为抓手，推动粮食产业创新发展、转型升级、提质增效，推动农业供给侧结构性改革。"在接受《瞭望》新闻周刊记者采访时，国家粮食局局长张务锋表示，这是国务院首次出台这方面的指导意见，为引领粮食产业经济发展指明了方向，提供了遵循，具有重要的现实意义。

"关键是要突出'创新发展、转型升级、提质增效'这个鲜明主题。"张务锋为本刊记者解读说，具体来说，要努力做到"三个转变"：

在发展动能上，实现由以政策支持和要素支撑为主向创新驱动主导转变，激发粮食产业技术创新活力，促进新产品、新模式、新业态加速成长；

在发展路径上，实现由各环节分散经营向"产购储加销"一体化转变，发挥粮食加工转化引擎作用，接一连三、协同联动、融合发展，形成"大粮食""大产业""大市场""大流通"格局；

在发展目标上，实现由注重规模扩张向注重质量效益提高转变，进一步集约集聚、降本增效、改善服务，增加绿色优质粮食产品供给，加快推动产业迈向中高端水平，在更高层次上保障国家粮食安全。

"预计是到 2020 年，初步建成适应我国国情和粮情的现代粮食产业体系；粮食产业增加值年均增长 7% 左右，粮食加工转化率、主食品工业化率分别达到 88% 和 25% 以上；粮食优质品率提高 10 个百分点左右；主营业务收入过百亿元粮食企业达到 50 个以上。"他表示。

"头等大事"弦不能松

"十八大以来，党中央多次强调，解决好十几亿人口的吃饭问题，始终是我们党治国理政的头等大事；保障国家粮食安全是一个永恒课题，任何时候这根弦都不能松。"在接受《瞭望》新闻周刊记者采访时，业内权威专家谈到，要确保国家粮食安全，把饭碗牢牢端在自己手上，既需要足够的粮食产量和库存，又离不开相应的加工流通能力和产业链掌控能力。只有经过加工转化和物流配送，把成品粮油及时供应给消费者，才能最终真正实现粮食安全。

"在我国粮食连年丰收、供求相对宽松的情况下，统筹好粮食生产、储备、流通三个能力建设，加快发展粮食产业经济显得尤为重要。"他强调，从国际看，世界粮食强国往往也是加工流通强国。粮食产业经济越发达，产业链条越完善，粮食安全基础就越牢固，抵御风险能力就越强。

"美国农产品加工转化率超过 85%，加工业与农业产值比例超过 4∶1，全球四大粮商有三家来自美国。"在他看来，只有培育具有全球竞争力的粮食企业，打造国际先进水平的粮食产业链条，才能统筹利用好两个市场和两种资源，在国际粮食产业分工中争得主动。

目前，我国初步建立了门类齐全的粮食产业体系。2016 年，全国纳入粮食产业经济统计的企业达到 1.8 万家，加工转化粮食 4.8 亿吨，实现工业总产值 2.8 万亿元，保持了平稳发展态势。

"同时也要看到，经济社会的快速发展和粮食形势的深刻变化，对粮食流通改革发展提出了更高要求，亟待加快发展粮食产业经济，提高粮食资源配置效率，进一步增强粮食安全保障能力。"采访中，张务锋提醒，当前我国粮食产业经济最突出的矛盾是结构性矛盾，主要表现在四个方面：一是产业结构不合理、产能利用率低。粮食精深加工能力不足，中高端产品缺口较大，低端产能过剩，平均产能利用率仅为 46%。

二是产业链条短、关联度低，存在两个 70%。即：70% 的粮食加工企业从事米面油等初级产品加工，70% 的成品粮油加工企业尚未实现副产物综合利用。同时，加工业向前后两端延伸不够，产业链各环节结合不紧密。

三是产业布局分散、集中度低。有些地方缺少龙头企业带动，加工流通企业"小散弱"问题突出。

四是创新投入少能力弱、产品附加值低。粮食行业研发经费占销售收入的比重不足 0.5%，远低于发达国家 2% ~ 3% 的平均水平；中小粮油企业普遍缺少研发平台和技术人才，工艺装备落后，新产品开发滞后，发展后劲不足。

大力推动"三链协同"

当前，新一轮科技革命和产业变革蓄势待发，产业链、创新链、价值链对接融合成为大势所趋，给粮食产业经济带来了深刻影响。面对这一态势，在接受《瞭望》新闻周刊记者采访时，有不少业内人士表示，要强化系统思维和统筹联动，依托产业链布局创新链，依靠创新链提升价值链，在"三链协同"中增创粮食产业发展新优势。

首先，加速延伸产业链。在业内人士看来，粮食产业转型升级，是从粗放向集约演进的过程，也是由短链条向长链条转变的过程。目前来看，各地在实践中，已经探索形成了全产业链经营模式、产后服务带动模式、精深加工主导模式、商贸物流引领模式、主食产业化模式、循环经济模式等诸多行之有效的发展模式。

对此，国家粮食局要求各地要认真调研分析本地粮食产业发展现状，统筹考虑资源禀赋、基础优势、短板弱项、潜力空间等因素，合理选择发展模式，大力实施"建链、补链、强链"工程。

　　"不同地区、企业和粮食品种，特点各异、差别较大。延伸拉长粮食产业链，不搞'一刀切'，而要因地、因企、因粮施策，宜全则全、宜专则专，做到精准定位、协作共赢。"张务锋特别强调。

　　其次，突出优化创新链。以科技创新为核心的全面创新是产业发展的内生动力，是粮食产业走向集约化、绿色化、智能化的重要支撑。要把增强技术实力作为粮食产业转型升级的战略支点，深入实施科技兴粮和人才兴粮工程，着力提高粮食行业创新发展能力。

　　"要充分认识到，企业是技术创新的主体，产学研合作是科技创新的有效方式，技术改造是成果应用的关键一环。"上述权威人士表示，创新驱动的丰富内涵，不仅涵盖科技创新，还包括制度、战略、管理、组织、市场等多个方面。特别是针对经营管理粗放问题，要加快推动管理创新，通过行业对标、专题培训等方式，推广先进管理模式，努力提高企业管理的智能化、精细化水平。

　　最后，不断提升价值链。从价值链低端向中高端跃升，是产业链条延伸、科技创新驱动的必然结果，也是产业素质增强带来的积极效应。

　　要突出产品提档这个前提，引导企业以市场需求为导向，调优产品结构，开发绿色优质粮油新产品，大力发展全谷物等新型营养健康食品，增加多元化、定制化、个性化产品供给。

　　要抓住品牌带动这个着力点，加大资金、技术等支持力度，鼓励企业增品种、提品质、创品牌，培育一批质量好、美誉度高、消费者认可的粮油品牌。

　　要强化业态升级这个关键，进一步完善城乡配送供应网络，促进多种业态发展。大力开展"互联网＋粮食"行动，积极发展粮食网络经济，促进线上线下融合。要进一步完善国家粮食电子交易平台功能，探索开展质检、物流、融资等配套服务。

科学处理"五大关系"

　　粮食产业经济基础性强、涉及面广，事关国家粮食安全和经济社会发展大局，事关粮食生产者、经营者、消费者切身利益。张务锋向《瞭望》新闻周刊记者表示，国家粮食局等有关部门将根据《意见》要求，科学处理好五个方面关系，力求做到协调发展、行稳致远。

第一，政府和市场的关系。牢固树立市场意识，尊重市场经济规律和企业主体地位，深化粮食收储制度改革，理顺价格形成机制，推进政企分开，充分发挥市场配置粮食资源的决定性作用。改进完善粮食宏观调控，全面强化粮食流通监管，保持市场平稳规范有序运行。加强规划引领、标准规范、技术指导、信息引导等服务，进一步改善粮食行业营商环境，为粮食企业健康发展保驾护航。

第二，当前和长远的关系。立足粮食市场供求相对宽松的实际，顺应合理消化粮食库存的要求，加大加工转化力度，提高产能利用水平。同时，增强前瞻性和预见性，把握好投资项目的类型、节奏和力度，坚决避免出现低水平重复建设和中高端产业雷同，造成产能过剩、资源浪费、恶性竞争。要坚持"加减乘除"并举，改造传统产业调存量，培育新兴产业优增量，淘汰落后产能做减量，增强粮食产业持续发展能力。

第三，产区和销区的关系。产区要立足粮源优势，提高粮食就地加工转化比例，增加产出效益，加快实现由粮食大省向粮食强省转变。销区要适应消费需求升级趋势，健全加工配送供应体系，创新营销服务模式，确保优质产品及时投放市场。要加强粮食产销协作，支持产区企业到销区建立营销网络，销区企业到产区建立粮源基地、仓储物流设施、加工基地，加快构建政府引导、企业主体、市场运作、多方共赢的新型产销合作体系。要优化粮食物流节点布局，加强配套基础设施建设，鼓励产销区企业组成物流联合体，进一步提高粮食物流效率。

第四，国际和国内的关系。要树立全球视野，增强战略眼光，在全球粮食大格局中谋划粮食产业经济发展，积极参与国际粮食合作交流和贸易规则制定，加快培育规模大、实力强、效益好的国际大粮商，提高全球粮食市场话语权。要有针对性地引导粮食企业有序"走出去"，逐步形成内外联动、产销衔接、优势互补、相互促进的良好局面。

　　第五，发展和安全的关系。发展粮食产业经济，出发点和落脚点是更加有力地保障粮食安全，决不能以牺牲粮食安全为代价换取经济效益。广大粮食企业要把经济效益和社会效益统一起来，积极承担保障食品安全、生产安全、保护环境等法定责任。

（《瞭望》新闻周刊记者　尚前名　李亚飞）

中国科学报：

粮食产业期待创新链与价值链融合

（2017 年 9 月 20 日 07 版）

确保国家粮食安全，把饭碗牢牢端在自己手上，不仅需要足够的粮食产量和库存，还需要相应的加工流通能力和产业链掌控能力。

2016 年，粮食企业研发投入 98.6 亿元，同比增长 21.6%，获得专利 2564 件。这是《中国科学报》记者从国家粮食局近日召开的全国加快粮食产业经济发展现场经验交流会上获悉的一组数字。

数字的背后，是粮食产业创新力度不断增大，部分产业经济发达地区龙头企业的科研投入达销售收入的 3%，堪比发达国家平均水平的喜人势头；但是，跳出数字，粮食行业创新整体投入少、创新能力弱、产品附加值低也是发展粮食经济必须面对的挑战。

会上，国家发展改革委党组成员、国家粮食局党组书记、局长张务锋指出，粮食产业经济的发展，在动能上要实现由"政策支持和要素支撑为主"向"创新驱动主导"转变。

"以科技创新为核心的全面创新是产业发展的内生动力，是粮食产业走向集约化、绿色化、智能化的重要支撑。"张务锋要求，要全力推动粮食产业经济创新发展、转型升级、提质增效，切实把粮食产业经济这篇大文章做好。

创新驱动主导　发展粮食产业经济

民以食为天，解决好我国十几亿人口的吃饭问题，始终是头等大事。确保口粮绝对安全必须"广积粮，积好粮"，但还远远不够。在张务锋看来，确保国家粮食安全，把饭碗牢牢端在自己手上，不仅需要足够的粮食产量和库存，还需要相应的加工流通能力和产业链掌控能力。

"只有经过加工转化和物流配送，把成品粮油及时供应给消费者，才最终真正实现了粮食安全。"张务锋告诉记者。

粮食产业经济涵盖了原粮到成品、产区到销区、田间到餐桌的全过程，充当了粮食供求的"蓄水池"和"调节器"：一方面对粮食生产反哺激励、反馈引导，另一方面对粮食消费支撑培育、带动引领。

因而，发展粮食产业经济，也是深化农业供给侧结构性改革，扩大有效供给，满足有效需求的有力举措。9 月上旬，国务院办公厅发布了《关于加快推进农业供给侧结构性改革大力发展粮食产业经济的意见》（以下简称《意见》），提出了我国发展粮食产业经济的近期目标：到 2020 年，初步建成适应我国国情和粮情的现代粮食产业体系。

张务锋表示，认真落实好《意见》，要以提高发展质量和效益为中心，以推进供给侧结构性改革为主线，紧紧围绕保障国家粮食安全战略大局，积极适应粮食收储制度改革和库存消化的现实需要，"突出'创新发展、转型升级、提质增效'这个鲜明主题，加快发展粮食产业经济"。

张务锋用发展动能、发展路径和发展目标的"三个转变"，来概括粮食产业经济的发展思路。他指出，在发展动能上要实现由"政策支持和要素支撑为主"向"创新驱动主导"转变，激发粮食产业技术创新活力，促进新产品、新模式、新业态加速成长；在发展路径上，实现由各环节分散经营向"产购储加销"一体化转变；在发展目标上，实现由注重规模扩张向注重质量效益提高转变。

重视科技创新　龙头企业尝"甜头"

今年8月，粮食产业龙头企业西王集团有限公司（以下简称西王集团）就有一款新产品亮相市场。

这款技术全面升级的结晶果糖产品由西王集团自主研发生产，具有高甜度、低血糖生成指数、能量释放迅速等优良特性，有强化人体耐力及代谢、解酒护肝、抑制龋齿等功效，可用作胰岛素抵抗状态下或不宜使用葡萄糖的患者的医用注射液。

结晶果糖的规模化生产及面市，是西王集团十多年来持续加大研发投入、进行技术攻关的结果——不仅打破国际上少数国家对结晶果糖生产技术的垄断，填补国内市场空白，而且大幅降低生产成本，使果糖替代蔗糖成为可能。

技术创新驱动了产品升级，满足了"健康糖"的消费新需求，也使企业尝到了"甜头"。"通过发展结晶果糖，西王集团不仅延伸了玉米深加工产业链条，提升了企业经营效益，打开了新的增值空间，也能带来更大的社会效益。"西王集团行政总裁王红雨告诉《中国科学报》记者。

粮油加工业是西王集团所在的山东省滨州市的优势主导产业之一，这里成长集聚了一批粮油加工龙头企业，山东省年销售收入过百亿元的4家粮油加工企业中有3家出自滨州。据悉，该市各家龙头企业连续多年拿出销售收入的3%以上用于科研，拥有国家级研发平台8个，承担国家级科研项目17个，取得了丰硕的创新成果，也让企业在激烈的国内外市场竞争中脱颖而出。

国家粮食局仓储与科技司司长翟江临告诉《中国科学报》记者，近年来全国粮食产业经济的发展，呈现出产业化龙头企业引领作用继续增强、粮食产业逐步向优势地区集中、产业创新力度增大的特点。

"2016年，企业研发投入98.6亿元，同比增长21.6%，获得专利2564件。"翟江临告诉记者，从研发投入和专利数量来看，产业化龙头企业的占比都在50%左右，"产业化龙头企业更加重视科技创新，2016年研发投入48.8亿元，获得专利1286件。"

依托产业链布局创新链 依靠创新链提升价值链

在山东滨州，粮油加工龙头企业年均科研投入占销售收入的 3%，已达到发达国家的平均水平，但放眼全国，粮食行业研发经费占销售收入的比重仍不足 0.5%。缺少研发平台和技术人才、工艺装备落后、新产品开发滞后、发展后劲不足等也是中小粮油企业普遍面临的问题。

创新投入少、能力弱、产品附加值低是当下粮食产业经济发展中最突出的结构性矛盾之一。

张务锋表示，"三链协同"是破解这一矛盾、开创产业新局面的一大关键。

"当前新一轮科技革命和产业变革蓄势待发，产业链、创新链、价值链对接融合成为大势所趋，给粮食产业经济带来了深刻影响。"他强调，要依托产业链布局创新链，依靠创新链提升价值链，在"三链协同"中增创粮食产业发展新优势。

"要把增强技术实力作为粮食产业转型升级的战略支点，深入实施科教兴粮和人才兴粮工程，着力提高粮食行业创新发展能力。"他表示，要充分认识到企业是技术创新的主体，产学研合作是科技创新的有效方式，技术改造是成果应用的关键一环。

"滨州市粮油加工业的崛起，与企业创新能力增强是分不开的。"张务锋说。他希望各地引导企业加大研发投入，促进创新要素向企业集聚，加快培育一批创新型粮食领军企业；支持骨干企业与科研院所共建粮食技术创新联盟，促进创新资源跨界流动，尽快实现基础性、关键性技术研发的突破；完善扶持引导措施，大力推进高水平技术改造。

张务锋还特别强调，创新驱动的丰富内涵，不仅涵盖科技创新，还包括制度、战略、管理、组织、市场等多个方面。

"特别是针对经营管理粗放问题，要加快推动管理创新，通过行业对标、专题培训等方式，推广先进管理模式，努力提高企业管理的智能化、精细化水平。"他表示。

（中国科学报记者　胡璇子）

大众日报：

"滨州模式"启示录

（2017 年 9 月 12 日专版 8、9 版）

　　滨州，京津门户，渤海之滨黄河三角洲最大行政区域。体量不大，能量不小。短短几年，从一个传统农业大市转向粮食加工转化大市。2016年，滨州市实现粮食产业主营业务收入 1067 亿元、利税 41.5 亿元和粮食加工转化量 1379 万吨，均高居山东榜首。全市拥有 163 家规模以上粮油食品加工企业，4 家企业位居全国粮油行业前"10 强"。

　　近年来，滨州市积极践行五大发展理念，认真贯彻落实中央 1 号文件精神和习近平总书记关于增加绿色优质农产品供给的指示要求，坚持把粮食产业发展作为落实国家"藏粮于地、藏粮于技"战略，以深化农业供给侧结构性改革为主线，积极优化产业布局，完善产业链条，探索形成了"政府引导、市场导向、龙头带动、科技支撑、循环融合、惠民安全"的粮食产业经济发展"滨州模式"。今年上半年实现收入 625.5 亿元、利税 26.9 亿元，同比分别增长 17.1%、31.7%。

　　依托粮食产业优势，滨州市初步形成了以邹平玉米、博兴大豆和滨城、惠民、阳信小麦精深加工为主体的，具有鲜明地域特色的粮食精深加工产业集群。滨州市将粮食产业纳入全市五大千亿元级产业集群重点培育，提出"十三五"期间打造 1500 亿元级粮食加工产业集群的目标。

政府引导　加快产业转型升级

在滨州市五大千亿元级产业集群里，粮食加工产业集群格外显眼。

多年来，滨州市委、市政府始终将粮食产业列为全市支柱产业重点扶植培育，加快推动转型升级、提质增效。

"十二五"以来，滨州把粮食产业发展纳入经济发展规划，2016年，出台了《滨州市粮食产业发展"十三五"规划（2016—2020年）》和《关于打造千亿级粮食加工产业集群的二十条意见》，规划了粮食产业未来5年的发展蓝图。市政府成立了粮食产业发展"十三五"规划推进工作领导小组，将102项任务分解到部门和县区，定期召开联席会议，加强督导考核，确保各项措施落到实处。

注重硬件支撑。多年来，市委、市政府坚持"软件先行、硬件梯度跟进"的原则，持续加大基础设施投入，滨州港、滨德高速、德大铁路先后建成投入使用，有效降低了粮食企业运输成本。始终秉承"强物流、兴产业"的发展要义，投资建成了一条连接滨州国家粮食储备库的双股铁路专用线。滨港铁路二期建成后，粮食物流成本将进一步降低。在近期国家印发的《粮食物流业"十三五"发展规划》中，滨州被列入"两横、六纵"粮食物流通道中"沿京沪线"上的六大重点发展节点之一，这将有力地助推滨州市粮食产业实现新的突破。

强化政策扶持。滨州市注重以项目促产业，紧抓国家加快发展粮食产业的机遇期，积极进行项目策划和包装，仅2016年推进的仓储物流、批发市场、产品深加工等重点项目就达134亿元。发挥扶持资金的撬动作用，设立3亿元粮食产业发展基金，以股权投资形式、市场化运作手段支持粮食加工企业发展，有效拓展了粮食企业的融资渠道。涉农金融机构加大对农业和粮食生产发展的支持力度，2013年以来，市农发行累计投放政策性粮油收储贷款36.6亿元，向粮食加工企业投放贷款38.8亿元，全力助推地方粮食产业发展壮大。注重资产重组，鼓励符合条件的企业走强强联合之路，实现优势互补，增强发展实力。抓好企业上市引导培育，三星集团的长寿花食品于 2008 年 3 月在香港上市。严格落实粮食直补、农机购置等补贴政策。市级财政每年安排 1.2 亿元专项资金，用于农业基础设施、现代农业园区和农业龙头企业发展。及时启动小麦最低收购价保护预案，2015 年、2016 年累计收购"托市"小麦 41.4 万吨，为粮食产业发展提供了充足的粮源保障。

市场导向　做粮油行业领跑者

各大粮油食品加工企业坚持精准对接、定向发力，瞄准国际、国内两个市场，主打高端产品，实施品牌战略，走出了一条独具滨州特色的市场化之路。2016 年，全市粮食产业实现主营业务收入 1067 亿元，同比增长 11.1%；2017 年上半年实现主营业务收入 625.5 亿元，同比增长 17.1%，呈现出了逆势而上的良好态势。

贴紧市场需求，抓好转型升级。坚持精准化、差异化、功能化的市场理念，主动对接市场需求，占领高端市场。积极发展研究培育、基地种植、标准化生产、精深加工、综合利用、仓储物流、信息市场等现代粮食产业，全力促进粮油食品加工企业转型升级。香驰、西王等企业坚持产品、工艺、设备、技术"四个高端定位"，占领行业制高点。香驰控股 2 万吨大豆分离蛋白生产线是国内规模最大、产品品种最多、自动化程度最高的大豆分离蛋白生产线，其产品成功打入欧美高端市场，大大提高了国内大豆蛋白在国际市场的份额和话语权。

实施品牌战略，打造知名品牌。大力实施粮油品牌战略，逐步实现精深加工产业化、主导产品名牌化、名牌产品规模化。目前，全市粮油行业拥有中国驰名商标 6 个、中国名牌 3 个、山东著名商标 10 个、山东名牌 10 个，获得省以上"放心粮油"品牌产品 15 个，邹平县被中国粮油学会授予"中国玉米油之乡"荣誉称号；西王集团被誉为"中国糖都（淀粉糖）""中国玉米油城"，三星集团被全国粮油标准化技术委员会认定为"玉米油系列标准制修订基地"。西王、长寿花、天下五谷、美食客、中裕、玉杰、十里香等粮油品牌享誉全国，成为全国粮油行业领跑者。

创新经营业态，构建销售网络。围绕线上与线下、实体与网络融合发展的销售理念，广布经营网点，扩大产品覆盖面。同时依托"互联网+"营销模式，发展"网上粮店"等新型粮食经营业态，推动电子商务与传统销售、传统物流"齐头并进"。中裕食品积极推进幸福社区便民示范工程，在市区建设"麦便利"便利店108家，中裕快餐连锁店38家，同时积极发展电子商务，在自营旗舰店的基础之上，进驻天猫、京东、苏宁、1号店等各平台的全国大仓并开展业务，探索O2O商业模式，形成了从中央到地方、从线上到线下辐射全国的市场营销网络，涵盖近2万家大型超市，进一步扩大了品牌影响力。

龙头带动　推动粮食产业规模发展

滨州市高度重视粮油食品加工龙头企业的培育，积极引导土地、资本、人才、科技等要素向重点龙头企业集聚，成长起了以西王集团、三星集团、香驰控股、中裕食品为代表的"十大"粮油加工龙头企业，呈现出产业集群、产能集聚、市场集中的鲜明特色。

构建产业集群。全市形成了以邹平玉米、博兴大豆和滨城、惠民、阳信小麦精深加工为主体的，具有鲜明地域特色的粮食精深加工产业群。2016年，全市粮食加工转化能力是粮食总产量的4.5倍，其中邹平县粮食年加工转化量435万吨；博兴县粮食年加工转化量399万吨，大豆转化能力列全省第一位；滨城、惠民、阳信三个县区的粮食年加工转化量520万吨，位居全省前列。

注重多方发力、部门联动，培育类型多样的粮油企业。在粮食流通体制改革的浪潮中，滨州市将粮食产业作为推动经济发展的新引擎，对其实行"扶上马、送一程、放开走"的改革理念，为企业提供土地出让金返还等优惠政策，以中裕食品为代表的国有企业、以香驰控股为代表的国有改制企业、以西王集团和三星集团为代表的民营企业先后涌现，呈现出了"百花齐放竞争妍"的发展格局。

各粮油加工企业坚持业务经营与文化建设并重，推崇精细化的管理模式、人性化的发展理念，增强企业内外"双实力"。香驰控股探索实施"划小核算单位"精细化管理办法，即将生产车间的水、电、气消耗，产出率、合格率，生产辅料及低值易耗品用量，安全生产操作规范，现场卫生，设备维护，监督检查等定量、定性指标层层分解，直至量化考核到人，取得了良好的管理效果和经济效益。精细化管理实施当年，吨料加工成本降低了6元，年增效益1100万元；产出率提高了0.3%，增加收益8080万元；通盘核算年增加效益6480万元。在国际国内激烈的市场竞争中，造就了一大批像西王集团王勇、三星集团王明峰、香驰控股刘连民、渤海实业舒忠峰等熟悉市场经济、善经营、会管理、素质过硬的企业家，为企业实现长远发展提供了内生动力。截至2016年，全市规模以上粮油加工企业中，1家进入全国企业500强，4家进入全国粮油企业10强；拥有国家级农业产业化重点龙头企业5家、全国农产品加工示范企业3家、全国"放心粮油"示范加工企业10家、省级农业产业化重点龙头企业10家、市级龙头企业16家。

创新驱动　　实现产品高端引领

滨州市以增投入、整资源、选人才、强攻关为工作着力点，推进产学研对接，搭建科技服务平台，优化科研创新环境，粮食产业核心竞争力不断增强。

增加科研投入。市委、市政府高度重视科技创新，持续加大科技投入，西王集团、三星集团、渤海油脂、香驰控股、中裕食品5家企业，每年以销售收入3%以上的资金投入科技研发，推动了产品质量和档次的大幅度提升。

整合科研资源。积极推进粮油企业与科研单位、大专院校建立合作关系，强化科研队伍建设，助力企业发展。2016年11月，滨州市政府与国家粮食局科学研究院、山东省粮食局签订战略科技合作协议，实现了优势产业和先进技术的有效对接，推动滨州粮食产业在更高起点上实现转型升级。积极筹备成立中国（滨州）粮食产业科技创新暨发展研究联盟，为粮食产业实现转型升级、提质增效提供了强力支撑。

优选科研人才。西王集团采用柔性人才引进机制，吸纳高端人才，建立了博士后科研工作站、企业技术中心、葡萄糖质量检测中心等国家和省部级科技创新平台。全市粮油加工行业共获得国家专利225项，西王集团、三星集团、渤海油脂等6家企业承担863计划、星火计划、火炬计划等国家级科研项目17个，拥有4个国家级实验室。香驰集团果葡糖浆研究检测技术中心被认定为"全国果葡糖浆研究检测技术中心"，是国内唯一授牌机构。

加强科研攻关。香驰集团研发的果葡糖浆产品，成为国内唯一一家指定出口国外可口可乐公司果糖原料的A级供应商，每年供应可口可乐公司近20万吨；托福食品研发生产的高钙馒头，每100克中钙含量达到119.7毫克，而普通馒头只有6.5毫克。

绿色循环互动　加快发展"新六产"

按照"吃干榨尽、循环发展"的原则，促进粮食种植、加工、消费的良性循环，构建了"产购储加销"一体发展、三次产业融合共赢的良好局面。加快发展"新六产"，在深化农业供给侧结构性改革方面探索出了新路径。

走"全产业链"之路。着力强化上溯下延产业链条，逐步完善全链条产业化体系，全力构筑产业经济利益共同体。中裕食品形成了从"生物育种→良种繁育→基地种植→收储→初加工→精深加工→废弃物转化→液态饲料→生猪养殖→肉制品加工、冷链物流→沼气发电供热→沼液有机肥→小麦种植"的国内最长最完整的循环闭合产业链条，全面实现了绿色种植、循环加工、高效利用。

走"绿色循环"之路。注重提高原料综合利用率，目前，全市小麦、玉米、大豆原料综合利用率均达98%以上，小麦精深加工已形成了覆盖一二三产业的完整循环产业链，玉米、大豆也实现了深度梯次开发，初步形成了粮食产业的大循环、全利用、可持续发展。香驰控股通过完善水电气基础设施、配套副产品综合利用产业、提高废物再生利用水平等措施，建成了原料、副产品、水、废弃物、能量五大循环利用圈。通过污水处理，可实现日生产发电用沼气 2.8 万立方米，回收再利用中水 2000 吨，提取蛋白渣 50 吨，回收污泥有机肥 30 吨，年增加效益 1000 余万元。

走"三产融合"之路。基于"从基地到餐桌"的全产业链发展模式和绿色循环产业链的打造，中裕食品探索出了包括第一产业高端育种、订单种植、生猪养殖，第二产业初加工、精深加工、废弃物利用，第三产业餐饮服务、电子商务、冷链物流 9 大板块间的循环闭合发展。目前，全市"订单小麦"150 余万亩，中裕食品通过在各基地实行"三免一加"（免费供种、免费播种、免费收割、加价收购）优惠政策和"五统一"（统一供种、统一施肥、统一指导、统一收割、统一收购）管理模式，以高于市场价 10% ~ 30% 的价格收购优质小麦，平均每亩小麦可带动农民增收 336 元，真正实现了产业链延伸、价值链提升和供应链贯通的协同发展新格局。

惠民安全　确保国民"舌尖上的安全"

滨州市始终坚持"惠民安全"的理念，加快推进农业现代化，粮食安全和食品质量安全的持续性、稳定性明显提高。

基础设施"渐完善"。加大田间道路、农田林网等基础设施投入，推动盐碱地改良。自 2008 年开始，连续实施以水利基础设施和造林绿化为重点的林水会战，累计新增蓄水能力 1.5 亿立方米，新建标准化方田 290 万亩，努力改善粮食生产条件。积极落实国家千亿斤粮食增产计划，在全省率先整建制开展粮食生产"十统一"社会化服务，面积达到 71 万亩。抢抓国家实施"粮安工程"建设的重要机遇，积极争取粮食仓储设施维修、新建项目，全市总仓容 279 万吨，其中国有仓容 62 万吨。

生产过程"全管控"。围绕农产品种植、食品生产等领域，狠抓源头监管、过程控制和监管体系建设，严厉打击各类违法违规行为，食品质量安全水平显著提高。特别是依托沿黄区位优势，规划建设沿黄生态高效现代农业示范区 100 万亩，建设优质粮、优质菜生产基地，从源头上抓好食品质量安全。把合理消化粮食库存作为粮食供给侧改革的重要举措，2016 年，全市粮食企业销售粮食 620 万吨，同比增长 38.7%。

放心食品"可追溯"。积极推行以"一票通"制度为核心的从供到销的食品追溯体系，成立市级粮油质量检测站，强化了食品质量安全监督管理，提高食品质量安全保障水平。积极对接京津冀和济南省会城市群的"米袋子""菜篮子""果盘子"成效显著，有 10 多家企业、30 多个生产基地的产品进入了北京的超市和批发市场。阳信玉杰面粉公司的产品直供北京的 92 所高校，中裕食品被国家 38 个部委内部食堂指定为专供产品。大力实施主食产业化和"放心粮油"惠民工程，全市建成放心粮油示范店 148 家、示范加工厂 11 家、配送中心 16 家、服务网点3100 个，确保了群众"舌尖上的安全"。

（大众日报记者　李剑桥　李福月　刘贵倩）

粮油市场报：

粮食产业经济发展的"滨州模式"

（2017 年 9 月 16 日 T04 版）

　　山东省滨州市以深化农业供给侧结构性改革为主线，积极优化产业布局，完善产业链条，探索形成了"政府引导、市场导向、龙头带动、科技支撑、循环融合、惠民安全"的粮食产业发展"滨州模式"。在 9 月 12 日至 13 日召开的全国加快推进粮食产业经济发展现场经验交流会上，"滨州模式"备受关注，引发热议。

　　9 月 12 日至 13 日，国家粮食局在山东省滨州市召开全国加快推进粮食产业经济发展现场经验交流会。会议期间，国家粮食局授予滨州市"全国粮食产业经济发展示范市"称号。国家发改委党组成员，国家粮食局党组书记、局长张务锋在会议上指出，典型经验可信可学，"滨州模式"值得借鉴推广。滨州市委副书记、市长崔洪刚介绍了滨州典型经验：坚持把粮食产业发展作为落实"藏粮于地、藏粮于技"战略、助推国家粮食安全的重要举措，以深化农业供给侧结构性改革为主线，积极优化产业布局，完善产业链条，探索形成了"政府引导、市场导向、龙头带动、科技支撑、循环融合、惠民安全"的粮食产业发展"滨州模式"。

政府引导——顶层设计作规范

　　在滨州市，说到粮食产业经济发展，一组亮丽的数字便映入眼帘：

2016 年，全市粮食产业实现主营业务收入 1067 亿元、利税 41.5 亿元，今年上半年实现收入 625.5 亿元、利税 26.9 亿元，同比分别增长 17.1%、31.7%。强化规划引领，坚持政府推动，是做好粮食产业经济发展的顶层设计保障。滨州市委副书记、市长崔洪刚介绍，"十二五"以来，滨州市委、市政府把粮食产业发展纳入经济发展规划，2016 年，出台了《滨州市粮食产业发展"十三五"规划（2016—2020 年）》和《关于打造千亿级粮食加工产业集群的二十条意见》，成立了粮食产业发展"十三五"规划推进工作领导小组，定期召开联席会议，致力打造 1500 亿元级粮食加工产业集群。在全国粮食产业经济发展有关情况新闻通气会上，滨州市委常委、常务副市长赵庆平说，滨州市大力实施"工业强粮、科技兴粮"战略，推动粮食产业加快发展、转型升级，出台了相关扶持政策和措施，为加快实现粮食产业新旧动能转换，为市民提供更多优质、放心、健康的农产品作出了应有的贡献。"兵马未动，粮草先行。"滨州市努力抓好长远规划和项目建设，针对粮食产业大进大出特点，配套完善港口、铁路等基础设施，加快打造十大粮食仓储物流经济园区。滨州港完成投资 100 多亿元，已经开航进行粮食运输。加快推进小清河复航工程，努力构建海河联运体系。积极推广散粮铁路运输，滨州国家粮食储备库双股铁路专用线运行良好；滨港铁路二期将于 2018 年建成投入使用；邹平货运铁路前期工作加快推进，阳信、胡集货运铁路 11 月投用，全部建成后年可实现货运量 9000 万吨。今年 3 月，国家发改委、粮食局印发的《粮食物流业"十三五"发展规划》，将滨州列入"两横、六纵"中"沿京沪线路"六大重点发展节点之一。

市场导向——转型升级促发展

坚持市场导向，是滨州各大粮食加工企业的共同做法。盯住国内国际两个市场，开拓线上和线下两个销售渠道，成为许多企业的通用做法。在邹平县西王集团产品展示馆，各类产品琳琅满目。西王村党委副书记、西王集团执行总裁王红雨自豪地对记者说："2016 年西王集团成功并购了全球最大运动营养与体重管理企业——加拿大科尔公司。"记者同媒体采访团参观香驰控股有限公司期间，发现生产车间门前有两行醒目的大字："用品质来证明市场，用事实和数据说话。"该公司负责人介绍说，现阶段香驰控股把打造优质粮油产品及品牌作为核心目标，把质量控制的着力点贯穿整个产业链，建立起跨区域、覆盖全产业链的种植、收储、加工和营销体系，从源头加强质量控制，建立起优质非转基因大豆种植基地，为产业发展夯实原料基础。滨州市委、市政府主动服务，合作搭建平台，积极推动经营业态创新。

今年1月，滨州市政府与京东集团签署了战略合作协议，京东集团投资15亿元在滨州建设黄河三角洲云计算大数据产业基地，将依托云计算、大数据优势，细分行业市场，精准定位消费群体。中裕电子商务进驻天猫、京东、苏宁等平台的全国大仓并开展业务，香驰控股实现了厨房生活服务线上体验与线下消费的良性互动。

龙头带动——规模集聚得效益

抓好重点项目建设、坚持龙头企业引领是滨州粮食产业经济发展的优势，在全国粮食产业经济发展典型经验交流会上，滨州市委副书记、市长崔洪刚声音铿锵有力："'十二五'以来，滨州市新上粮油项目103个、总投资374.1亿元，其中列入省、市重点项目20个。香驰控股投资5.3亿元的果糖二期项目2015年5月投产，新增产能20万吨，销售收入100亿元。西王集团出资73亿美元并购加拿大科尔公司；投资30亿元的玉米绵白糖项目生产不受季节影响，每吨成本较蔗糖低1000元，年底投产后可实现产值36亿元、利税5.4亿元。目前，滨州全市拥有规模以上粮油加工企业163家。"目前滨州市形成了以邹平玉米、博兴大豆和滨城、惠民、阳信小麦精深加工为主体的，具有鲜明地域特色的粮食精深加工产业群。2016年滨州全市粮食加工转化能力是粮食总产量的4.5倍，其中邹平县粮食年加工转化量435万吨；博兴县粮食年加工转化量399万吨，大豆转化能力列全省第一位；滨城、惠民、阳信3个县区的粮食年加工转化量 520 万吨，位居全省前列。在谈到企业规模化生产时，西王集团相关负责人对记者说："西王集团目前年加工玉米 300 万吨，集约化规模为全国单体最大，是全球最大注射用葡萄糖生产基地、亚洲最大淀粉糖生产基地、中国最大玉米油生产基地，建立了玉米从种植到收储、到初加工、再到精深加工的完整产业链。"

科技支撑——创新科研撑发展

"科学技术是第一生产力"。滨州市高度注重科学技术创新。市级财政设立了科技发展专项资金，西王、香驰、中裕等龙头企业，每年将销售收入 3% 以上的资金投入科研。今年 5 月，香驰控股与日本不二制油签署了战略合作协议，推进大豆蛋白技术升级，价格从每吨 1 万元提升到 2 万元。

目前，全市粮油加工行业拥有国家级实验室 4 个、国家级企业技术中心 4 个、国家专利 225 项，西王、三星等 6 家企业承担国家级科研项目 17 个，承担国家、省发改委支持的高技术产业化项目 23 个。三星集团技术中心主任王月华向记者介绍说，三星集团企业技术中心已经被认定为"国家企业技术中心"。公司独自研发创立的"金胚 12 道""零反式酸玉米油工业化生产技术""营养玉米油节能低耗创新技术及产业化""无皂精炼"等专利生产工艺，最大限度保留了玉米油中的原生营养成分，同时使油脂得率提高了 0.7~1.2 个百分点。

记者在滨州市采访中获悉：在 2016 年 11 月，滨州市政府与国家粮科院签订了战略科技合作协议；国家粮食产业科技创新（滨州）联盟已经于 9 月 8 日揭牌成立，将为滨州市粮食产业科技创新提供重要支撑。

循环融合——吃干榨尽每粒粮

一粒小麦能变成多少种产品？在中裕食品公司，每一粒小麦从里至皮被榨干吸净，转化成面粉、酒精、液体蛋白饲料等 10 大类 500 多种产品。产业链向绿色循环延伸。在整个生产环节，中裕食品实现了"独立育种、种植加工、畜牧养殖、沼气利用"的全产业链发展，生产酒精过程中产生的酒糟，加入麦麸、玉米等制成液体饲料，通过管道输送到高效生态农牧园区养猪，猪粪生产沼气，沼渣作为肥料还田，实现了废弃物的有效利用。开发"黄金产业"，西王集团用一粒玉米走向了世界第一。在西王集团的生产线上，记者看到，一粒玉米从进车间，到出车间，经过了上百道工序，最终以食用葡萄糖、药用葡萄糖、结晶果糖、玉米油、果葡糖浆等健康产品推向市场。滨州市大力支持各龙头企业加强产品梯次开发。目前，全市小麦、玉米、大豆原料利用率均达98%以上，小麦精深加工形成了覆盖一二三产业的完整循环产业链，玉米、大豆也实现了深度梯次开发。全市依托国家政策和产业导向，大力发展循环经济，围绕"吃干榨尽每一粒粮食"，不断创新改造、转型升级、延长产业链条，提升资源综合利用水平。

惠民安全——民生联动保食安

"为耕者谋利，为食者造福。"滨州市始终坚持"惠民安全"的理念，加快推进农业现代化，粮食安全和食品质量安全的持续性、稳定性明显提高。滨州市着力夯实农业生产基础。自2008年开始，连续实施林水会战，累计新增蓄水能力1.5亿方；积极发展节水灌溉，新建标准化方田290万亩，粮食生产条件有了较大改善。认真落实国家千亿斤粮食增产计划，在全省率先整建制开展粮食生产"十统一"社会化服务，面积达到71万亩。抢抓国家实施"粮安工程"建设机遇，全市总仓容达到279万吨。生产环节的管控是企业产品品质的关键。"作为玉米油行业领导品牌，长寿花自始至终以'金胚12道'核心工艺护航，视质量为生命。选用的原料全部精选自绿色产业基地的优质非转基因玉米胚芽，再经智能提取工艺，精选出'金胚胚芽'，100%物理压榨，无皂精炼工艺，保留原生营养。"三星集团相关负责人接受记者采访时说。滨州市狠抓源头监管、过程控制和监管体系建设，严厉打击各类违法违规行动，食品质量安全水平显著提高。特别是依托沿黄区位优势，规划建设沿黄高效现代农业示范区

100 万亩，建设优质粮、优质菜生产基地，从源头上抓好食品质量安全。把合理消化粮食库存作为粮食供给侧改革的重要举措，实现生产过程"全管控"。"一票通"制度为核心的从供到销的食品追溯体系，在滨州已经成为常态。

滨州市成立市级粮油质量检测站，强化食品质量安全监督管理，提高食品质量安全保障水平。积极对接京津冀和济南省会城市群的"米袋子""菜篮子""果盘子"成效显著，有 10 多家企业、30 多个生产基地的产品进入了北京的超市和批发市场。阳信玉杰面粉公司的产品直供北京的 92 所高校。大力实施主食产业化和"放心粮油"惠民工程，全市建成放心粮油示范店 148 家、示范加工厂 11 家、配送中心 16 家、服务网点 3100 个，确保了群众"舌尖上的安全"。

（粮油市场报记者　周郸宁）

后 记

党中央、国务院高度重视粮食安全问题。党的十八大以来，以习近平同志为核心的党中央始终把解决十几亿人口吃饭问题作为治国理政的头等大事，高屋建瓴地提出了新时期国家粮食安全战略。习近平总书记指出，保障国家粮食安全是一个永恒课题，任何时候这根弦都不能松。李克强总理强调，要守住管好"天下粮仓"、做好粮食产业经济发展这篇大文章，加快推动我国从粮食生产大国向粮食产业强国迈进。党中央、国务院领导同志的重要指示，为做好粮食工作和发展粮食产业经济提供了根本遵循，指明了正确方向。

当前，我国农业现代化稳步推进，粮食生产能力达到12000亿斤。同时，粮食供给由总量不足转为结构性矛盾，库存高企、销售不畅、优质粮食供给不足、深加工转化滞后等问题突出。从"吃得饱"到"吃得好、吃得健康"，从分散经营向"产购储加销"一体化转变，构建适应我国国情粮情、安全高质高效的现代粮食产业体系，是粮食产业发展的重大命题。

为加快推进农业供给侧结构性改革，总结和提炼粮食产业在创新发展、转型升级、提质增效中的重点任务和新鲜经验，本书围绕粮食产业经济发展，从国家宏观政策、国家粮食局的工作部署、各级粮食部门、省市地方和粮食企业的实践探索以及舆论焦点等角度，较为系统地梳理了当前我国粮食产业发展的实践与探索，以期为全国粮食行业深化改革、转型发展、大力发展粮食产业经济提供指导参考。

　　全书分为七个部分：第一部分，摘编了党中央、国务院领导关于粮食工作的重要指示批示；第二部分，全文登载了国务院办公厅关于加快推进农业供给侧结构性改革大力发展粮食产业经济的文件；第三部分，刊发了国家发展和改革委员会、国家粮食局领导同志关于粮食产业经济工作的部署文章；第四部分，重点选取了各省区市粮食局和地方政府关于发展粮食产业经济的典型经验和做法；第五部分，挖掘了企业发展粮食产业经济的可复制、可推广的亮点；第六部分，收录了关于粮食产业经济的课题研究报告；第七部分，收集了媒体关于粮食产业经济的重点报道。在本书编纂过程中，得到了国家有关部委、各省区市粮食局、地方政府、相关企业和新闻单位、中国财富出版社等的大力支持，在此一并感谢！

　　"民以食为天，食以安为先。"粮食部门将全面贯彻落实党的十九大精神，不忘初心，牢记使命，高举中国特色社会主义伟大旗帜，按照十九大作出的"贯彻新发展理念，建设现代化经济体系""确保国家粮食安全，把中国人的饭碗牢牢端在自己手中"和"实施食品安全战略，让人民吃得放心"等一系列重大决策部署，大力发展粮食产业经济，加快建设粮食产业强国，为决胜全面建成小康社会，夺取新时代中国特色社会主义伟大胜利，实现中华民族伟大复兴的中国梦，作出新的更大贡献！

编委会

2017 年 11 月